ERZÄHLUNG

H. Westhoff (Hrsg.)

Die schönsten Schulgeschichten

H. Westhoff (Hrsg.)

Hannelore Westhoff hat in den Ravensburger Taschenbüchern außerdem herausgegeben:

RTB 1945
Der Tag der Tiere

Die schönsten Schulgeschichten

RAVENSBURGER BUCHVERLAG

Mit Vignetten von Gertie Jaquet

Als Ravensburger Taschenbuch
Band 2100
erschienen 1997
Erstmals in den Ravensburger
Taschenbüchern erschienen 1995
(als RTB 1924)

© 1990 Ravensburger Buchverlag

Alle Rechte an diesen Geschichten
liegen bei den Autoren
oder ihren Verlagen
(vgl. Quellenverzeichnis S. 288)

Umschlagillustration: Ulrike Heyne

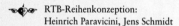
RTB-Reihenkonzeption:
Heinrich Paravicini, Jens Schmidt

**Alle Rechte dieser Ausgabe
vorbehalten durch
Ravensburger Buchverlag**

**Gesamtherstellung: Ebner Ulm
Printed in Germany**

**Die Schreibweise entspricht den Regeln
der neuen Rechtschreibung.**

6 5 4 3 2 1   02 01 00 99 98 97

ISBN 3-473-52100-0

ERZÄHLUNG

INHALT

Lassen Beiner
Als die Schule brannte | 9

Herbert Friedmann
Der Läusekönig | 16

Achim Bröger
Sag ich's? Oder sag ich's nicht? | 20

Wolf P. Schneiderheinze
Anais und Philipp Glücksstein | 26

Renate Axt
Der Albtraum | 35

Beate Paul
Tobias im Schrank | 40

Renate Ahrens-Kramer
Ich heiße aber nicht Emily | 56

Uta-Maria Heim
Der Klassenkasper | 65

Henriette Piper
Das Gespenst kam zu spät | 70

Jo Pestum
Inas rosa Freund | 78

Lassen Beiner
Ein Tag in der Wildnis | 83

Margret Rettich
Die Nacht-und-Nebel-Geschichte | 88

Manfred Mai
Lothars schwerste Schulstunde | 95

Herbert Heckmann
Auch Riesen haben es schwer | 100

Herbert Friedmann
Die Kautschukpuppe | 107

Michael Wildenhain
Subito aber lachte | 111

Gabriele M. Göbel
Schtefanie oder S-tefanie | 126

Henriette Piper
Nabila kratzt sich nie im Haar | 130

Willi Fährmann:
Spaghettifresser | 139

Peter Härtling
Der gelbe Junge | 143

Wolf P. Schneiderheinze
Thomas taucht unter | 149

Ursula Fuchs
Steine hüpfen übers Wasser | 154

Gudrun Pausewang
Ich hab niemand, der mir hilft | 159

Irina Korschunow
Was Olav erzählt | 164

Achim Bröger
„In zehn Minuten gibt's Essen!" | 172

Anja Tuckermann
Nina | 179

Elfie Donnelly
Ich hab mich lieb | 187

Karla Schneider
Der drittschönste Schultag des Jahres | 195

Christa Zeuch
Philipps Zwickmühle | 205

Klaus Kordon
Klassenkeile | 217

Gudrun Pausewang
Rache | 227

Uwe-Michael Gutzschhahn
Das Geschenk | 233

Herbert Friedmann
Vogelgezwitscher | 247

Isolde Heyne
Sonnenblumen | 249

Beate Paul
Langeweile im Märchenwald | 256

Karlhans Frank
Meine märchenhafte Schule | 271

Nicolai Mensching
Der Haustiertag | 278

Autorenverzeichnis | 286

Quellenverzeichnis | 288

Lassen Beiner

Als die Schule brannte

Als die Schule brannte, stand der alte Herr Knöbelich auf dem Balkon gegenüber und hat immer den Kopf geschüttelt. Bestimmt dachte er, einer von uns hätte die Schule angezündet. Er hält nicht viel von uns und droht uns immer mit dem Finger, wenn wir zu laut aus dem Schultor stürmen. Die Älteren haben sogar schon Mopeds, die sie ganz laut knattern lassen, wenn Knöbelich nicht auf dem Balkon steht. Dann kommt er herausgestürmt, so weit seine gebrechlichen Glieder das noch zulassen, und droht mit dem Finger und schimpft ganz fürchterlich. Aber sie lassen ihre Feuerstühle auch aufheulen, wenn der alte Knöbelich schon auf dem Balkon steht. Er braucht dann nicht erst zu kommen, kriegt alles gleich hautnah mit und kann mit seinem krummen Finger drohen. Die Älteren lassen ihre Maschinen überhaupt immer laut aufheulen, weil das Musik für sie ist und ihnen was fehlen würde, wenn Knöbelich nicht schimpfte wie ein Rohrspatz. Manche haben extra deshalb was am Auspuff gemacht, damit's ganz laut knattert.

Aber ich wollte ja von dem Brand erzählen, im letzten Jahr. Das eine weiß ich bestimmt: Von uns hat keiner die Schule angezündet. Es stimmt, dass Erwin mal so eine Äußerung getan hat, damals, als er an einem einzigen Tag zwei Fünfen, einen Anpfiff, Tafeldienst und eine Strafarbeit einstecken musste. Aber auch Erwin hat die Schule nicht angezündet. Ich habe ihn gefragt. Dass die Lehrer seitdem wie die Teufel hinter den Zigarettenrauchern auf den Toiletten her sind, versteht sich von selbst. Ich rauche noch nicht, weil es mir nicht schmeckt, weil mir einmal speiübel geworden ist, als ich es probierte. Aber wir leben schließlich in einer Demokratie, sagt Erwin immer, da kann jeder machen, was er will.

Mein Vater, dem ich das in einer schwachen Stunde erzählt habe, sagt, Erwin habe das Prinzip der Demokratie noch nicht so recht begriffen. Ich kenne mich da nicht so aus, aber dass von uns keiner die Schule angesteckt hat, das weiß ich.

Ich weiß auch noch, wir steckten gerade mitten in der Mathearbeit, als die Sirene losheulte. Wir dachten natürlich, wieder so ein Probealarm, und haben uns, obwohl wir froh waren über die Unterbrechung, nur ganz gemächlich gerührt. Richtig gemütlich wollten wir es uns machen, als Brösel, der Lehrer, sagte, wir sollten, ohne unsere Sachen einzupacken, ganz ruhig, aber flink das tun, was wir immer eingeübt hatten, nämlich uns in Gänseformation aufstellen und auf den Schulhof gehen. Er war sehr aufgeregt und fahrig, der Herr Brösel, auch etwas blass im Gesicht. Ein junger Lehrer, er hat noch keine Erfahrung.

Als wir dann alle auf dem Bürgersteig gegenüber der Schule standen, direkt unter Knöbelichs Balkon, sahen wir Rauchwolken aus dem hinteren Teil des Schulkellers quellen, von dort, wo die Lagerräume sind und die Schulbibliothek und wo der Hausmeister seine Wohnung hat. Zuerst kam der Hausmeister raus mit seinem Waldi auf dem Arm, der blöden Töle, die uns immer ankläfft. Seit Jahren weiß sie nun – oder sollte es doch wissen –, dass wir alle zum Rudel gehören, aber nein, das Vieh muss kläffen. Dass ihm das nicht langweilig wird!
Als der Hausmeister seinen Dummdackel Herrn Brösel in den Arm gedrückt hatte, verschwand er wieder todesmutig im Gebäude. Ich dachte erst, er will wohl seine Frau retten, aber er kam allein zurück, mit einer schweren Kassette und einem antiken Stuhl, während Knöbelich über uns immer nur den Kopf schüttelte.
Und noch einmal verschwand der Hausmeister, und dann erst kam der Schulleiter heraus, der nicht wusste, wo der Hausmeister war. Wie ein Kapitän darf er nämlich das brennende Schiff erst als Letzter verlassen, denke ich mir. Und nun kam auch die Feuerwehr und da gab es was zu sehen. Das Übliche nämlich. Schlauch abrollen, Wasser marsch und so. Die Leiter brauchten sie ja nicht, das Feuer war ja im Keller. Später hieß es, der Brandherd sei auch im Keller gewesen. Ich war oft im Keller, wenn ich Kreide oder Schautafeln raufholen musste, vorher und nachher, ich habe aber nie einen Herd gesehen.
Das mit der Feuerwehr war jedenfalls enttäuschend. Ziemlich schlaff, die Jungs. Sie haben wohl gesehen, dass keine

große Gefahr bestand. Wir waren ja alle schon draußen. Das Beste war noch Knöbelich, der in Puschen seinen knarrenden Körper zwei Treppen runterbugsierte, um näher am Geschehen zu sein und besser gehört zu werden. Er scharwenzelte um den Schulleiter herum und versuchte, seine Theorien über den Brand an den Mann zu bringen. Der Schulleiter hatte aber kein Ohr für Knöbelich, auch er war ziemlich aufgeregt und hat immer die Schüler gezählt.

Dann kam auch noch die dicke Frau aus Knöbelichs Haus angewatschelt, mit zwei knackvollen Einkaufsnetzen. Sie dehnt ihre Einkäufe immer ins Endlose aus, sagt meine Mutter, weil sie nicht aufhören kann zu schwatzen. Sie kritisiert so gern die Fernsehansagerinnen. Na, die kam da nun, wie ein Walfänger mit zwei längsseits gelegten Booten, schlingernd die Straße runter und ruft immer was in den Himmel und wackelt mit dem Kopf, und die blaue Feder an ihrem Hut hat mitgewackelt. Was sie den Wolken zurief, konnten wir nicht verstehen. Unsere Aufmerksamkeit war ja auch anderweitig abgelenkt.

Kaum war sie da, stürzte sich Knöbelich auf sie und zeigte dabei immer mit dem Arm rüber zur Schule, aber angeguckt hat er uns. Na ja, gestürzt ist er nicht gerade, obwohl er weich gefallen wäre auf seine dicke Nachbarin. Eher wie eine Spinne mit ausgerissenem Bein ist er auf sie los. Dann hat er sie aufgeklärt.

In dem Moment aber springt der Dackel, diese Waldi-Töle, Brösel vom Arm und will rüber zur Schule, zu seinem Herrchen, nehme ich an, denn der war grad wiedergekommen, wuselte auf dem Schulhof herum und behinderte die Feuer-

wehrleute bei ihrer Arbeit. Das hat die Töle plötzlich spitzgekriegt, und – haste nicht gesehen – ran an die Feuerwehr und die Feuerwerker verbellt. Der Hausmeister musste sie beruhigen und ihr erzählen, was die fremden Männer da machen und dass sie das dürfen. Dabei hofften wir, Erwin und ich, dass einer der Feuerwehrleute den Schlauch auf Waldi-Liebling richten würde. Aber nichts dergleichen. Schade.
Die ganze Zeit habe ich die Frau vom Hausmeister nicht gesehen. Ob sie in Urlaub war oder beim Einkaufen? Die wird ein Gesicht gemacht haben, denke ich mir, als sie zu Hause eintrudelte. Da hatte sie dann wieder was zu klagen.
Brösel hatte inzwischen, schien es, seine Fassung wiedergewonnen. Er ging durch die Reihen und ließ aufmunternde Worte fallen. Als ob wir die nötig gehabt hätten. Wenn wir auch nicht gerade jauchzten, so waren wir am Anfang doch voller Spannung, ob der alte Kasten das durchhält.
Mein Großvater soll schon auf dieselbe Schule gegangen sein. Aber da gab es Brösel noch nicht und mein Großvater ist ein ganz anständiger Kerl geworden. Er nimmt mich oft mit zu seiner Parzelle. Ich erschrecke dann die Frösche am Graben, die da vor sich hin dösen, und wenn ich kräftig mit dem Fuß aufstampfe, machen sie einen Satz, da kann das lahme Känguru bei uns im Zoo aber einpacken. Einen Beutel hat es ja schon.

Ja, das war also Brösel. Immer um Haltung bemüht. Aber auch der Schulleiter hielt sich gut. Als er fertig war mit

Schülerzählen, steckte er sich doch tatsächlich eine Zigarette an. Knöbelich hat da gar keine Notiz von genommen. Brandschatzende Lehrer kommen in seinem Kosmos nicht vor. Apropos Kosmos, das habe ich dann doch bedauert: In der nächsten Stunde hätten wir wieder Sternkunde gehabt. Das ist mein Lieblingsfach. Man kann so schön viel auf die Sterne raufträumen.

Ja, selbst die Dicke aus Knöbelichs Haus, das Walfangschiff, trollte sich irgendwann in heimische Gewässer. Dass sie dabei noch über die Türschwelle stolperte, weil sie ihre Augen noch woanders hatte, bei Knöbelich vermutlich, und ihr dabei das halbe Dutzend Eier (aus Bodenhaltung!) aus dem Netz klatschte, fand nur noch mäßigen Beifall.

Nein, Freude kam nicht so richtig auf, als die Schule brannte, trotz allem. Obwohl jeder von uns, ich geb's zu, sich das mehr als einmal im Leben gewünscht hatte. Nun ist längst alles wieder im alten Trott. Auch Knöbelich steht wieder auf seinem Balkon, wenn wir aus der Schule kommen, und schüttelt den Kopf, schimpft und droht mit dem Gichtfinger. Der Mann ist unverwüstlich. Er glaubt immer noch, einer von uns habe die Schule angezündet. Dabei weiß man längst, dass es der Fernseher des Hausmeisters war. Der sitzt nämlich morgens schon vor der Glotze, der Hausmeister, meine ich. Das muss ein feuriges Programm gewesen sein, sagt mein Vater. Na, Knöbelich würde die Wahrheit nicht helfen. Manche Leute hängen an ihren Theorien.

Wenn die Schule wieder mal brennt, das habe ich mir vorgenommen, verstecke ich schnell meine Streichhölzer. Womöglich hetzt der Knöbelich den Schulleiter noch zu einer Leibesvisitation auf und das wäre mir dann doch etwas peinlich, wenn man die Zündhölzer bei mir fände und die Schule brennt gerade ab. Außerdem bin ich kitzlig. Es sind ganz besondere Hölzchen, nicht irgendwelche, sondern solche, wie sie die Cowboys in den Wildwestfilmen immer an der Stiefelsohle oder auf der Theke anreißen, ganz lässig. Ich brauche sie eigentlich nicht, denn ich bin ja kein Raucher, obwohl – ein Lagerfeuer, das kann schon mal passieren, draußen, am Fluss, aber bestimmt keine Schulen. Steine brennen auch so schlecht.

Herbert Friedmann
Der Läusekönig

Eine Fünf in Biologie, ausgerechnet in einem seiner Lieblingsfächer. Bastian schob die Arbeit unter den Weltatlas. Aus der Welt war sie deshalb noch lange nicht. Zum Glück war sein Vater zurzeit auf einem Fortbildungslehrgang und kam erst in zwei Wochen zurück.

Bastian streckte die Beine auf den Schreibtisch, dachte an die bevorstehende Englischarbeit und schimpfte leise auf seinen Freund Elmar, dessen Versprechen sich bisher nicht erfüllt hatte. Er schlug das Englischbuch auf, klappte es nach ein paar Minuten wieder zu. Vielleicht geschah bis zum Abend das ersehnte Wunder. Bastian entschloss sich zu einem Stadtbummel. Er spazierte durch die Fußgängerzone, lauschte einem Straßenmusikanten, gönnte sich ein Eis.

„Autsch!"

Bastian verdrehte die Augen, bog in eine Seitengasse, blieb neben einer Telefonzelle stehen und kratzte sich genüsslich am Hinterkopf. Endlich! Er grinste zufrieden. Wenige Sekunden später zwickte es ihn erneut.

Gut gelaunt betrat er die Buchhandlung, in der seine Mutter arbeitete. Er drückte sich an den Kunden vorbei, die hinter der Eingangstür in der Kiste mit den Sonderangeboten stöberten.

„Guten Tag, Frau Baumann", sagte er fröhlich.
Die Chefin nickte knapp und deutete in Richtung Kinderbuchecke, wo die Mutter beschäftigt war, neue Bücher in die Regale einzusortieren.
„Ist was passiert?"
Bastian verneinte, nahm ein Buch in Augenschein, schabte sich gelegentlich die Kopfhaut.
„Was soll das Gekratze?"
„Aber wenn es doch so juckt", sagte Bastian. „Ein Zwicken und Beißen …"
Die Mutter errötete und schaute zu Frau Baumann, die hinter der Kasse stand. „Du wirst doch nicht etwa …", sagte sie mit einer Flüsterstimme.
„Läuse?", ergänzte Bastian. Er machte einen Böhnchenmund. „Katrin und Thomas haben auch schon mal Läuse gehabt", fuhr er überlaut fort. „Sie durften zwei Wochen lang nicht in die Schule."
„Nicht so laut!" Die Mutter knuffte ihn in die Rippen, schielte wieder zu Frau Baumann, guckte auf die Uhr. „Du gehst schnurstracks nach Hause", entschied sie. „Ich komme so schnell wie möglich nach."

„Es hat geklappt!", brüllte Bastian in die Sprechmuschel.
„Dann hole ich mir nachher das Geld ab", meinte Elmar kühl. Besser nicht, wollte Bastian noch sagen, aber sein Freund hatte bereits aufgelegt. Wenig später erschien die Mutter. Sie führte ihren Sohn ans Küchenfenster und nahm seinen Kopf unter die Lupe.

„Mindestens ein Dutzend Nissen!", stellte sie fest.
„Wieso Nissen?", fragte Bastian ängstlich. „Warum keine Läuse?"
„Nissen sind die Eier der Läuse", erklärte die Mutter.
Sie gab ihm ein Haarwaschmittel, das sie unterwegs in einer Apotheke gekauft hatte, und schickte ihn ins Bad. Nach der Kopfwäsche musste er eine Spülung mit einer Essig-Wasser-Mischung über sich ergehen lassen.
„Muss ich morgen in die Schule?", fragte er besorgt.
Daran sei vorerst nicht zu denken, meinte die Mutter. Sie müsse einen Läusekamm besorgen, denn einige von den Mistviechern hingen gewiss noch in den Haaren. Die Auskunft beruhigte Bastian. Er wickelte sich das Handtuch wie einen Turban um den Kopf, ging in sein Zimmer und fischte mit einem Messer ein Fünfmarkstück aus seinem Sparschwein.
„Reicht dein Taschengeld nicht?" Die Mutter stand hinter ihm. In den Händen hielt sie frische Bettwäsche.
Bastian suchte nach einer passenden Ausrede.
„Ich, ich …", stammelte er.
Ein stürmisches Klingeln erlöste ihn. Mit der Münze in der Hand flitzte er zur Tür.
„Na, du Läusekönig! Hast du das Geld?"
Mit Handzeichen versuchte Bastian Elmar verständlich zu machen, dass er nicht allein in der Wohnung war. Elmar plapperte einfach weiter, lobte sich, seine geniale Idee und vor allen Dingen die Läuse, die er in einem Reagenzglas züchtete und die er für fünf Mark pro Stück verkaufte.
Plötzlich verstummte er.

Bastian zog vorsichtshalber das Genick ein und überlegte, ob er abhauen sollte.
Ein glucksendes Lachen verriet ihm, dass ihm seine Mutter fast verziehen hatte.

Achim Bröger

Sag ich's? Oder sag ich's nicht?

Vorsicht! Ich klingele wie wild. Mensch, was macht denn dieser Doofmann in seinem Auto? Schläft der? Beinahe hätte er mich beim Überholen umgestoßen. Wahrscheinlich hat er was gegen Radfahrer. Das ist gerade noch mal gut gegangen. Puuh.

Gleich bin ich zu Hause. Warum beeil ich mich eigentlich so? Ich sollte langsamer fahren. Zu Hause muss ich meiner Mutter nämlich was beichten. Und das tue ich gar nicht gerne.

Sag ich ihr das wirklich? ... Ach, ich weiß noch nicht.

Diese Mist-Mathearbeit. Da hinten in meiner Tasche liegt sie. Auf eine Vier habe ich gehofft. Eine Fünf ist es geworden. Zum Wimmern finde ich das.

Erzähl ich die Fünf? Oder lasse ich's?

Wenn ich's lasse, werden die Eltern über meine Mathezensur im Zeugnis staunen. Das ist nämlich schon die zweite Mathe-Fünf in diesem Jahr und die erste habe ich ihnen nicht gesagt.

Eines ist klar: Ins Gymnasium komme ich sowieso nicht mehr. Ich kann froh sein, wenn ich in die Realschule komme. Meine Zensuren sehen nämlich alle nicht gerade toll aus. Und so sicher ist das mit der Realschule auch nicht.

Ich habe mir immer vorgestellt, dass ich mit meinem Bruder zusammen ins Gymnasium gehe. Richtig gefreut habe ich mich darauf. Er geht auch wirklich hin, schon seit fast zwei Jahren. Seine kleine doofe Schwester schafft's nicht.
Oh, wenn ich daran denke, tut mir das richtig weh im Bauch.
Ein blödes Gefühl, so nach Hause zu fahren. Sehr blöd. Es müsste irgendwas passieren, damit meine Eltern die Arbeit nicht mehr wichtig finden, ein Unfall zum Beispiel. Den schaffe ich auch noch, wenn ich weiter so wenig auf den Verkehr achte.
Da ist unser Haus. Am liebsten würde ich jetzt immer weiterfahren. Vielleicht höre ich dann eines Tages im Radio, dass sie mich suchen und unbedingt wollen, ich soll zurückkommen.
Mit jeder Note. Egal.
Diese Mist-Zensuren, die versauen einem alles! Ob sie mich eigentlich mit den schlechten Noten genauso gern mögen wie meinen Bruder?

Das Rad stelle ich vor dem Haus ab und geh die Treppe hoch. Die Tasche mit der Fünf habe ich in der Hand.
Oben bin ich und jetzt wird geklingelt. Dabei überlege ich: *Sag ich's? Oder sag ich's nicht?* In meinem Kopf geht alles durcheinander.
Mutter öffnet die Tür. „Wie war's?", fragt sie. Ich brumme: „Na ja, wie's in der Schule eben ist."
Aus der Küche höre ich Musik. Klaus, mein großer Bruder,

sitzt am Tisch. Das Essen kocht und es riecht prima. Sonst bin ich eigentlich immer gern mit in der Küche. Aber heute nicht.

Die beiden haben sich was erzählt. Mächtig gut gelaunt wirkt alles.

Oh, die Laune könnte ich ihnen verderben, vor allem meiner Mutter. Ich müsste nur die Fünf beichten.

„Komm bald zum Essen", sagt sie.

„Ja", sage ich und verschwinde erst mal in meinem Zimmer. Die Tasche mit der Fünf drin schmeiße ich unter den Tisch und setz mich aufs Sofa.

Ich sag's ihr, nehme ich mir vor. Aber erst nach dem Essen. Schimpfen wird sie gar nicht viel, meine Mutter. Ob ich nicht genug geübt habe, fragt sie garantiert. Und mein Bruder sagt: Mensch, das ist alles ganz leicht. Ich hab's dir doch erklärt.

Das hat er auch, wirklich. Sie geben sich Mühe mit mir. Und ich war sicher, dass die Arbeit dieses Mal nicht schief geht. Einen Punkt mehr hätte ich gebraucht. Einen einzigen. Dann wär's eine Vier geworden.

Bei mir fehlt oft ein Punkt. Mein Bruder hat diesen Punkt immer ... na ja ... und noch etliche dazu.

Einige in meiner Klasse sagen: Mit einer Fünf darf ich mich zu Hause nicht sehen lassen. Die haben richtig Angst, dass sie bestraft werden. Davor muss ich keine Angst haben. Aber natürlich ist meine Mutter enttäuscht. Und schlechte Laune hat sie, wenn ich eine Fünf mitbringe.

Abends erfährt Papa von meiner Glanzleistung. Vielleicht sagt der: Nimm dir ein Beispiel an Klaus.
Wenn der wenigstens ein richtiger Streberheini wäre, der Klaus. Dann könnte ich mir denken: Ne, an dem nehm ich mir kein Beispiel. Leider ist er kein Streber. Er schafft das einfach so. Dabei tu ich mehr als er.

Eben höre ich meine Mutter aus der Küche: „Komm zum Essen!" Und ich weiß immer noch nicht: *Sag ich's? Oder sag ich's nicht?* Am liebsten würde ich hier in meinem Zimmer sitzen bleiben.
„Hast du nicht gehört?", fragt meine Mutter.
„Komme schon", sage ich und trotte in die Küche.
Kartoffeln, Rotkohl und Rindfleisch gibt es.
„Hm, das riecht gut", sagt Klaus. „Hab ich einen Hunger."
Und dann sagt er zu mir: „Deck schon mal den Tisch."
„Blödmann! Mach doch selber!", donnere ich.
„Mensch, sei nicht so unfreundlich", sagt Mutter. „Natürlich hilft der Klaus beim Tischdecken."
Natürlich. Klar. Dieser Musterjunge. Und der tut in letzter Zeit wie ein Pascha. Der hat mir gar nichts zu sagen.
Ich hole die Teller. „Stell dir vor", sagt Mama, „Klaus hat seine Deutscharbeit wiederbekommen. Rate mal, was es für 'ne Zensur geworden ist?"
„Na, was meinst du?", fragt Klaus lässig. Dieser Angeber, wie der dasteht und am Kühlschrank lehnt.
„Weiß ich nicht", sage ich. Dabei weiß ich's genau. Wenn sie so gucken und aus der Note ein Rätsel machen, gibt's

keine große Auswahl. Entweder hat er eine Zwei oder eine Eins.

„Eine Zwei hat er", sagt Mutter. „Um einen Punkt. Beinahe wär's eine Eins geworden."

Prima finde ich, dass er auch mal einen Punkt zu wenig hat. Aber das behalte ich für mich. Mensch, ich wünschte mir einen Bruder, der schlechter in der Schule wäre als ich.

„Na, ist das nicht toll?", fragt Mutter.

„Hm", murmele ich.

„Richtig stoffelig bist du heute", beschwert sie sich. „Was ist dir denn für 'ne Laus über die Leber gelaufen?"

Zum Glück erwartet sie keine Antwort. Sie stellt das Gemüse, das Fleisch und die Kartoffeln auf den Tisch. Gleich nimmt sich Klaus wieder das größte Fleischstück, jede Wette. Das kann ich besonders leiden.

Wir sitzen hinter den Tellern. Plötzlich guckt mich Klaus an und fragt: „Habt ihr eigentlich die Mathearbeit wieder?"

Mir schießt noch mal durch den Kopf: *Sag ich's? Oder sag ich's nicht?* Und ich sage: „Wir haben sie zurückbekommen."

„Und?", fragt Mutter.

„Ne ... Vier", sage ich.

Im nächsten Augenblick denke ich schon: Verdammt, warum habe ich bloß nicht die richtige Zensur gesagt?

„Na ja", seufzt Mutter und klingt unzufrieden. Wenn die wüsste.

„Ist ja nicht das Gelbe vom Ei", sagt mein Bruder.

„Ich hab eine schlechte Vier. So gerade noch. Um einen Punkt", sage ich hastig, damit es nicht zu sehr gelogen ist.
„Schade", sagt Mutter und fragt dann: „Hast du nicht genug geübt?"
Ich wusste, dass das kommt. „Keine Ahnung", sage ich. „Vor der Arbeit konnte ich alles."
„Jedenfalls so einigermaßen", sagt mein Bruder.
„Das reicht eben nicht", meint Mutter.
Jetzt muss ich in der nächsten Arbeit unbedingt eine Drei schreiben, damit aus den zwei Fünfen im Zeugnis noch eine Vier wird. Schon heute Nachmittag übe ich. Ganz bestimmt. Hoffentlich hilft mir der Klaus.
„Na ja", sagt Mutter. „Zieh nicht so ein Gesicht. Eine Vier ist immerhin besser als eine Fünf."
Das tröstet mich wirklich sehr, was sie da sagt.
„Zeig mir nachher mal die Arbeit", verlangt sie plötzlich.
Auch das noch!
„Hm", mache ich und hoffe, dass sie das später vergessen wird. Wenn sie's nicht vergisst, sage ich: Wir sollten die Hefte in der Schule lassen, weil der Lehrer die Verbesserung der letzten Arbeit nachsehen will.
Ach, ist das alles doof. Da zieht eines das andere hinterher.
„So, wir essen", sagt Mutter.
Aber mir ist der Appetit eigentlich
schon längst vergangen.

Wolf P. Schneiderheinze

Anais und Philipp Glücksstein

Rechnen ist Männersache, hatte Papa gesagt, als Anais fragte, wer ihr bei den Rechenaufgaben helfen würde.
Mama hatte nur gekichert, so wie sie immer kicherte, wenn Papa links und rechts verwechselte, und das tat er meistens. Anais wusste genau, wo links und rechts war, denn am linken Daumen hatte sie eine kleine Narbe von einem Schnitt mit einer Glasscherbe. Also war klar: Wo die Narbe war, war links. Papa hatte keine Narbe, das hatte Anais überprüft. Wahrscheinlich verwechselte er deshalb links und rechts.
Papa übte also mit Anais Rechenaufgaben. Das Dumme war nur: Papa konnte nicht erklären. Für ihn schien alles immer logisch und eindeutig, aber Anais verstand kein Wort. Die Rechenarbeiten in der Schule wurden schlechter und schlechter, obwohl Papa täglich mit Anais übte.
„Es ist wie verhext!", rief er immer. „Ich rede und rede, aber sie versteht es nicht. Merkwürdig, sehr merkwürdig!"
Dann schob er die Brille bis auf die Nasenspitze und schaute Anais lange und nachdenklich an.

Als Anais' Arbeiten nicht besser wurden, meinte er schließlich eines Abends: „Ich gebe es auf. Das Kind versteht kein

Wort. Als ob ich chinesisch spreche. Dabei ist sie doch sonst nicht auf den Kopf gefallen."

Mama und Papa flüsterten kurz miteinander, dann sagte Mama: „Anais, geh doch bitte in dein Zimmer, ich muss mit Papa etwas Wichtiges besprechen."

Anais kannte das. Immer wenn es interessant wurde, musste sie gehen. Widerwillig trollte sie sich in ihr Zimmer. Sie hatte auch ganz bestimmt nicht vor zu lauschen, wirklich nicht! Aber im Kinderzimmer war es so schrecklich langweilig. Sicher war es unheimlich aufregend, was sich Mama und Papa erzählten.

Vorsichtig schlich Anais zur Wohnzimmertür und horchte. „Das ist doch deine Schuld", hörte sie Mama sagen. „Ein Diplomchemiker wie du kann dem Kind nicht die elementarsten Mathematikkenntnisse vermitteln."

Anais verstand kein Wort. Papa murmelte etwas.

Dann sagte Mama sehr laut: „Das hat doch keinen Zweck. Wenn ihre Leistungen im Rechnen nicht besser werden, muss sie die Klasse eben wiederholen. Mathematik ist zu wichtig. Wenn die Grundlagen fehlen, wird sie immer hinterherhinken."

Nun verstand Anais, wovon die Eltern sprachen. Auf Zehenspitzen schlich sie in ihr Zimmer zurück. Mama meinte also, dass sie noch einmal in die dritte Klasse gehen sollte, wenn sie im Rechnen nicht besser würde. Als ob Rechnen so wichtig war! Anais wurde sauer. Wie sie dieses blöde Rechnen hasste!

Auf keinen Fall wollte sie noch einmal in die dritte Klasse gehen. Birte und Mara kamen auch in die vierte und sogar

Lars und Andreas. All ihre Freunde kamen in die nächste Klasse, nur sie, sie allein sollte in der dritten Klasse bleiben? Nein, es musste etwas passieren, schnellstens! Anais nahm sich vor, noch viel, viel besser aufzupassen, wenn Frau Schlüter die neuen Rechenaufgaben erklärte. Sie musste besser werden, unbedingt!

∽⊙

Am nächsten Tag saß Anais nach dem Mittagessen über den Aufgaben und überlegte hin und her, aber sie kam nicht auf die Lösungen. Frau Schlüter hatte morgens eine Übungsaufgabe an die Tafel geschrieben, aber auch die hatte Anais nicht verstanden. Selbst wenn Papa abends wieder half, bei der nächsten Arbeit war sie doch wieder allein.
„Vier Mark und neunzig Pfennige!", rief plötzlich jemand vom Bücherregal. Anais schaute verwundert hinüber. Zwischen ihren Büchern saß tatsächlich ein kleiner Knirps, gerade so hoch wie drei Daumen.
„Vier Mark und neunzig Pfennige!", krähte der Kleine wieder und lachte. Es war ein helles Glasmurmellachen, und Anais musste sofort mitlachen.
„Wer bist du?", fragte sie und musste gleich wieder lachen, denn der Kleine verdrehte die Augen, ließ die Beine vom Regal baumeln und hüpfte schließlich auf ihren Schreibtisch.
„Ich bin Philipp Glücksstein und die Lösung zu deiner ersten Aufgabe lautet: vier Mark und neunzig Pfennige!"
Philipp verbeugte sich tief und zog seinen kleinen Hut vom Kopf.

„Stets zu Diensten", sagte er. „Wenn ich dir helfen kann, brauchst du es nur zu sagen."

Anais betrachtete Philipp Glücksstein genau. Er trug dunkelbraune Lederstiefelchen, eine grüne Hose und ein grünes Hemd. An seinem Hut steckte eine Flaumfeder, die auf seinem kleinen Hut wie ein Federbausch wirkte.

Wie sollte Anais dieser kleine Kerl helfen?

„Es ist nett von dir, dass du mir helfen willst", sagte das Mädchen, „aber ich glaube nicht, dass du mir diese blöden Rechenaufgaben erklären kannst. Ich verstehe sie einfach nicht. Rechnen ist eben Männersache!"

„Unfug, Papperlapapp, Männersache", rief Philipp Glücksstein ärgerlich. Er lief zum Rechenheft und nahm den Bleistift mit beiden Händen hoch.

„Das Ding ist ja ganz schön schwer", ächzte er und schrieb Zahlen auf das Papier. Dann begann er zu erklären.

Anais war völlig erstaunt. Sie verstand tatsächlich, was Philipp erklärte. Sie rechnete die zweite Aufgabe mit seiner Hilfe, die dritte und die vierte rechnete sie allein.

„Richtig", meinte Philipp und klopfte ihr anerkennend auf die Nasenspitze. „Du bist ein schlaues Mädchen."

„Wie ist das denn mit diesen Aufgaben?", fragte Anais aufgeregt und kramte die Rechenaufgaben hervor, die ihr Papa so vergeblich beizubringen versucht hatte.

Philipp schaute sich kurz die Aufgaben an. Dann erklärte er in drei Sätzen, worum es ging.

Anais rechnete und – verstand alles. Papa hatte den ganzen Abend erzählt und erzählt und jetzt hatte sie es in zwei Minuten verstanden.

„Mein Papa hat mir gestern den ganzen Abend versucht zu erklären, wie diese Aufgaben gerechnet werden, aber ich habe nicht ein einziges Wort kapiert."

„Ich weiß", erwiderte Philipp Glücksstein, „ich habe doch zugehört. Es war grauenvoll. Dein Papa ist lieb und nett, wirklich, aber er kann überhaupt nicht erklären. Mein Vater kann das auch nicht. Er hat mir einmal erklärt, wie ein Hund aussieht. Nach drei Stunden bin ich eingeschlafen."

Beide lachten. Dann reichte Philipp dem Mädchen die Hand.

„Ich muss gehen", meinte er, „aber wenn du willst, komme ich morgen wieder."

„Das wäre unheimlich nett von dir", sagte Anais und bedankte sich ganz herzlich bei dem Knirps.

Philipp sprang vom Schreibtisch und – war verschwunden.

Abends kam Papa ins Kinderzimmer und sagte: „Sollen wir es noch einmal mit den Rechenaufgaben versuchen?"

„Och", sagte Anais, „die habe ich schon gemacht." Von Philipp Glücksstein erzählte sie nichts.

„Tatsächlich? Na, da bin ich ja gespannt", meinte Papa und ließ sich das Heft zeigen.

„Oh", machte Papa nur, als er die Aufgaben nachschaute. Dann schob er die Brille auf die Nasenspitze und sah seine Tochter lange und nachdenklich an.

Schließlich räusperte er sich und sagte: „Das ist ja schön, sehr schön, ja. Ich glaube fast, unser kleiner Nachhilfeunterricht bringt erste Erfolge."

Genau dasselbe sagte er auch beim Abendessen zu Mama:
„Unser kleiner Nachhilfeunterricht bringt erste Erfolge."
Anais grinste und dachte an Philipp Glücksstein.

Am nächsten Tag kam der kleine Knirps tatsächlich wieder.
„Ehrensache. Versprochen ist schließlich versprochen",
meinte er und verbeugte sich tief. „Stets zu Diensten."
Wieder erklärte Philipp Rechenaufgaben und Anais rechnete und verstand. Abends kam Papa aus dem Staunen nicht heraus.
„Wie kommt das Kind denn plötzlich darauf?", wunderte er sich. „Es ist wie verhext."
Doch auch Anais' Teddybär, den Papa so nachdenklich anstarrte, wusste keine Antwort.
„Ich habe in der Schule besser aufgepasst", meinte das Mädchen und erklärte die Aufgaben, wie Philipp Glücksstein sie erklärt hatte.
Darauf runzelte Papa die Stirn und zog weiter sein nachdenkliches Gesicht.
Beim Abendessen meinte er dann zu Mama, dass es mit dem Rechnen nun wohl bergauf gehe.
„Warten wir die nächste Arbeit ab", meinte Mama nur.

Tag für Tag hockten Anais und Philipp über dem Rechenbuch und büffelten. Aber das Rechnen fiel dem Mädchen jetzt leicht, es machte ihr sogar Spaß. Auch von ihrem neuen Freund erfuhr sie etwas mehr.

Mama konnte ihn zum Beispiel nicht sehen, nur wenn er lachte, schaute sie sich um und fragte Anais: „Hast du auch gerade dieses Geräusch gehört?"

Philipp wohnte wahrscheinlich in ihrem Bücherregal, aber das wusste das Mädchen nicht so genau. Sicher war, dass er in ihrem Zimmer wohnte.

Auch sie konnte ihn nicht immer sehen. Er tauchte auf und verschwand spurlos, wann immer er es wollte.

Das Wichtigste war ihr aber, dass er der netteste und lustigste kleine Kerl war, den sie sich vorstellen konnte. Wenn er lachte, musste sie sofort mitlachen, er erzählte die drolligsten Geschichten und zog urkomische Gesichter, wenn sie etwas nicht sofort verstand.

„Du, Philipp", sagte Anais eines Tages zögernd, „ich kann doch jetzt besser rechnen, oder?"

„Wenn du so weitermachst, weißt du bald mehr als deine Lehrerin", krähte Philipp, der gerade einen Kopfstand über den Rechenheften vollführte.

„Trotzdem habe ich schreckliche Angst vor der nächsten Rechenarbeit", sagte Anais. „Ich habe dir doch erzählt, dass ich nicht in die vierte Klasse darf, wenn meine Rechenarbeiten nicht besser werden. Stell dir mal vor, ich kann all die Aufgaben in der Arbeit nicht lösen."

„Stets zu Diensten", sprach Philipp Glücksstein, sprang auf die Füße und machte seine Verbeugung.

„Ich kenne das, glaub mir", meinte er und zog ein nachdenkliches Gesicht wie Papa.

„Ich weiß da ein Mittel, aber du musst mir hoch und heilig versprechen, niemandem davon zu erzählen."

„Ich verspreche es", sagte Anais.
„Gut, dann hör gut zu", flüsterte Philipp. „Du nimmst diesen Stein, rufst zweimal *Die Angst ist weg!*, drehst dich im Kreis und schluckst ihn hinunter."
Er reichte Anais einen kleinen braunen Stein.
„Vor der Arbeit, denk dran!", sagte Philipp und verschwand.

Ein paar Tage später war es so weit. Frau Schlüter sagte morgens zu den Kindern: „In der dritten Stunde schreiben wir eine Rechenarbeit!"
Aufgeregt tastete Anais in ihrer Tasche nach dem kleinen Stein. Ja, er war da!
In der Pause rannte sie als Erste aus dem Klassenraum und lief auf die Toilette. Ein wenig komisch kam sie sich schon vor, als sie das Steinchen in die Hand nahm, „Die Angst ist weg, die Angst ist weg!" rief, sich im Kreis drehte und ihn hinunterschluckte.

Drei Tage später kam Anais freudestrahlend nach Hause. Sie hatte keinen einzigen Fehler in ihrer Arbeit.
Mama konnte es nicht fassen.
„Mir scheint, deine Nachhilfestunden haben tatsächlich geholfen", sagte sie abends zu Papa, der vor Stolz nicht ein noch aus wusste.
„Na ja", sagte er und machte ein äußerst zufriedenes Gesicht.

Als Anais im Bett lag, hörte sie das Glasmurmellachen.
„Danke für den Glücksstein, Philipp", flüsterte sie.
Im Dunkeln kicherte es.
„Das war doch nur eine Linse, eine einfache Linse", lachte
Philipp. Da musste auch Anais lachen.
Und im Wohnzimmer saß Papa und schaute nachdenklich
über seine Brille. Warum nur verstand sie plötzlich das
Rechnen?
„Merkwürdig", murmelte er,
„wirklich merkwürdig."

Renate Axt

Der Albtraum

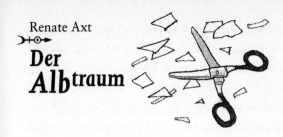

Ich bog neugierig in die Lagerhausstraße ein. Ob es mein altes Schulgebäude noch gab? Ich war Jahre nicht mehr in D. gewesen. Von weitem sah ich die Birkenbäume, höher gewachsen freilich als damals. Die Sonne schien auf die roten Backsteinziegel des alten Schulgebäudes. Ich sah zum ersten Stock hoch, dort war mein Klassenzimmer gewesen.

Alice-Eleonore-Schule
Gymnasium für Mädchen

stand, kaum noch leserlich, über dem Eingang. Ich glaubte die Schulklingel zu hören, die nach dreimaligem Klingeln die Schulstunden unterbrach. Gleich würden die Mädchen in die Pause gehen. Es war, als habe sich nichts verändert. Ich ging in den Schulhof. Die Kastanien waren noch mächtiger geworden. Ich hob eine Hand voll seidig glänzender Kastanien auf und steckte sie in die Manteltasche. Das hatte ich früher auch immer gemacht.
Ich sah mich um. Niemand war zu sehen. Ich hatte Lust, in mein altes Klassenzimmer zu gehen. Die Eingangstür war nicht verschlossen und ich ging vorsichtig ins Treppenhaus. Langsam gewöhnte ich mich an das Halbdunkel. Ich

glaubte immer noch den typischen Schulgeruch zu riechen. Im Parterre waren damals das Lehrerzimmer, die Direktion und die Konferenzräume gewesen. Ich ging leise zum ersten Stock hinauf.

Ich sah nach oben und erschrak. Auf dem Treppenabsatz stand Frau Schott. Groß und hager, die grauen Haare zu einem Knoten gebunden. Dort oben stand meine alte Klassenlehrerin, Frau Schott. Ich fühlte die Angst von damals wieder. Hob sie drohend die Faust in meine Richtung?

Sie starrte mich an. Ihre grauen Augen schauten durch mich hindurch. Ich wagte kaum zu atmen. Ich drehte den Kopf zur Seite und sah das Licht vom Hof hereinschimmern. Das beruhigte mich. Der Spuk war verschwunden.

◁❚❚❚▷

Frau Schott hatte mich nicht gemocht. Sie hatte es richtig auf mich abgesehen gehabt. Ich war immer an allem schuld. Sie war schon sehr krank gewesen, aber das wusste ich damals nicht. Und wenn, es hätte mir wenig geholfen. In ihrer Angst, ihrer Wut, ihrer Enttäuschung vielleicht suchte sie ein Opfer, um sich abzureagieren. Das Opfer war ich.

Sie unterrichtete uns in Deutsch und Englisch. Diktate waren nicht gerade meine Stärke. Deshalb hatte ich Angst. Überhaupt hatte ich bald Angst vor allen Klassenarbeiten bei der Schott.

Neben mir in der Bank saß meine beste Freundin, Irmgard. Irmgard war Klassenbeste, das wusste die Schott sehr genau. Sie unterstellte mir, dass ich bei Irmgard abschreiben würde. Aber dazu hatte ich viel zu viel Angst. Außerdem schrieb Irmgard winzig klein, ich hätte ihre Schrift von meinem Platz aus gar nicht lesen können.

Frau Schott teilte mal wieder die Diktathefte aus. Wir begannen die ersten Sätze, da rief sie schon: „Komm sofort vor ans Pult. Du wirst ab jetzt das Diktat hier schreiben."
Ich ging durch den Gang, die Bankreihen entlang. Erika lachte. „Ich gebe dir eine letzte Chance", sagte Frau Schott. Ich wagte nicht, in die Klasse zu sehen. Ich schämte mich. Das Diktat ging weiter. Das Diktat über die Graugänse. Wäre ich nur dort, wo die Graugänse ihr Winterquartier suchten, dachte ich.

Ich fürchtete mich jetzt vor jeder Stunde bei der Schott. Nachts träumte ich von ihr. Sie stand an meinem Bett und schrie: „Du schreibst schon wieder ab." Ihr Gesicht tauchte auf, wenn ich Klavier übte. Wenn ich etwas las, selbst wenn wir einen Hürdenlauf machten oder 100 Meter liefen. Sie war überall.

Eines Morgens kam ich zu spät zur Schule. Unsere Uhr war stehen geblieben. Aber das wagte ich Frau Schott nicht zu sagen. Sie gab mir zwei Stunden Arrest, die musste ich Gott sei Dank in einer fremden Klasse absitzen.

Am anderen Morgen stand ich früher auf als sonst. Ich wollte auf keinen Fall zu spät kommen. Im Treppenhaus der Schule war es so still wie jetzt gewesen. Ich rannte erschrocken die Treppe hinauf. Warum kam ich nur wieder zu spät? Da stand sie plötzlich auf dem oberen Treppenabsatz. Wie ein Gespenst war sie aus dem Dunkel aufge-

taucht. „Was willst du hier? Es ist ja noch viel zu früh. Du willst mich ärgern, wie immer?"
Ich stotterte. Da zeigte sie drohend auf die Schuluhr. Der Unterricht begann erst in einer Dreiviertelstunde. Ich war viel zu früh in der Schule.
Frau Schott glaubte mir nicht. Ich bekam wieder zwei Stunden Arrest.
Auf dem Heimweg beschloss ich auszureißen. Irgendwohin, wo es keine Frau Schott gab.
Ich wollte noch einmal in die Schule gehen und meiner Freundin heimlich einen Brief in die Schultasche legen. Erzählen konnte ich ihr nichts. Ich dachte, sie würde sonst versuchen, mir meinen Plan auszureden.
Am nächsten Tag kam Frau Schott nicht zum Unterricht. Sie sei krank, sagte uns die Vertretung. Eine Woche später bekamen wir einen neuen Klassenlehrer. Den gutmütigen, liebenswerten Dr. Mattheß. Ich war glücklich. Ich musste nicht mehr davonlaufen.
Dann kam das erste Diktat. Ich schrieb und schrieb. Da sagte Dr. Mattheß sehr freundlich: „Komm mal vor ans Lehrerpult und schreib hier weiter."
Aus. Alles war aus. Alles war wieder wie früher.
Erika hustete auffallend. Irmgard schaute mich mitleidig an. Ich ging langsam vor ans Pult. Das Diktat ging weiter und ich schrieb.
Da sagte Dr. Mattheß: „Setz dich wieder auf deinen Platz. Du schreibst nicht ab, du hältst nur den Kopf schief. Es sieht aus, als würdest du nach rechts sehen, um abzuschreiben."

Ich war gerettet. Er glaubte mir. Ich hielt nur den Kopf etwas schief beim Schreiben. Das tue ich auch heute noch. Was aber wäre gewesen, wenn wir Frau Schott behalten hätten? Ich war sehr unglücklich damals.

Ich stand immer noch auf der Treppe und sah zur großen Schuluhr. Sie war stehen geblieben.
Der Spuk war vorbei.

Beate Paul
Tobias im Schrank

Seit dem letzten Sommer ging Britta auf eine andere Schule, denn sie war jetzt in der fünften Klasse. Schule war Schule, fand Britta. Der einzige Unterschied war der, dass sie jetzt bei acht verschiedenen Lehrern Unterricht hatte.

Was sie an der neuen Schule am meisten interessierte, waren die Garderobenschränke. Die waren nämlich auf dem Flur neben den Klassenzimmertüren in die Wand eingebaut. Jeder Schrank hatte vier bunte Lamellentüren, durch deren Ritzen man in den Schrank gucken konnte, wenn man ganz dicht herantrat. Rechts außen neben der letzten Tür war ein Schloss oben in den Schrankrahmen eingelassen und links von jeder Tür befand sich ein silberner Knopf. Wenn man mit einem kleinen Schlüssel das Schloss aufgeschlossen hatte, konnte man diese Knöpfe drücken und die Schranktüren aufziehen. Dabei summte es wie bei dem Türöffner bei Britta zu Hause.

Jeden Morgen und in jeder Pause gab es ein großes Gerangel an den Schränken, wenn es darum ging, wer auf die vier Knöpfe drücken durfte.

Das war für Britta aber auch schon das einzig Aufregende an der neuen Schule. Nicht, dass Britta ungern zur Schule ging, aber sie ging auch nicht gern. Schule war etwas, wohin man gehen musste, wie ihr Vater ins Büro. Und ihre Mutter musste schließlich auch zur Schule, wenn auch in eine andere und nicht als Schülerin, wie Britta, sondern als Lehrerin.

Seit den Weihnachtsferien ging Britta aber dienstags und donnerstags noch weniger gern zur Schule. Da hatte sie nämlich Erdkunde bei Frau Friedlich. Frau Friedlich machte ihrem Namen nicht die geringste Ehre, denn sie war das Gegenteil von friedlich. Keiner der ganzen Schule konnte sie leiden und selbst die Großen hatten gehörigen Respekt. Sie keifte herum, als sei sie nur zum Keifen auf der Welt. Außerdem sah sie aus wie eine Hexe, mit ihrer langen, spitzen Nase und ihrem zickigen Mund. Und wenn sie auch nicht direkt dürr war, so wirkte sie doch zumindest schrecklich hager. Das lag wohl an den komischen Kleidern, die sie trug. Sie sah einfach aus, wie man sich eine richtig zickige Lehrerin vorstellt.

Sie regte sich furchtbar schnell auf, wenn es etwas unordentlich in der Klasse war oder jemand an den Fingernägeln kaute oder die Nase schniefend hochzog. Und wenn dann einer über ihre Schimpftiraden in Tränen ausbrach, keifte sie noch mehr.

Zuerst hatte die Klasse bei Frau Sonntag Erdkunde gehabt. Die war ehrlich nett. Sie war überhaupt die netteste Lehrerin von der Schule. Aber dann hatte sie ein Kind und die Klasse Frau Friedlich bekommen. Ausgerechnet Frau Friedlich! Frau Friedlich war der Grund, warum Britta am liebsten gar nicht mehr zur Schule gegangen wäre. Und das kam so:

Britta hatte zusammen mit Markus Schlüsseldienst. Das heißt, sie musste morgens das Klassenbuch und die Schlüssel vom Hausmeister holen und den Garderobenschrank auf- und wieder abschließen. Als sie an dem Donnerstagmorgen, als der ganze Ärger begann, den Schrank abschließen wollte, bemerkte sie durch Zufall im zweiten Schrank von links zwei Augen, die ängstlich durch die Schlitze zwischen den Lamellen blinzelten. Britta drückte auf den Knopf und öffnete die Tür. Im Schrank stand Tobias und starrte sie an.

Britta lachte und gerade wollte sie fragen: Wer hat dich denn da reingesteckt?, da fing Tobias an zu heulen und sie spürte, dass sie am linken Ohr gezogen wurde.

„Du bist mir ja ein feines Früchtchen", hörte sie Frau Friedlichs schrille Stimme sagen.

„Aber ... aber ich hab doch gar nichts getan", stammelte Britta und rieb sich ihr brennendes Ohr.

„Das ist doch die Höhe!", keifte Frau Friedlich. „Ich hab es ja selbst gesehen!"

„Ich hab Tobias nicht in den Schrank gesperrt!" Britta war wütend. Da hatte sie Tobias befreit und wurde zum Dank dafür ausgeschimpft und am Ohr gezogen.

Noch viel empörter war aber Frau Friedlich. „Du bist ja ein richtiges kleines Luder. Warum hast du denn so gelacht? Na?"

„Weil ... weil", stotterte Britta, aber die Antwort interessierte ihre Lehrerin gar nicht.

„Geh sofort in die Klasse! Und du hör auf zu flennen. Du benimmst dich ja wie ein Mädchen", sagte sie verächtlich zu Tobias.

Als sie in der Klasse waren, schlug Frau Friedlich das Klassenbuch auf und fragte Britta und Tobias nach ihren Namen. Sie wusste nie, wie ihre Schüler hießen. Britta kannte sie jetzt allerdings ein für alle Mal. Sie machte eine Eintragung ins Klassenbuch.

Doch es kam gleich noch schlimmer! Britta kam mit den Hausaufgaben dran. Und weil sie so wütend war, dass sie am liebsten geheult hätte, stockte sie ziemlich oft.

Frau Friedlich schien das irgendwie zu freuen. Zufrieden sagte sie: „Das ist typisch, ganz typisch für solche wie dich. Vier minus."

Britta hätte laut schreien mögen. So wütend, wie sie jetzt war, war sie noch nie in ihrem ganzen Leben gewesen. Sie hätte Tische und Stühle schmeißen können. Sie bekam kaum noch Luft.

Ich hasse sie, dachte sie und konnte gar nichts anderes mehr denken. Und zuhören konnte sie erst recht nicht mehr, was die alte Hexe da vorn über die Nordseeküste erzählte.

Und auf Tobias war Britta auch sauer. Warum hatte er nichts gesagt? Er musste doch wissen, dass sie ihn nicht in den Schrank gesperrt hatte!

Ihre Wut hielt an. In der zweiten Stunde hatten sie Mathe bei Herrn Löhrs. Als er das Klassenbuch aufschlug, lachte er und fragte: „Was lese ich hier, Britta? Britta Werner sperrt Tobias Gerlach in den Schrank?"

„Ich habe ihn rausgelassen, nicht eingesperrt!", brüllte

Britta so laut und verzweifelt, dass Herr Löhrs sie erschrocken ansah und nichts mehr sagte.

In der großen Pause hatte sie sich immer noch nicht beruhigt. Auf dem Schulhof ging sie zu Tobias und baute sich breitbeinig vor ihm auf.
„Findest du das fair?", schrie sie ihn an. „Warum sagst du nichts? Die Hexe hat es ins Klassenbuch geschrieben. Dabei weißt du genau, dass ich es nicht war!"
Britta war den Tränen nahe, aber sie schluckte sie herunter und versuchte streng zu gucken.
Tobias sagte nichts. Er hatte den Kopf zwischen die Schultern gezogen und blickte stur auf seinen linken Fuß, mit dem er verlegen auf der Erde scharrte.
Britta hatte große Lust, ihn zu verprügeln.
Die dicke Karin trat auf die beiden zu. Tobias atmete erleichtert auf.
„Reg dich doch nicht so über die alte Friedlich auf", lispelte sie. Karin lispelte, weil sie eine Zahnspange trug. Immer versuchte sie die anderen Kinder aus ihrer Klasse zu trösten, wenn sie zum Beispiel eine schlechte Arbeit geschrieben hatten. Jeder mochte Karin, weil sie stets gut gelaunt war und Rat wusste. Auch Britta konnte Karin gut leiden. Sie hatte sie sogar als Klassensprecherin vorgeschlagen. Aber heute schnauzte sie auch Karin an.
„Nicht aufregen? Die Sumpfkuh hat es ins Klassenbuch geschrieben. Das ist die größte Ungerechtigkeit! Lehrer glauben doch immer, was im Klassenbuch steht!"

„Ich glaube dir. Und die anderen aus der Klasse auch", sagte Karin, aber das konnte Britta nicht trösten.
„Tobias", sagte Karin. Aber der hatte sich leise davongestohlen, weil er wohl Angst hatte, noch Prügel von Britta zu beziehen. Karin zuckte mit den Achseln.
„Vielleicht hat er Angst zu verraten, wer ihn wirklich in den Garderobenschrank gesperrt hat. Am besten, du sprichst mit Frau Kaufmann drüber", riet sie Britta.
Frau Kaufmann war die Klassenlehrerin. Bei ihr hatten sie aber erst in der fünften Stunde Englisch. Britta musste noch zwei Stunden durchstehen, in denen die Lehrer das Klassenbuch aufschlugen und Britta kopfschüttelnd ansahen.

In der nächsten großen Pause konnte sie vor Aufregung gar nichts essen und kaute stattdessen unentwegt an den Fingernägeln. Als Frau Kaufmann endlich den Klassenraum betrat, stand Britta schon vorn am Pult und sah abwechselnd die Lehrerin und die zuversichtlich lächelnde Karin an. Und als Frau Kaufmann endlich ihre Tasche aufs Pult legte, sprudelte es aus Britta heraus:
„Frau Friedlich hat ins Klassenbuch geschrieben, dass ich Tobias in den Schrank gesperrt habe. Aber das habe ich nicht, ich habe ihn bloß ..."
„Ich weiß, ich weiß", unterbrach Frau Kaufmann sie sanft. „Herr Löhrs hat mir davon erzählt. Er sagt, du seist zwar laut, aber dennoch überzeugend gewesen. Er glaubt dir. Frau Friedlich glaubt dir nicht. Und ich will dir zunächst einmal glauben", sagte sie. „Aber was mich nun am meis-

ten interessiert", fuhr sie fort, „ist die Frage, wie Tobias in den Schrank gekommen ist."

Sie blickte sich fragend in der Klasse um. Niemand sagte etwas und niemand meldete sich.

„Na gut, dann muss ich Tobias fragen." Frau Kaufmann sah Tobias streng an. Aber der starrte nur auf sein Englischbuch und schwieg.

„Also: Tobias will nicht petzen und der oder die Tobias in den Schrank gesperrt hat, traut sich nicht, sich zu melden. Ihr seid feige!", sagte die Lehrerin. „Und doppelt gemein: gegenüber Tobias und gegenüber Britta."

Jeder in der Klasse drehte sich um, sah die anderen Kinder an und suchte, ob sich nicht irgendjemand verriet.

„Na gut", sagte Frau Kaufmann verärgert. „Britta, setz dich jetzt auf deinen Platz. Ich weiß nicht, was ich glauben soll. Aber in zwei Wochen ist Lehrerkonferenz. Dann werden wir auch darüber sprechen. Vielleicht können wir den Eintrag löschen, da wir ja wirklich nicht wissen, wer Tobias in den Schrank gesperrt hat. Aber versprechen kann ich dir nichts."

Britta gehorchte. Sie war jetzt etwas beruhigt, da sie hoffte, Frau Kaufmann würde ihr glauben und diese riesengroße Ungerechtigkeit wieder wettmachen.

Zu Hause regte sich Britta aber doch noch einmal über die alte Zimtzicke Friedlich auf. Und über ihre Mutter. Die war ja auch Lehrerin und wollte natürlich nicht glauben, dass Frau Friedlich wirklich so widerlich und unausstehlich sei.

„Du übertreibst, Britta", sagte sie. „Solche Lehrerinnen gibt es nur in Geschichten, nicht in der richtigen Schule."

Aber sie glaubte wenigstens, dass Britta Tobias nicht in den Schrank gesperrt hatte. Nur dass die Lehrerin Britta am Ohr gezogen und sie „ein richtiges Luder" genannt hatte, glaubte ihre Mutter nicht.
„Aber was willst du?", sagte sie schließlich. „Frau Kaufmann will sich doch um die Sache kümmern."
Vielleicht wäre tatsächlich alles wieder halbwegs in Ordnung gewesen, obwohl Britta zur nächsten Stunde bei Frau Friedlich mit Magenschmerzen ging. Aber dann fehlte plötzlich Tobias, als Frau Friedlich die Namen der Kinder aufrief. Britta wunderte sich, denn sie hätte wetten mögen, ihn am Morgen schon gesehen zu haben.
Karin kam mit den Hausaufgaben dran, ließ sich aber nicht von Frau Friedlich aus der Ruhe bringen. Die hatte natürlich etwas an Karin auszusetzen, weil sie so tranig und faul sei.
Britta wurde nicht drangenommen. Frau Friedlich tat so, als ob auch Britta fehlen würde. Sie beachtete sie einfach nicht.
Vor der Englischstunde, nach der großen Pause, tauchte Tobias plötzlich auf. Er sagte, er hätte Bauchschmerzen gehabt, und Frau Kaufmann erklärte ihm, dass er noch eine schriftliche Entschuldigung von seiner Mutter mitbringen müsse. Sonst war alles ganz normal in der Schule.

Aber am folgenden Donnerstag geschah etwas, was Britta so aus der Fassung brachte, dass sie Schule einfach Schule sein ließ:

Brittas Mutter hatte verschlafen und sie zu spät geweckt. Deshalb wäre Britta fast zu spät zur Erdkundestunde gekommen. Markus hatte den Schlüsseldienst allein machen müssen und Britta kam gerade rechtzeitig über den Flur gehetzt, um zu sehen, wie Frau Friedlich und Markus den heulenden Tobias aus dem Schrank befreiten. Britta strahlte triumphierend, denn das war ja nun wirklich der Beweis ihrer Unschuld.
Aber Frau Friedlich sah sie nur streng an und sagte keifend: „Da hast du den anderen ja etwas Schönes vorgemacht!"
„Das ist ja die Höhe!", stieß Britta wütend hervor, ohne sich bewusst zu werden, dass Frau Friedlich das sonst immer sagte. Und sie drehte sich auf dem Absatz um und rannte den Flur entlang, zurück zur Treppe, zum Schülereingang, auf die Straße und zurück nach Hause. Dafür bekam sie ihren zweiten Eintrag.
Zu Hause traf Britta noch ihre Mutter. Die hatte donnerstags erst später Schule und wollte gerade gehen. Entgeistert blickte sie Britta an. „Was machst du denn hier?"
Britta erzählte aufgeregt, was passiert war.
Ihre Mutter ließ sich in einen Sessel fallen und schüttelte den Kopf. „Kind, Kind, was machst du nur? Und was soll ich jetzt mit dir machen?" Aber dann sagte sie resolut: „Du musst in die Schule", und griff nach dem Telefon, rief ihre eigene Schule an, um zu sagen, dass sie später kommen müsse, weil etwas mit Britta passiert sei, und bestellte ein Taxi, um Britta zur Schule zu bringen.
Frau Kaufmann staunte, als sie Britta mit verquollenem Gesicht neben ihrer Mutter erblickte. Brittas Mutter versuchte

verlegen zu erklären, was geschehen war, da kam auch schon Frau Friedlich den Gang entlang. Sie holte tief Luft, aber weil Frau Kaufmann und Brittas Mutter neben Britta standen, zeigte sie nur mit ihrem langen spitzen Finger auf Britta und sagte: „Das Kind ist einfach weggelaufen!"
„Das wissen wir", sagte Frau Kaufmann nur, und Frau Friedlich verzog sich ins Lehrerzimmer. Zu Britta gewandt, sagte Frau Kaufmann ernst: „Du kannst nicht einfach davonlaufen. Aber das wird dir deine Mutter auch schon gesagt haben. In der großen Pause kommst du bitte mit Tobias zu mir, damit wir uns noch einmal in Ruhe über die ganze Geschichte unterhalten können. Ich werde auch Herrn Löhrs Bescheid sagen, damit ihr es nicht vergesst. Jetzt geh in die Klasse."
Brittas Mutter verabschiedete sich. Sie gab ihrer Tochter aber noch einen Knuff und sagte freundlich lächelnd: „Tschüss, dumme, kleine Britta! Mach's gut!"

In der großen Pause gingen Britta und Tobias dann mit Herzklopfen hinter Herrn Löhrs her.
„Warum muss ich denn mit?", maulte Tobias.
„Weil du im Schrank warst", antwortete Britta barsch.
Frau Kaufmann erwartete die zwei bereits und forderte sie auf mitzukommen. Britta blieb fast das Herz stehen, als die Lehrerin vor dem Zimmer von Herrn Wöhl stehen blieb. Herr Wöhl war der Direktor. Britta war noch nicht lange auf der Schule, aber dass es nichts Gutes bedeutete, wenn man zu Herrn Wöhl musste, das wusste sie.

Tobias war leichenblass geworden. „Muss ich da mit?", fragte er heiser.
„Allerdings", antwortete Frau Kaufmann und fügte aufmunternd hinzu: „Der Kopf wird keinem von euch abgerissen!" Sie klopfte und von drinnen hörten sie ein kurzes, schroffes „Ja".
Die Lehrerin öffnete die Tür und trat ein. Britta setzte ein trotziges Gesicht auf und ging mutig vor Tobias her. Sie nahm sich vor, nicht zu zeigen, wie mulmig ihr war.
Herr Wöhl saß hinter seinem Schreibtisch und spielte nervös mit einem Stift.
„Zur Sache, zur Sache", sagte er, lächelte dann aber, weil er sah, dass Britta und Tobias zusammengezuckt waren.
Frau Kaufmann gab dem Direktor von allem, was mit Britta und Tobias passiert war, Bericht.
„Und? Was soll ich jetzt tun?", fragte Herr Wöhl. „Das Kind hat doch bestimmt auch für das Weglaufen einen Eintrag bekommen, oder?"
„Ja, schon", gab Frau Kaufmann zu.
„Na bitte. Dann ist die Sache erledigt. Wegen zwei Eintragungen muss ein Schüler nicht zum Direktor", sagte Herr Wöhl, lächelte Britta zu, als wolle er sagen: „Von jetzt an sei aber brav!" und erhob sich von seinem Stuhl. Er wollte die Lehrerin und die Kinder zur Tür begleiten, aber da räusperte sich Frau Kaufmann so, als müsste auch sie allen Mut zusammenraffen.
„Ich glaube nicht, dass die Sache damit erledigt ist", sagte sie. „Britta beteuert, dass sie Tobias nicht in den Schrank gesperrt hat. Wenn das stimmt, ist die erste Eintragung un-

gerechtfertigt. Und vor allem geht es nicht an, dass Tobias ständig in den Schrank gesperrt wird. Ich wollte Sie um Rat fragen, Herr Wöhl, was wir unternehmen können, damit das aufhört."

Der Direktor setzte sich wieder und lächelte kurz. Er machte ein wichtiges Gesicht, denn Frau Kaufmann hatte ihn um Rat gefragt und das hatte er gern.

„Der Junge will mir nicht sagen, wer ihn in den Schrank sperrt. Vielleicht sagt er es Ihnen", fuhr die Lehrerin fort.

Herr Wöhl wandte sich an Tobias und blickte ihn freundlich an. „Tobias, du brauchst jetzt keine Angst zu haben. Willst du denn ständig in den Schrank gesperrt werden? Sag uns einfach, wer dich immer da reinsperrt!"

Tobias war kreideweiß im Gesicht, seine Augen waren vor Angst und Schrecken so weit aufgerissen, dass man meinen konnte, es wären die Glasaugen einer Puppe. Er keuchte, aber er sagte nichts.

„So sag doch wenigstens, dass ich es nicht war", flehte Britta.

„Britta war es nicht, wirklich", brachte er mit Mühe heraus.

„Puh", machte Britta, aber Herr Wöhl fragte weiter.

„Wer war es denn?"

Da sah Frau Kaufmann ihn auf einmal ganz merkwürdig an. Ihre Stirn hatte sie in Falten gezogen und sie machte eine Bewegung mit der Hand, die sie sonst immer machte, wenn die Klasse ruhig sein sollte. Sie trat einen Schritt auf Tobias zu.

„Deine Entschuldigung vom Dienstag fehlt noch, Tobias.

Wo warst du Dienstagmorgen?" Sie fragte nicht streng oder böse, sie fragte nur sehr eindringlich. Und sie fragte weiter: „Warst du wieder im Schrank?" Als Tobias nicht antwortete, wiederholte sie die Frage und schüttelte ihn ein wenig an der Schulter.

Da nickte er, ganz leicht nur, aber er nickte.

Britta biss sich auf die Lippen. Hatte sie sich also doch nicht getäuscht, als sie meinte, ihn gesehen zu haben.

Frau Kaufmann ließ ihn los. „Meine Güte!", rief sie entsetzt. „So kann das nicht weitergehen! Warum hast du nicht gerufen, damit man dich rauslässt? Vor wem hast du solche Angst?"

Jetzt konnte Tobias nicht mehr an sich halten. Dicke Tränen rollten ihm über die Wangen und er schluchzte so wild auf, dass er gar nicht sprechen konnte. Herr Wöhl trommelte ungeduldig mit den Fingern auf den Schreibtisch. Die Pause war fast zu Ende.

„Tobias", bat Frau Kaufmann wieder. „Vor wem fürchtest du dich so sehr, dass du es uns nicht sagst?"

„Vor ... vor ihr", stammelte Tobias. Die Lehrerin und Britta starrten ihn verblüfft an und der Direktor hörte auf zu trommeln.

„Vor wem?", fragte er.

„Vor Frau Friedlich", murmelte er heiser.

Niemand wusste etwas zu sagen.

Da sprudelte mit einem Mal ein ganzer Wortschwall aus Tobias heraus. „Sie ... sie schimpft immer so viel. Und vor zwei Wochen, da hab ich mein Erdkundebuch vergessen. Da hat sie so fürchterlich geschimpft, bis ich geweint hab.

Aber sie hat gleich noch mehr geschimpft. Und dann hat sie in meinen Atlas geguckt und gesehen, dass da mit Kugelschreiber ein Schiffchen in die Nordsee gemalt ist. Da hat sie schon wieder geschrien. Aber dann hab ich gesagt, dass ich das nicht da reingemalt hab, weil das der Atlas von meiner großen Schwester ist. Den habe ich nur dabeigehabt, weil ich meinen in der Woche davor im Bus liegen gelassen hatte. Aber da hat Frau Friedlich noch mehr geschimpft, weil ich so vergesslich sei. Und sie hat gesagt, ich müsse ein blödes Trampeltier sein, das alles vergisst, und … und …"
Wieder wurde Tobias von einem heftigen Weinkrampf geschüttelt.
Frau Kaufmann und Herr Wöhl sahen ihn ungläubig an.
„Doch, doch, das stimmt", ließ Britta sich jetzt vernehmen. Sie erinnerte sich noch ganz genau an den Tag. „Das war vorletzten Dienstag. Und mit Markus hat sie an dem Tag auch noch so geschimpft. Aber der hat nicht geweint. Deshalb hat sie ihn wohl in Ruhe gelassen", sagte sie.
Herr Wöhl sah Britta tadelnd an, und sie verstummte.
„Heißt das", fragte Frau Kaufmann langsam, „dass du dich selbst in den Schrank gesperrt hast?"
Tobias nickte.
„Und wer hat dich da am letzten Dienstag rausgelassen?"
„Ma… Markus", stotterte Tobias schniefend. „Er wollte mich immer rauslassen. Aber letzten Donnerstag hat Britta mich entdeckt und heute Frau Friedlich", sagte er niedergeschlagen.
Frau Kaufmann schüttelte den Kopf. Es schellte.
Herr Wöhl stand abrupt auf und ging auf die Tür zu, die

zum benachbarten Zimmer führte. Er öffnete sie und rief in das Zimmer, in dem seine Sekretärin saß: „Frau Friedlich soll in der nächsten Pause kommen!" Und zu Frau Kaufmann, Tobias und Britta sagte er: „Die Pause ist vorbei. In fünf Minuten beginnt der Unterricht." Damit waren die drei entlassen.

In der Englischstunde entschuldigte sich Frau Kaufmann bei ihrer Klasse, weil sie geglaubt hatte, dass Tobias von einem Klassenkameraden in den Garderobenschrank gesperrt worden wäre. Aber sie schimpfte auch ein bisschen mit Markus, weil er Tobias geholfen hatte. Sie sagte, dass es niemandem helfe, wenn er sich in den Schrank stelle.
Karin schüttelte nur den Kopf. Doch schließlich erklärte sie der Lehrerin, dass sie Tobias verstehen könne. Und nach und nach erzählte jeder aus der Klasse Frau Kaufmann, wie gefürchtet Frau Friedlich war und dass die Klasse nur aus Angst vor ihr immer mucksmäuschenstill sei, wenn sie komme.
Frau Kaufmann hörte sich das alles an. „Wir werden weitersehen", sagte sie schließlich und fügte mit einem traurigen Lächeln hinzu: „Nicht, dass ihr euch jetzt alle in den Schrank stellt. Dazu ist er zu klein."

Sicherlich werdet ihr mir diese Geschichte kaum glauben. „Eine Lehrerin wie Frau Friedlich gibt es doch gar nicht", werden einige von euch sagen. Aber ich versichere euch, so

wahr ich hier sitze und das alles aufschreibe: So war es, so und nicht anders. Ich weiß es nämlich ganz genau. Denn die Britta, die war ich.
Ich weiß nicht, was Herr Wöhl Frau Friedlich gesagt hat. Ich weiß nur, dass sie von da an ein kleines bisschen weniger gekeift hat. Aber wir mussten sie weiter ertragen. Bis zu den Sommerferien. Danach bekamen wir wieder Frau Sonntag, die neben Frau Kaufmann die netteste Lehrerin der ganzen Schule war.

Renate Ahrens-Kramer

Ich heiße aber nicht Emily

„Guten Morgen. Mein Name ist Spilker. Ich werde euch von jetzt an im Fach Englisch unterrichten und außerdem die Klassengeschäfte führen."

Der neue Klassenlehrer war nicht älter als dreißig. Sein Gesicht war braun gebrannt, er trug eine teure Lederjacke und war bestimmt gut in Sport. Aber Britta mochte seine Augen nicht. Einen Moment lang musste sie an die nette Frau Flehr denken, die sie in der Fünften gehabt hatten und deren Vertrag nicht verlängert worden war. Bei Frau Flehr war Englisch ihr Lieblingsfach gewesen.

„Um eines von Anfang an klarzustellen", sagte Herr Spilker, während er vor der Tafel auf und ab ging, „ich erwarte von euch höchste Aufmerksamkeit, stetigen Fleiß und peinlichs-te Ord-nung!"

Der kleine Dirk, der alles andere als ordentlich war, fing an zu kichern.

Herr Spilker drehte sich ruckartig zu ihm herum.

„Was gibt es da zu lachen?", fragte er mit schneidender Stimme.

Dirk fuhr zusammen. „Ich ... ich weiß nicht."

„Na also", sagte Herr Spilker, und in seinem Gesicht zuckte es, „dir wird das Lachen noch vergehen."

Britta starrte ihn fassungslos an. Warum war er so unfreundlich zu ihnen? Sie hatten ihm doch nichts getan.
„Wir kommen jetzt zur Namensverteilung", verkündete Herr Spilker und setzte sich ans Pult. Er schlug das Klassenbuch auf, nahm ein Blatt Papier aus seinem Aktenkoffer und zog einen schwarzen Füller aus der Innentasche seiner Lederjacke. „Für die Stunden, die ihr bei mir habt, bekommt ihr alle einen englischen Namen. So werden sich keine deutschen Laute in unsere Unterrichtssprache mischen können. Denn ihr stellt euch besser gleich darauf ein, dass wir ausschließlich Englisch miteinander sprechen werden." Herr Spilker ließ seine Blicke kreisen. Niemand in der Klasse sagte auch nur einen Mucks. Alle saßen starr auf ihren Stühlen und sahen nach vorn. Britta hatte auf einmal einen ganz trockenen Mund.
„Gabriele Ansbach?"
Gabi sprang auf und blickte Herrn Spilker mit weit aufgerissenen Augen an.
„*Jane*", sagte Herr Spilker und schrieb etwas auf seinen Zettel. „Setzen."
Gabi sank auf ihren Stuhl.
„Olaf Bauer?"
Olaf hob seinen linken Arm und sah gelangweilt aus dem Fenster.
„Aufstehen!"
Langsam stand Olaf auf.
„*Timothy*", sagte Herr Spilker und machte sich wieder eine Notiz auf seinem Zettel.
„Wie schreibt man das?", fragte Olaf.

„Das spielt im Augenblick keine Rolle", antwortete Herr Spilker. „Setzen."

Olaf schüttelte ungläubig den Kopf und setzte sich. In null Komma nichts wurde Katrin zu *Mary*, Thorsten zu *John*, Ute zu *Lillian* und Sebastian zu *Raymond*. Als Dirk hörte, dass er *James* heißen würde, lachte er kein einziges bisschen.

„Britta Wegener?"

Sie hatte sich fest vorgenommen, sitzen zu bleiben, aber Herr Spilker starrte sie so lange mit seinen kalten Augen an, bis sie fast automatisch aufstand.

„*Emily*", sagte Herr Spilker und sein Mund verzog sich zu einem hässlichen Grinsen.

Britta spürte einen tiefen Stich. Alles in ihr sträubte sich dagegen, Emily zu heißen, auch wenn es nur für fünf Stunden Englisch in der Woche war. Aber sie würde nicht losheulen, nicht vor Herrn Spilker.

Am nächsten Tag begann der Englischunterricht damit, dass Herr Spilker sein rotes Notenbüchlein zückte, um unregelmäßige Verben abzuhören.

„*Mary*", sagte Herr Spilker und ging auf Katrin zu, „*to sing?*"

Katrin brachte vor Schreck keine Antwort heraus, obwohl sie doch gut in Englisch war.

„Sechs", sagte Herr Spilker und machte sich eine Notiz in seinem Buch. Dann drehte er sich zu Ute herum. „*Lillian, to sing?*"

„*To sing, sang, sung*", antwortete Ute leise.
„*I can't hear you*", sagte Herr Spilker gereizt.
„*To sing, sang, sung*", wiederholte Ute etwas lauter.
Herr Spilker nickte. „*That's better. Now, James.*" Er nickte zu Dirk hinüber. „*To speak?*"
Dirk sah auf seine Füße und zuckte mit den Achseln.
Herr Spilker notierte sich die nächste Sechs. Dann grinste er Britta an. „*Emily, what about you?*"
Britta biss sich auf die Lippen. „*To speak … spoke … spoken*", stieß sie hervor, obwohl sie doch eigentlich gar nicht antworten wollte.
„*Good*", lobte Herr Spilker, während er wieder etwas in sein rotes Buch schrieb. Britta hasste dieses Grinsen.

Es war an einem Dienstag im September, als Herr Spilker die erste Englischarbeit zurückgab. Langsam holte er die Hefte mit den grünen Schutzumschlägen aus seinem Aktenkoffer. Dabei ließ er die Klasse keine einzige Sekunde aus den Augen. Dann begann er die Arbeit zu besprechen. Das heißt, er besprach sie eigentlich nicht, sondern schrieb wortlos die Lösungen an die Tafel: einen Wust von Vokabeln, Präpositionen, unregelmäßigen Verben und Fragesätzen. Und alle bis auf Dirk schrieben ab, was da an der Tafel stand. Man hörte nichts als die Geräusche der Kreide auf der Tafel und der Füller in den Heften. Kugelschreiber durfte man bei Herrn Spilker nicht benutzen.
Immer wieder musste Britta auf den Stapel grüner Hefte gucken. Sie hatte einen Kloß im Hals. Noch nie hatte sie so

für eine Arbeit gelernt. Und trotzdem waren ihr einige Antworten nicht eingefallen, weil Herr Spilker während der Arbeit immer neben ihr auf und ab gegangen war. Das hatte sie ganz durcheinander gebracht.

Als Herr Spilker fertig war mit Schreiben, klopfte er sich die Kreide von den Händen und setzte sich ans Pult. Da fiel sein Blick auf Dirk. *„James"*, sagte er und schnalzte mit der Zunge, *„I suppose you think you know it all."*

„Was?", fragte Dirk unsicher.

Herr Spilker schüttelte den Kopf. *„No, James, you have to say: ‚I beg your pardon?'"*

Der kleine Dirk schien immer kleiner zu werden. Britta spürte, wie sie feuchte Hände bekam.

Herr Spilker stand auf und ging auf Dirk zu. *„Repeat: ‚I beg your pardon?'"*

Dirk sah Herrn Spilker ängstlich an. *„I beck ..."*

„I beggg ...", sagte Herr Spilker schon etwas lauter.

„I beggg ...", wiederholte Dirk leise.

„I beg your pardon?" Herr Spilker stand jetzt direkt vor Dirk.

„I beck ... your ... parten?", flüsterte er.

Herr Spilker holte tief Luft, dann machte er eine wegwerfende Handbewegung und ging zurück zum Pult. Britta sah, wie Dirk anfing zu weinen.

Nacheinander rief Herr Spilker ihre englischen Namen auf und sie mussten nach vorn kommen, um sich ihre grünen Hefte abzuholen. Die Arbeit war so schlecht ausgefallen, dass der Direktor sie hatte genehmigen müssen. Britta schlug ihr Heft erst auf, als sie wieder auf ihrem Platz saß.

Sie hatte eine Zwei minus. Das war die beste Arbeit. Aber der Kloß im Hals ging trotzdem nicht weg.

In der folgenden Nacht träumte Britta, dass Herr Spilker bei ihr zu Hause in der Küche saß. Er hatte sein rotes Notenbüchlein aufgeschlagen und grinste sie hämisch an.
„What about you, **Emily**?"
Sie bekam kein einziges Wort heraus.
„**Emily, Emily, Emily**", schallte es da plötzlich von allen Seiten und das Grinsen von Herrn Spilker wurde immer breiter.
In dem Augenblick kam ihre Mutter herein.
„Herr Spilker", sagte sie und lächelte, „es gibt Nudelauflauf mit Tomatensauce. Möchten Sie nicht zum Mittagessen bleiben? **Emily** holt Ihnen noch einen Teller."
„Ich heiße aber nicht **Emily**", schrie Britta verzweifelt.
Dann wurde sie wach. Sie war vollkommen nass geschwitzt.
Ihre Mutter stand in der Tür und sah sie erschrocken an.
„Britta, was ist denn?"
„Ich ... ich hab schlecht geträumt", murmelte Britta.
Die Mutter setzte sich zu ihr ans Bett und streichelte ihr über den Kopf. Trotzdem konnte Britta lange nicht wieder einschlafen.

Nach der miesen Englischarbeit waren auch die Letzten in der Klasse davon überzeugt, dass etwas geschehen musste.

In der Pause versammelten sich alle in einer Ecke des Schulhofes, um zu beraten, wie sie sich gegen Herrn Spilker wehren könnten.

„Wir gehen zum Direktor", schlug Sebastian vor.

„Ach, das bringt doch nichts", sagte Katrin. „Meinst du, der glaubt uns?"

„Oder wir zerkratzen Spilkers Auto", rief Dirk, dem jetzt alles egal war.

„Au, ja." Ute lachte.

„Und was soll das ändern?", fragte Gabi. „Da kriegen wir nur noch mehr Ärger."

„Ich hab's", rief Britta. „Wir drehen den Spieß mal um und geben ihm englische Namen: Mr Smith und Mr Miller und Mr Brown. Wir nehmen einfach die Namen aus unserem Englischbuch. Und jeder nennt ihn anders. Wie wär das?"

Thorsten runzelte die Stirn. „Meinst du, das macht dem was aus? Fertig machen kann er uns trotzdem noch."

Olaf dagegen fand die Idee nicht schlecht. „Ich wette, auf so was ist er nicht gefasst."

„Hauptsache, wir halten zusammen", sagte Gabi.

„Also heute, vierte Stunde?", fragte Britta und blickte in die Runde. Alle nickten.

◁▦▷

Die unregelmäßigen Verben hatten sie schon hinter sich gebracht, als Olaf sich meldete. *„Mr Jones?"*, fragte er.

„What?" Herr Spilker sah Olaf verwirrt an.

„I beck ... your ... parten, Mr Smith?", rief Dirk und kicherte das erste Mal seit Wochen wieder.

„*James!*" Herr Spilker ging drohend auf Dirk zu.

„*Mr Williams, I have a question*", rief Britta und grinste Herrn Spilker an, als er sich zu ihr herumdrehte.

„*Mr Miller, may I go to the toilet?*", fragte Thorsten vom anderen Ende der Klasse her.

„*No*", schnauzte Herr Spilker ihn an.

„*Mr Burton, I have to go, too*", sagte Sebastian und stand auf. Britta sah, dass Herr Spilker kleine Schweißperlen auf der Stirn hatte.

„*Sit down*", schrie er.

„*Mr Moore? Mr Moore?*" Gabi schnipste laut mit dem Finger. Die Hände von Herrn Spilker begannen zu zittern.

„*Mr Brown? Mr Brown?*", tönte es aus Utes Ecke. Herr Spilker wirbelte zu ihr herum.

„*Mr Martin? Mr Martin?*", rief Katrin von ganz hinten.

Herr Spilker schloss einen Moment lang die Augen. Und ohne dass es verabredet worden war, begannen alle durcheinander zu schreien.

„Stopp! Stopp!", brüllte Herr Spilker. Aber niemand hörte auf ihn.

Da wurde plötzlich die Tür aufgerissen, und der Direktor kam herein. „Was ist denn hier los?", rief er ärgerlich.

Schlagartig wurde es still in der Klasse.

„Ich ... ich ...", Herr Spilker schluckte.

Der Direktor schüttelte den Kopf. „Und können Sie mir mal sagen, warum die Klasse Sie Mr Brown und Mr Martin und Mr Moore nennt? So ein Unsinn!"

Ich ... kann das alles ... erklären ...", stammelte Herr Spilker.

„So?", fragte der Direktor. „Da bin ich aber mal gespannt. Wir sehen uns später, Herr Spilker." Der Direktor schloss die Tür mit einem lauten Knall.

Alle sahen nach vorn zu Herrn Spilker. Sein Gesicht war starr, seine Hände hatten sich verkrampft. Er murmelte irgendetwas Unverständliches und stürzte dann aus dem Klassenzimmer. Noch nicht einmal seinen Aktenkoffer nahm er mit.

Einen Moment lang sagte keiner einen Ton, so überrascht waren sie alle.

Dann rief Dirk: „Juchhu!", und begann mit beiden Fäusten auf seinem Tisch herumzutrommeln. Nach und nach fielen die anderen in das Trommeln mit ein.

Und Britta wusste auf einmal ganz genau, dass sie nie wieder *Emily* heißen würde.

Uta-Maria Heim
Der Klassenkasper

Der Mario ist unser Klassenkasper. Der Mario hat nur Käs im Kopf. Immer macht er Mist. Trotzdem find ich nicht, dass er ein Quatschkopf ist.

Am schlimmsten ist es montags. Montags in der ersten Stunde haben wir Englisch. Ausgerechnet Englisch und meistens geht es auch noch damit los, dass der Fetz die neuen Wörter abhört.

Das gibt einem den Rest, wie der schon in die Klasse stürmt, um Viertel vor acht und bester Laune. Dann steht er vor dem Pult und federt mit den Zehenspitzen rauf und runter, weil er nämlich klein ist, der Fetz. Und dann guckt er der Klasse tief in die Augen, pickt sich einen raus und sagt „you –".

Er sagt „you", das heißt „du" und es klingt wie ein Pfeil: „jjjiiiuuuo". Dann zeigt er auch noch mit dem Finger auf einen, dass es durch Mark und Bein geht. Widerlich ist das, besonders dann, wenn man die Wörter nicht gelernt hat. Wer lernt denn schon am Sonntag Wörter? Natürlich hätte man sie auch schon am Freitag lernen können, aber wer hat denn dazu am Freitag noch Lust?

Seit ich in die fünfte Klasse gehe, ist das so. Ich gehe gern in die fünfte Klasse. Wir haben eine nette Klassenlehrerin und sind auch nur fünfundzwanzig Schüler. Vorher sind wir siebenunddreißig gewesen in der Klasse, das war viel. Da bin ich selten drangekommen im Unterricht, weil ich immer arg lang überlegen musste.

Trotzdem hat der Klassenlehrer dann meinen Vater zu sich eingeladen in die Schule und gesagt, er soll mich aufs Gymnasium schicken. Das hat mein Vater zuerst nicht gewollt. Er hat gesagt, ich sei ein Mädchen und ein Mädchen heiratet ja doch. Und ich solle auch heiraten, wenn ich achtzehn bin. Spätestens, wenn ich achtzehn bin, und er weiß auch schon, wen.

Er heißt Hasan und er lebt in der Türkei. Er ist ein Vetter von mir oder so, der älteste Sohn von einer Cousine eines Onkels, glaube ich, und ich hab ihn erst einmal gesehen. Das war in den vorletzten Ferien, als wir in die Türkei gefahren sind, da hab ich das plötzlich mitbekommen, dass ich den heiraten soll. Weil ich heimlich gelauscht hab, als meine Eltern sich deswegen gestritten haben. Ich weiß, dass das früher so gewesen ist, das mit dem Heiraten, und dass der Vater mit dem anderen Vater das schon ausmacht, wenn man geboren wird oder ein Kind ist, aber ich glaube nicht dran. Mein Vater meint das nicht ernst, das mit dem Heiraten, sonst hätte er mich nicht doch aufs Gymnasium geschickt. Und meine Mutter will es sowieso nicht, sie haben sich nämlich furchtbar gestritten deswegen, meine Eltern, damals in der Türkei. Und ich soll es nicht wissen, das hab ich verstanden, dass ich es nicht wissen soll. Nicht alles hab ich verstanden, weil ich nämlich nicht so gut Türkisch kann, ich spreche nur mit meiner Mutter türkisch und mit meinem Vater, wenn er zu Hause ist. Mit meinen Geschwistern auch, aber nur manche Sachen, oft sprechen wir auch deutsch.

※

Ich heiße Meral. Ich bin in der Bundesrepublik geboren. Dass ich Türkin bin, sieht man nicht, weil meine Haare nicht schwarz sind, sondern rot. Ja wirklich, sie sind rot, feuerrot wie eine Karotte. Meine beiden Schwestern haben braune Haare und die Haare von meinem großen Bruder sind fast schwarz. Es ist merkwürdig, dass ich rote Haare habe. Rote Haare sind bei türkischen Kindern sehr selten. Deshalb und weil ich fließend Deutsch spreche, wundern sich die Leute immer über meinen Namen. Meral Acar. Da ist es dann klar, dass ich keine Deutsche bin. Mario ist auch kein Deutscher. Er ist Italiener. Wir sind die einzigen Ausländerkinder in unserer Klasse. Das heißt, Helga ist noch bei uns, die ist aus Rumänien.

Am Anfang haben sie oft gelacht über mich, weil ich rote Haare habe. „Rottürk", haben sie zu mir gesagt, „Rottürk." – „Das gibt's doch gar nicht, Türken mit roten Haaren", haben sie gesagt. Da hab ich ihnen die Zunge rausgestreckt und bin weggelaufen. Manchmal hab ich auch geweint auf dem Klo, heimlich, und gesagt, ich hätte den Schnupfen. Rote Haare und rote Augen, das hat alles noch schlimmer gemacht.

Über Mario lachen sie auch immer. Aber der will das ja. Bei dem ist es etwas anderes. Der macht dauernd Quatsch und Blödsinn und hat die verrücktesten Einfälle, wenn es darum geht, einen Lehrer zu ärgern. Letzten Montag also war das so: Da kam der Fetz rein, putzmunter wie immer, und hat gleich so auf den Zehen gewippt. Er sah ganz besonders gut gelaunt aus und da war schon klar, heute nimmt er den Mario dran, den will er piesacken. Weil der Mario am Montag die neuen Wörter nämlich immer am allerwenigsten gelernt hat von allen. Also schaut der Fetz den Mario an, so durch und durch und sagt: „jjjiiiuuuo", und es klingt wie ein Pfeil. Der Mario springt auf und starrt ihn an, mit offenem Mund starrt er ihn an und die Ersten fangen an zu kichern. So bleibt der Mario dann stehen, als sei er vom Schlag getroffen, er bleibt einfach stehen mit offenem Mund. Das Gekicher wird lauter, aber man merkt schon, wie die Ersten nervös werden. Auch der Fetz wird nervös, „Mario", sagt er, „Mario, setz dich bitte wieder hin." Der Mario setzt sich hin, wie eine Wachspuppe setzt er sich hin und starrt ihn weiter an, den Fetz.

„Mach den Mund zu", sagt der Fetz, „mach endlich den Mund zu." Er spricht deutsch, obwohl er fast nie deutsch spricht, wir haben ihn ja in Englisch und er meint, dass wir das am besten lernen, wenn er nur englisch spricht. Wenn er aufgeregt ist, vergisst er das aber und dann spricht er deutsch. Jetzt ist der Fetz sehr aufgeregt, denn das dauert nun schon arg lange, dass der Mario ihn anstarrt.

Plötzlich fängt der Mario an zu reden. Er redet in einer fremden Sprache, es muss Italienisch sein, natürlich ist es Italienisch. Er redet laut wie einer, der wirklich was sagen will, und rudert wild mit den Armen dabei. Es klingt sehr schön, wie er redet, obwohl ich nichts verstehe, gar nichts.

Niemand in der Klasse versteht was. Seine Augen funkeln und glühen und er sieht schön aus, wobei er immer schön aussieht, der Mario.

Gleich wird er toben, der Fetz. Gleich wird er dem Mario ins Gesicht schlagen. Obwohl ein Lehrer nicht schlagen darf. Der Fetz hat auch noch nie geschlagen, aber irgendwann wird er den Mario schlagen, das weiß ich.

Einen knallroten Kopf hat der Fetz. Langsam, ganz langsam wird er wieder blasser. Die Augenwinkel rutschen ein klein wenig nach oben. Er lächelt, ja wirklich, der Fetz lächelt. Und Mario redet und redet. Er kann gar nicht mehr aufhören damit. In der Klasse ist es still geworden. Keiner mehr da, der kichert.

Alle hören zu, was Mario zu sagen hat.

Henriette Piper
Das Gespenst kam zu spät

Das Gespenst kam um zehn Uhr sieben. Es kam viel zu spät. An diesem ersten Tag in der ersten Woche nach Vollmond im November hätte es nur um drei Uhr dreizehn erscheinen dürfen. Bei Regen auch schon mal um vier Uhr vierzehn. Aber nie im Leben um sieben nach zehn. Das sind neueste Erkenntnisse, wissenschaftlich bewiesen. Ich hatte gerade davon gelesen.

Aber ich schwöre: Die Tür ging auf und da stand es in unserem Klassenzimmer. Ein leibhaftiges Gespenst. Meine Armbanduhr zeigte zehn Uhr sieben. Exakt. Ich weiß das noch so genau, weil ich in den letzten zwei Stunden und sieben Minuten bestimmt schon hundertmal draufgeguckt hatte. Ohne Uhr hielt man so einen öden Schulvormittag gar nicht aus. Schon gar nicht die Mathestunden bei Techti! Techti war unser Klassenlehrer. Er hatte keinen Spaß mehr an seinem Matheunterricht, das konnte man in seinem Gesicht lesen. Aber dass er uns deswegen auch keinen Spaß an Mathematik gönnte, fand ich ein bisschen ungerecht. Ich meine, was konnten wir dafür, wenn Techti sich in seinem Unterricht langweilte?

Wir hatten erst Kopfrechnen gemacht, so eine bescheuerte Schnelligkeits-Olympiade, bei der man das Ergebnis wie aus der Pistole geschossen herausschreien muss, um wieder sitzen zu dürfen. Ich bin ziemlich gut im Kopfrechnen, darum saß ich auch schon ziemlich bald und konnte in aller Ruhe meine Mandarinen essen und an die Geschenke denken, die ich am Tag zuvor zu meinem elften Geburtstag bekommen hatte. Jetzt lagen sie nutzlos zu Hause herum. Besonders der Taschenrechner. Ich meine, selbst wenn ich im Kopfrechnen ein Ass bin: Wer heutzutage noch mit dem Kopf rechnet, wo es diese Rechner doch viel schneller tun, lebt in der Steinzeit! Kein Mensch rechnet mehr im Kopf. Techti übrigens auch nicht. Seine schlauen Kopfrechenaufgaben dachte er sich beim Mittagsmampf aus und notierte sie auf der Rückseite der Rechnung vom Gasthaus Koch – mit Taschenrechnerergebnis natürlich. Den Rechner hatte er immer dabei. Aber wir sollten alles im Kopf schalten können.

Erst hatte ich also dagesessen und auf die Uhr gestarrt und an meinen Taschenrechner und das neue Buch über „Materie und Geist" und die Eishockeyschläger gedacht. Und dann, als endlich auch Torsten wieder saß, hatte Techti wie immer in seine Aktentasche gelangt und einen Packen mit Textaufgaben verteilt. Danach hatte er sich hinter sein Pult geklemmt und Arbeiten korrigiert. Und ich hatte abwechselnd an diesen Aufgaben herumgetüftelt und auf meine Uhr geschaut.

Es war zehn Uhr sieben, als das Gespenst erschien. Plötzlich wurde die Tür aufgerissen und das Gespenst stürzte herein und schrie „Huuuuuuuuuuh!" Dabei wedelte es mit seinen weißen Flügelärmeln. Das lange Gewand schleifte über den Fußboden. Es raschelte unheimlich beim Gehen.

Vor dem Pult blieb das Gespenst stehen. Hinter dem Pult klemmte Techti. Er war kreideweiß. Er keuchte heftig, stemmte sich vom Stuhl hoch und plumpste sofort wieder zurück. Und das Gespenst stützte sich auf das Pult, beugte sich nach vorn und beguckte sich unseren Lehrer ausgiebig. Techti starrte aus weit aufgerissenen Augen zurück.

Es war ein echtes Gespenst, die Sache war klar. Jeder Laie konnte das sehen. Es hatte das echte weiße Gespenstergewand an, nicht so ein albernes ausrangiertes Betttuch, wie es sich Karnevalsgespenster überstülpen. Um die Mitte hing die echte Kordel aus gedrehten Schimmelhaaren. Und über dem Kopf hatte es die echte Gespensterhaube. Der Zipfel hing im Nacken bis auf halbe Rückenlänge herunter. Alles war genau, wie es sein muss. Nur das kleine Reinigungsmärkchen, das am Haubenzipfel klebte, störte mich etwas. Wäscherei **SCHNEEWEISS** stand darauf. Irgendwie störte es. Aber das war nur eine Kleinigkeit. Dieses Gespenst war echt! Daran bestand kein Zweifel. Und es brüllte jetzt noch einmal ein schauerliches, dumpfes „Huuuuuuuh!"

Techti zuckte zusammen. Auf seiner Stirn wuchsen kleine Schweißperlen. Er klappte den Mund auf und zu und wischte sich nervös mit der rechten Hand über die Stirn. Dabei fegte er den kleinen Lehrerkalender, den er immer griffbereit vor sich liegen hatte, vom Tisch. Das rote Büchlein klatschte auf den Boden und blieb aufgeschlagen vor dem Gespenst liegen.

In der Klasse herrschte Totenstille. Sogar Paul neben mir war käseweiß und hielt sich mit beiden Armen am Stuhl fest. Ich schluckte vor Aufregung. Dies war mein erstes richtiges Gespenst! Endlich würde ich mir einen Namen als Geisterforscher machen können!
Das Gespenst bückte sich, um das Büchlein aufzuheben. Ein mächtiger Gespensterhintern streckte sich uns entgegen, ziemlich breit, ziemlich unförmig. Zwei Arme hatte das Gespenst auch. Kleine Greiferchen mit weißen Fausthandschuhen ohne Finger. Mit denen hielt es jetzt das rote Buch vor sich hin und studierte aus seinen dunklen Augenhöhlen die Zahlenkolonnen. Das Gespenst wurde dabei immer kurzsichtiger. Es kroch fast in das Buch hinein.
„Aber, Herr Techtmeyer! Tj, tj! Das sieht aber gar nicht gut aus, so viel rote Tinte! Haben Sie den armen Kindern denn gar nichts beibringen können?"
Das Gespenst nuschelte ein bisschen. Seine Stimme klang dumpf, aber dann war sie plötzlich hell und dazwischen kiekste es einmal. Ich notierte die Ergebnisse rasch in mein Heft, ohne dabei das Gespenst und Techti aus den Augen zu lassen.
Techti klappte den Mund auf und zu und schob mit seinem Stuhl unauffällig in Richtung Tafel.
„Hier geblieben!", fauchte das Gespenst. „Die Stunde ist noch nicht zu Ende. Jetzt rechnen wir ein bisschen im Kopf.

Kopfrechnen trainiert das Gehirn. Das ist nützlich, sehr nützlich! Was haben wir denn da für schöne Aufgaben?" Das Gespenst griff nach der Rechnung vom Gasthaus Koch.

„Ah, Additions- und Subtraktionsaufgaben im Tausenderbereich. Und das große Einmaleins, sehr schön, sehr nützlich, das trainiert das Gehirn. Los geht's. Aufstehen!"

Ich hielt den Atem an. Techti war der einzige männliche Lehrer an unserer Schule. Er war nicht gewöhnt, sich herumkommandieren zu lassen.

Aber er stand tatsächlich auf. Kreideweiß und ohne zu protestieren klebte er wie ein aufgestelltes Lineal an seinem Pult.

„Wer das Ergebnis wie aus der Pistole geschossen weiß, darf sich setzen", nuschelte das Gespenst dumpf und schnappte sich Techtis roten Lehrerkalender. „Viertausendsechshundertdreiundzwanzig minus Zweitausenddreihundertfünfundvierzig, Techtmeyer?"

Techti hatte keine Chance, das war mir sofort klar. Ohne seinen Rechner würde er nie im Leben herausbekommen, dass **4623** minus **2345 2278** ergibt. Und was **14** mal **18** ist und was **18** mal **19** macht. Bei **3200** minus **2000** stand er immer noch. Irgendjemand kicherte hysterisch. Ich glaube, es war Torsten.

„Na, berühmt war das ja nicht. Setzen!", brummte das Gespenst mit einem kleinen Kieksen, zückte Techtis Kugelschreiber und notierte eine Note in das rote Büchlein. Es wurde eine schöne, runde Sechs mit dickem Bauch. Sie ging über eine ganze Seite. Torsten wieherte jetzt ganz ungeniert.

Aber da drehte sich das Gespenst um, wedelte heftig mit dem Hemd und brüllte sein schauriges „Huuuuuuuh!" Da wurde es schlagartig still.

Und dann beugte sich das Gespenst zu Techti herunter, genauso, wie Techti es immer tat, wenn er sein „Gespräch unter vier Augen" mit uns führen wollte. Das Gespenst murmelte etwas von „Mühe geben" und „fleißig lernen" und „Torsten" und „Schwachsinn". Das Letzte verstand ich kaum noch. Es klang so ähnlich wie „Wer Gespenster in die Welt setzt ... von Gespenstern heimgesucht ..." Mehr bekam ich nicht mit. Das Gespenst tätschelte Techti den Kopf, ließ das rote Büchlein in seinem Hemd verschwinden und trat den Rückzug an. Das weiße Gewand fegte über das Linoleum. Das Gespenst hatte es plötzlich sehr eilig.
Es war Montag. Montags hatten die Putzfrauen immer besonders gut gebohnert.
Das Gespenst hatte schon fast die Klinke in der Hand, da passierte es. Einen klitzekleinen Moment stand es in der Luft und wedelte mit seinen weißen Flügelärmeln wie eine Fledermaus bei Vollbremsung. Dann landete es auf meinen Mandarinenschalen, die ich diskret unter der Bank hatte verschwinden lassen, und legte sich lang hin. Irgendwie sah es schrecklich unwürdig aus, wie es da so total ungespenstisch am Boden lag. Ich musste mich richtig zwingen hinzugucken. Da lag das Gespenst der Länge nach am Boden und trug weiße Tennissocken mit Loch.
„Scheiße!", murmelte das Gespenst, rappelte sich auf,

grabschte nach dem roten Büchlein und riss die Türklinke auf. Peng. Die Tür knallte ins Schloss. Das Gespenst war fort.

Im Klassenzimmer herrschte wieder Totenstille. Aber in dieser Stille tobte und dröhnte es, und man konnte direkt spüren, wie sich die Minuten dehnten wie ein Gummiband. Ich weiß nicht genau, wie lange es so schrecklich still war, weil ich zuerst nur auf die Tür starrte und ganz vergaß zu notieren, wann das Gespenst seinen Abgang gemacht hatte. Es war jedenfalls zwanzig nach zehn, als ich wieder hinguckte. Und zehn Uhr einundzwanzig, als Techti aus dem Klassenzimmer stürzte.

Und dann tobte ein Gejohle los, dass Fräulein Schröder aus der Nachbarklasse jemanden rüberschickte, um nachzufragen, was los war.

Ich ließ die anderen toben, ging zum Pult und kassierte den weißen Aufgabenzettel ein. Möglicherweise waren ja Handschuhabdrücke darauf. Auf der Rückseite des Zettels war erwartungsgemäß das Mittagessen abgerechnet. 19 Mark 80, inklusive Bier und Bedienung im Gasthaus Koch. Irgendwie tat mir Techti fast ein bisschen Leid.

Als wir auf den Schulhof kamen, war von dem Gespenst natürlich nichts mehr zu sehen. Wir suchten noch ein bisschen in den Büschen herum, aber dass wir es dort nicht finden würden, war mir von Anfang an klar. Charlotte, die am Fenster saß, wollte uns weismachen, das Gespenst sei mit der alten Klapperkiste von Torstens großem Bruder verschwunden. Aber das konnte unmöglich stimmen. Gespenster fahren nie Auto! Nicht einmal als Beifahrer. Gespenster können Autos auf den Tod nicht ausstehen. Autos und Häuser mit Teppichböden. Das ist das Schlimmste für Gespenster. Ehrlich, das ist das Einzige, wovor sie Angst haben.

Man hätte fast meinen können, Techti wäre mit dem Gespenst auf und davon. Jedenfalls tauchte er die nächsten Tage nicht auf und Mathe fiel aus. Dann kam er wieder und war irgendwie verändert. Er sagte nicht mehr dauernd: „Das ist nützlich" und „Kopfrechnen trainiert das Gehirn". Für sein rotes Büchlein schaffte er auch keinen Ersatz an und mit Torsten gab er sich richtig Mühe. Er hatte offenbar eine Menge gelernt an jenem Tag.

Ich hatte in der Mathestunde damals auch eine Menge gelernt. Ich wusste nun, dass Gespenster wirklich Kordeln aus weißem Schimmelhaar tragen und unter dem Gewand nicht aus Luft bestehen. Dass sie auch ohne Regen zu spät kommen können und in Krisensituationen schon mal ausflippen. Und dass sie bei **SCHNEEWEISS** arbeiten lassen, wusste ich nun auch.

Aber irgendwie interessierte mich das alles nicht mehr so sehr. Wie das Gespenst da am Boden lag, das war zu peinlich gewesen. Ich stürzte mich auf das Studium der Astrologie. Da kam wenigstens auch der neue Taschenrechner voll zum Einsatz.

Jo Pestum

Inas rosa Freund

An diesem Morgen kam Ina dreizehn Minuten zu spät zur Schule. Lehrer Theobaldt, der gerade jede Menge Zahlen an die Tafel schrieb, setzte ein beleidigtes Gesicht auf. Ein paar aus der Klasse grinsten schadenfroh.
„Mal wieder Ina!", sagte der Lehrer. „Was für eine Entschuldigung hast du dir diesmal ausgedacht? Hat eure Katze Junge gekriegt? Oder musstest du erst noch einen Bankräuber verhaften?"
„Vielleicht hat sie ins Bett gemacht und musste sich erst 'ne neue Windel anziehen!", kreischte Felix.
„Oder sie hatte 'nen Frosch im Kakao", schrie Jutta, „und den musste sie erst noch küssen, weil er ein verzauberter Prinz war!"
„Ich wette, sie wusste nicht, wie man die Knöpfe zumacht!", lachte Hans-Peter.
„Ruhe!", rief Herr Theobaldt in das Gekicher und Geschnatter hinein. Dann schaute er Ina böse an. „Also? Ich höre."
Ina blieb ganz ruhig. „Entschuldigen Sie bitte, Herr Theobaldt, aber ich komme ein bisschen zu spät, weil ich einen rosa Mann getroffen habe. Der ist mit seinem Raumschiff gelandet."

Zuerst sperrten alle Mädchen und Jungen die Münder auf, so hatte es ihnen die Sprache verschlagen. Dann brach ein Gejohle und Gelache und Gepfeife los, dass fast die Schule einstürzte. Diese Ausrede war einsame Spitze! Uli pinkelte sich vor Lachen in die Hose, Annette wälzte sich am Boden, Stefan bekam einen Schluckauf, Michael verlor seine Brille, Lehrer Theobaldts Gesicht lief dunkelrot an.

Als man endlich wieder sein eigenes Wort verstehen konnte, verdrehte Herr Theobaldt die Augen und faltete die Hände vor dem Bauch. „Aha! Ich verstehe. Der rosa Mann wollte dich natürlich packen und mit seinem Raumschiff auf den Mond entführen. So war's doch, ja?"

„Überhaupt nicht", sagte Ina. „Er war ganz freundlich. Wir haben miteinander geredet und dann hat er mich gefragt, ob ich ihm wohl ein großes Himbeereis kaufen würde. Er hatte nämlich kein Erdengeld."

„Und? Hast du ihm eins gekauft?"

„Sicher", sagte Ina. „Aber die Eisbude hatte noch nicht auf. Da mussten wir noch etwas warten. Und deswegen komme ich ja auch zu spät zur Schule."

Heute trieb Ina es aber zu bunt! Da waren sich die Jungen und die Mädchen einig.

„Alles klar", sagte Herr Theobaldt, dann fragte er mit gespielter Freundlichkeit: „Hat dein rosa Freund auch einen Namen?"

„Er heißt Brcklbrckl", sagte Ina. „Oder so ähnlich. Sein Name ist schwer auszusprechen."

„Brcklbrckl", echote Herr Theobaldt. „Ein besonders hübscher Name. Findet ihr nicht auch?"

„Jaaa!", brüllten alle aus der Klasse.
„Und er ist rosa, der Herr Brcklbrckl?"
„Genau", bestätigte Ina. „Die Haut, der Raumfahreranzug, der Astronautenhelm – alles ist rosa. Sogar das Raumschiff ist rosa. Schön, nicht?"
„Sehr schön!", knurrte der Lehrer. „Sogar besonders schön! Kannst du den rosa Herrn Brcklbrckl vielleicht ein bisschen näher beschreiben? Er sieht bestimmt mächtig gefährlich aus, oder?"
„Na ja", sagte Ina, „zuerst dachte ich das auch. Das Raumschiff ist ja in unserem Garten gelandet. Es ist übrigens ungefähr so groß wie ein VW-Bus. Und der rosa Mann kletterte gerade raus, als ich aus der Haustür kam. Da hätte ich vor Angst fast geschrien. Aber er lächelte mich an und sagte seinen Namen und da hatte ich plötzlich überhaupt keine Angst mehr vor ihm. Er ist ja auch ziemlich klein, er geht mir bloß bis zur Nasenspitze. Sein Kopf ist ungefähr so groß wie eine dicke Apfelsine und er hat drei Augen. Ja, und seine Hände reichen beinahe bis zur Erde und jede Hand hat fünfundzwanzig Finger. Lustig, was?"
„Furchtbar lustig!" Lehrer Theobaldt meckerte wie ein Ziegenbock. „Hat dir dein Herr Brcklbrckl auch verraten, von welchem Stern er kommt?"
Ina nickte. „Vom … Oh, Mist! Jetzt hab ich's vergessen!"
Da schrien die anderen aus der Klasse durcheinander: „Vom Pluto!" – „Der ist der Bruder von E.T.!" – „Der kommt aus der Stern-Pils-Brauerei!" – „Der ist einer vom Krieg der Sterne!" – „Der ist von der Milchstraße geflutscht!" – „Der ist der Opa von Sterntaler!" – „Vom Orion kommt der!" –

„Oder der ist der Stiefzwilling von Alf!" – „Der kommt von Schalke!"
Doch da fiel es Ina wieder ein. „Vom Stern Sirius! Kann das sein? Ja?"
„Klar", sagte Herr Theobaldt, „das kann selbstverständlich sein. Wie wir ja alle wissen, sind die Bewohner vom Stern Sirius alle rosa. Und jetzt geht mir dein Blödsinn langsam auf den Keks, Ina! Verrat mir nur noch, warum dein komischer Freund ausgerechnet auf der Erde gelandet ist. Das hat er dir doch bestimmt gesagt, oder?"
„Wegen dem Himbeereis! Das mag er so gern. Eigentlich kann Herr Brcklbrckl die Erde nicht besonders gut leiden. Er hat mir erzählt, die Erde sei zwar der schönste Planet im ganzen Weltraum, aber die Erdbewohner, die seien die schlimmsten Widerlinge der gesamten Galaxis, weil sie noch und noch Bomben bauen und zu doof zum Friedenmachen sind und die Luft und das Wasser und den Boden vergiften und den schönen Planeten Erde unbedingt kaputtmachen wollen. Aber Himbeereis, das gebe es auf keinem anderen Planeten. Das bekomme man halt bloß auf der Erde."
„Dann ist ja alles in Ordnung!", schimpfte Herr Theobaldt. „Ina, ich werde mit deinen Eltern sprechen. So geht das jedenfalls nicht weiter. Ich will nur hoffen, dass dein rosa Freund Brcklbrckl inzwischen sein Himbeereis gelutscht hat und schnell wieder gestartet ist."
„Ist er nicht", sagte Ina.
„Ach, sieh mal an! Und wo hat er sich versteckt?"
„Er hat sich nicht versteckt. Er steht vor der Tür, weil er

nicht mit mir reinkommen wollte. Er ist nämlich sehr schüchtern."

„Jetzt reicht's aber!", schnauzte Herr Theobaldt und stieß wütend die Tür des Klassenraums auf.

Draußen stand der rosa Herr Brcklbrckl, leckte an einem großen Himbeereis und strahlte Herrn Theobaldt fröhlich an. Da fiel Lehrer Theobaldt so sehr in Ohnmacht, dass man einen Krankenwagen kommen lassen musste.

Lassen Beiner
Einen Tag in der Wildnis

Ein vierter und ein fünfter Stein – so, das wird die Feuerstelle! So ähnlich musste Robinson das auch gemacht haben.
Benno schaute sich um. Kleine Schweißperlen standen auf seiner Stirn und glitzerten in der steil aufschießenden Sommersonne. Dort drüben, über den Kronen der beiden Kastanien, war die Zinne des alten Schulgebäudes zu sehen. Benno hatte keine Uhr, aber nach seiner Schätzung musste es gleich zur Pause läuten und wenn er aufmerksam war, konnte er es gerade noch hören. Die Schulglocke hören? Was lag ihm daran? Schwänzt man die Schule und führt ein Leben in Wildnis und Freiheit, um sich von einer Schulglocke an die Pflichten und den Trott des Alltags erinnern zu lassen? Nein, liebe Frau Finkenstein, den Benno können Sie abschreiben; Benno befindet sich seit zwei Stunden im Busch. Einen Menschenfresser hat er zwar noch nicht gesehen, dafür aber ein Kaninchen, und mit ein bisschen Fantasie konnte man einen Löwen draus machen.
Benno wischte sich mit dem Hemdsärmel den Schweiß aus den Augen und wandte sich wieder seiner Hütte zu. Er zupfte noch ein paar Zweige zurecht, sodass das Dach leidlich licht- und wasserundurchlässig wurde. Es gab jetzt nur

einen Menschen auf der Welt und das war Benno. Er musste Stunde um Stunde der Natur seine Existenz abringen und die geringste Unaufmerksamkeit konnte den Tod bringen. Das war wie beim Überqueren der großen Kreuzung am Händelplatz, die auf seinem Schulweg lag, nur etwas romantischer. Ja, da schauen Sie, Frau Finkenstein. Ein Stuhl in der großen Runde ist heute frei und dabei sah der Benno gestern noch ganz gesund aus! Kommen Sie nur, Frau Finkenschw … Pardon, Frau Finkenstein, und holen Sie mich! Man nennt mich Benno Bärenschreck! Dieselbe Pranke, der Sie im Schönschreiben immer eine Vier verpassen, wird Sie mit einem Schlag zermalmen. Nein, gegen Sie persönlich habe ich nichts, Frau Stinkenfein, aber Sie vertreten da ein Leben, das mir nicht schmeckt. Ich brauche Gefahr und keine Tintenkleckse an den Fingern, halb rohes Fleisch und Regenwasser, nicht die Milchtüte mit Strohhalm. Heftige Stürme brauche ich, nicht den Durchzug im miefigen Klassenzimmer. Wir sind, so Leid es mir für Sie tut, geschiedene Leute, Frau … Wie war noch gleich Ihr Name?

Mit einem Stoßseufzer lenkte Benno seine Aufmerksamkeit wieder dem neu eroberten Reich zu, das er um diese Zeit mit niemandem zu teilen brauchte. Er beschattete die Augen mit der Hand, wie die Indianer in den Filmen es immer machen, und drehte sich um die eigene Achse. Wie schön, dass die Politik aus lauter Fehlern besteht! Diese Wildnis war vor ein paar Jahren noch eine Kleingartensiedlung gewesen. Man hatte sie, während die Laubenpieper noch pro-

testierten, mit Planierraupen niedergewalzt, um eine Golfanlage zu errichten und einen unterirdischen Tennisplatz. Die Kleingärtner haben ihre Wut vors Gericht getragen und Recht bekommen. Nun soll hier wieder die Laubenkolonie hin. Aber wer soll die Wiederherstellung bezahlen? In all den Jahren des Bürgerprotestes und der Gerichtsverhandlungen war hier, fast unbemerkt von allen Beteiligten, ein kleines Paradies entstanden aus Wildkräutern, aus Brennnesseln, Löwenzahn und Beifuß, aus Holunder, Wegerich und Ahornsprösslingen und hüfthohen Gräsern. Bäume gab's zwar keine, aber Benno war ja auch ein Steppenmensch. Waldmensch sowieso.
Er kroch in die Höhle, zog das Taschenmesser heraus, nahm einen der dünnen Stöcke, die er gesammelt hatte, und begann dessen eines Ende zuzuspitzen. Biologie, dachte Benno, dritte Stunde: Biologie. Jetzt ziehen Sie wohl gerade die Schautafel hoch, mit dem deutschen Wald und der deutschen Wiese, von jedem ein Stück. Ich guck mir die Hummeln lieber hier im Freien an, echte Hummeln, nicht gemalte. Autsch!
Er war mit dem Messer abgerutscht und hatte sich in den Finger geschnitten. Er steckte den Finger in den Mund und trank sein eigenes Blut. Es schmeckte nach Metall. Dann zog er ein schmutziges Taschentuch aus der Hose, und nachdem er drei halb tote Raupen daraus befreit hatte, band er es sich um den wunden Finger. Das behinderte ihn zwar ein wenig beim Schnitzen, aber er arbeitete mit Eifer weiter, so als habe er ein greifbares Ziel vor Augen. Dabei, sinnierte er weiter, wollte die olle Finkenstein mal eine …

eine ... Ex ... wie heißt das? – na, einen kleinen Ausflug mit uns machen, damit wir nicht immer nur die Natur auf bedrucktem Papier kennen lernen, hat sie gesagt, wo wir doch so ein Kleinod direkt vor der Tür haben. Sie meinte meine Steppe.

Selbstzufrieden betrachtete er seine Arbeit von allen Seiten. Das musste hinlangen als Speer. Nun gebt Fersengeld, ihr wilden Tiere der Steppe, Benno Bärenschreck kommt! – Er kroch aus seiner Höhle, ließ einen wohlgefälligen Blick über seine Behausung gleiten, lobte für sich die gute Tarnung. Wer wollte ihn hier aufstöbern? Das würde nicht mal der **CIA** schaffen.

Langsam, unmerklich noch, begannen die Laubzweige seiner Behausung zu welken.

An einem Platz, den er aus langer Beobachtung für geeignet hielt, legte Benno sich auf die Lauer. Hier kamen die Löwen, Pardon, die Karnickel am liebsten her, hier wuchs saftiger Klee und junges Gras. Er wusste zwar, dass die Tiere bevorzugt in der Morgen- und Abenddämmerung ästen, aber er wusste auch, dass die Hoppelmänner frech geworden waren auf diesem Gelände, weil sie kaum jemals gestört wurden.

Er legte sich bäuchlings auf den Boden und hielt den Speer, so gut es ging, wurfbereit in der Hand. Er musste ziemlich lange warten, bis sich das erste Tier zeigte. Benno, der vor Ungeduld barst, wartete gar nicht erst sein Näherkommen ab, sondern sprang wie von einer Tarantel gestochen auf und stürzte mit Geschrei auf das erschrockene Wildkaninchen zu. Nach einer Schrecksekunde, während der sich ihm alle Fellhaare sträubten, sprang es plötzlich im Zickzack und wie von allen Teufeln gejagt davon. Benno hinter ihm her, gellende Kriegsrufe ausstoßend und nichts um sich her wahrnehmend als die mögliche Beute. Doch plötzlich blieb er wie angewurzelt stehen. Vor ihm stand, sodass er fast dagegen geprallt wäre, vor ihm stand … aber nein, das konnte nicht sein! Benno sah, ungläubig, noch einmal auf – und blickte in das gestrenge Gesicht von Frau Finkenstein.

Hinter ihr begann die versammelte Klasse zu johlen.

Margret Rettich
Die Nacht-und-Nebel-Geschichte

Morgens in der ersten Schulstunde ist Johann Heinrich meist noch müde. Er gähnt und passt nicht auf und manchmal schickt ihn der Lehrer an die frische Luft, damit er aufwacht.
Aber Johann Heinrich muss ja schließlich jeden Tag um halb fünf aufstehen. Er muss erst mit dem Bus und dann mit dem Triebwagen fahren, um in die Schule zu kommen.
Johann Heinrich ist vom Land.
Manchmal erzählt er von dem Bauernhof mit den vielen Kühen, ganz oben in den Bergen. Ein normales Auto schafft es nicht dorthin. Sie haben einen Landrover. In dem wird frühmorgens die Milch ins Tal gebracht und Johann Heinrich fährt mit hinunter bis zur Bushaltestelle.
„Besucht mich mal", sagt er zu Kai und Peter, als es Herbstferien gibt.
Er malt in Peters Matheheft einen Plan, wie sie hinkommen. Außer der Fahrstraße für den Landrover gibt es noch einen Fußpfad, der viel kürzer ist. Dieser Fußpfad ist ganz schmal, die Steine sind glitschig und an manchen Stellen fehlt das Geländer. Links ist eine Felswand, rechts geht es steil in den Abgrund. Nur wer schwindelfrei ist, sollte diesen Pfad benutzen, und bei Dunkelheit ist es besser, ihn überhaupt zu meiden.

Johann Heinrich schreibt auch die Abfahrtszeiten für die Triebwagen und die Busanschlüsse auf.
„Toll, wenn ihr kommen würdet", sagt er.

Peter und Kai sind noch nie allein verreist.
Die Eltern von Kai sind einverstanden, wenn Peter mitkommt.
Peters Eltern erlauben es, wenn Kai dabei ist.
Gleich am nächsten Vormittag treffen sie sich auf dem Bahnsteig. Peter trägt einen Rucksack, Kai hat einen Leinenbeutel über der Schulter.
„Hast du das Matheheft mit dem Plan?", fragt Kai.
„Klar", sagt Peter.
Sie steigen in den Triebwagen und sowie der losfährt, packen sie ihre Brote aus und beginnen zu essen. Was sie im Magen haben, das brauchen sie nicht zu tragen. Sie sind kaum fertig, da rollen sie auch schon in die kleine Bahnstation ein, von wo es mit dem Bus weitergehen soll.
Der Bus ist noch nicht da.
Peter und Kai trödeln herum. Sie haben ihr Taschengeld bei sich und noch ein wenig Erspartes.
Zuerst kaufen sie Limonade, dann ein Comicheft. Das haben sie schnell gelesen.
Sie wiegen sich und ziehen eine Rolle Pfefferminz aus dem Automaten.
Dann schlendern sie zur Bushaltestelle zurück und sehen gerade noch, wie der Bus um die nächste Ecke verschwindet.

„Wann kommt der Nächste?", fragen sie einen Mann, der Blätter zusammenfegt.

„In einer Stunde", sagt der Mann.

„Verflixt", sagen Peter und Kai. Sie trotten los, um sich den Ort anzusehen. Eine Ecke weiter entdecken sie ein Kino. Die Vorstellung beginnt gerade und sie sehen einen spannenden Bergsteigerfilm. Danach haben sie Hunger. Gegenüber der Bushaltestelle ist ein Kiosk. Dort bestellen sie Würste, und während die Würste heiß werden, bezahlen Peter und Kai.

Bezahlte Würste müssen gegessen werden.

Darum fährt auch der nächste Bus ohne Peter und Kai davon.

Nun gibt es nur noch einen Bus an diesem Tag und auf den müssen sie zwei Stunden warten. Es ist zwar langweilig, aber sie bleiben lieber an der Haltestelle stehen, weil sie diesen Bus auf keinen Fall versäumen dürfen.

Es wird Abend, außerdem ist es kalt und neblig.

Endlich kommt der Bus. Er nimmt Peter und Kai mit und setzt sie nach einer halben Stunde an der einsamen Haltestelle ab, die eigens für Johann Heinrich und seine Leute eingerichtet worden ist.

„Kennt ihr den Weg?", fragt der Busfahrer.

„Klar!", rufen Peter und Kai.

Der Bus verschwindet im Nebel und in der Dunkelheit.

Zu spät merkt Peter, dass mit ihm auch der Rucksack verschwindet, der auf dem Rücksitz liegt. Und im Rucksack stecken das Matheheft mit dem Plan und eine Taschenlampe.

„Na, das ist aber ein dicker Hund", sagt Kai.

Sie stehen am Straßenrand und überlegen angestrengt. Nach rechts oder nach links? Sie streiten ein wenig und dann versuchen sie es einfach mal nur rechts.

Im Nebel sind alle Entfernungen anders.

Sie tappen herum, bis Peter zufällig an Holz fasst. Das muss das Geländer sein, von dem Johann Heinrich gesprochen hat. Gleich danach geht es steil aufwärts.

„Wollen wir nicht lieber die Fahrstraße suchen?", fragt Kai.

„Der Fußpfad ist kürzer", sagt Peter. „Oder hast du Angst?"

Das kann Kai natürlich nicht zugeben. Er klettert dicht hinter Peter und hält sich an dessen Anorak fest. So kommen sie langsam Schritt um Schritt voran.

Links, hat Johann Heinrich gesagt, ist die Felswand, rechts der Abgrund.

Sie halten sich an Ästen, Wurzeln und Gestein fest. Manchmal bleiben sie stehen, um zu verschnaufen. Dann klettern sie wieder weiter, Peter voran und Kai hinterher.

Plötzlich umklammert Kai mit beiden Armen Peters Bauch. Beide rutschen ein Stück abwärts, bis sie auf einer ebenen Felsplatte landen.

„Mannomann, war das knapp!", stöhnt Peter. „Hast du dir wehgetan?"

„Nein", sagt Kai, aber dann gesteht er etwas viel Schlimmeres: Er hat Schuhe mit Gummisohlen an, die bei jedem Schritt auf den nassen Steinen rutschen.

„Ich trau mich nicht mehr weiter", sagt er.
Vorhin, im Kino, in diesem Bergsteigerfilm, da hingen zwei nachts im Schneesturm an der Wand und jede Rettung schien unmöglich. Was taten diese tapferen Burschen? Sie machten es sich auf einem winzigen Felsvorsprung bequem, bis es hell wurde und die Retter nahten! Genauso wollen es Peter und Kai halten.

Kai hat einen dicken Pullover in seinem Umhängebeutel, auf den setzen sie sich, ganz dicht nebeneinander. Sie lehnen mit dem Rücken am Fels, ihre Füße baumeln ins Leere. Jetzt müssen sie Geduld haben und warten, bis es Morgen wird. Allerdings dürfen sie kein Auge zutun. Sie müssen wach bleiben, um keine falsche Bewegung zu machen. Wenn sie müde werden, einschlafen und umfallen, können sie in den Abgrund stürzen.
„Sag doch was", stößt Peter hervor.
„Was?", fragt Kai, denn wenn er was sagen soll, fällt ihm nichts ein.
Sie schweigen, kneifen sich hin und wieder und bekommen kalte Hosenböden.
Eine Nebelnacht ist unheimlich, wenn ringsumher alles still ist. Sie ist noch viel unheimlicher, wenn irgendwoher unbekannte Geräusche kommen.
Weit entfernt jault etwas.
„Wölfe!", raunt Peter.
Jetzt jault es wieder, jedoch viel näher.
Dann ganz nah.

Und nun fast neben ihnen.
Peter und Kai sitzen da, als wären sie erstarrt.
Das Jaulen entfernt sich.
Nun ist es ringsumher wieder ganz still.
Peter und Kai brauchen sich nicht mehr zu kneifen. Sie sind hellwach. Jetzt hören sie in der Ferne ein tiefes, eintöniges Brummen.
„Was ist das?", flüstert Kai.
„Vielleicht gibt es hier Drachen", sagt Peter leise.
„So ein Quatsch", sagt Kai. „Vielleicht auch noch fliegende Untertassen oder Gorillas, die aus dem Zoo entsprungen sind."
Darüber kann Peter nicht lachen. Das Brummen wird ständig lauter. Und nun tauchen dort, wo nach ihrer Meinung der Abgrund liegt, zwei große gelbe Glotzaugen auf, die undeutlich durch den Nebel schimmern.
Peter und Kai wagen nicht, aufzuspringen und zu fliehen. Sie müssen auf diesem Felsen sitzen bleiben, um nicht abzustürzen.
Die Glotzaugen starrten sie an, als gehörten sie zu einem Wesen, das vor ihnen schwebt.
Jetzt beginnt wieder das schreckliche Jaulen.
Peter und Kai halten sich die Ohren zu und kneifen die Augenlider zusammen.
So hören sie nicht, wie Johann Heinrich seinem Vater zuruft: „Hallo, hierher, Ajax hat sie gefunden!"
Erst als eine Hundezunge ihnen die Hände leckt und Johann Heinrich sie rüttelt, blinzeln sie vorsichtig in die gelben Nebelscheinwerfer des Landrovers.

Jetzt können sie auch erkennen, dass sie nicht auf dem schmalen Fußpfad sind, sondern auf einem Stein am Rand der Fahrstraße hocken.

Es ist wahrlich keine Schande, Angst zu haben, selbst wenn man schon fast elf ist. Man muss das nur nicht jedem zeigen.

„Wo steckt ihr so lange?", fragt Johann Heinrich. „Eben hat der Busfahrer angerufen, er hat euren Rucksack gefunden. Wir warten mit dem Essen. Warum beeilt ihr euch nicht?"

„Weil wir eine kleine Rast machen und uns die hübsche Gegend ansehen", erwidert Peter gelassen.

Manfred Mai

Lothars schwerste Schulstunde

Lothar geht gern zur Schule. Er freut sich natürlich auch auf die Ferien, aber nicht so wie andere. Denn in den Ferien muss er oft auf dem Feld oder im Haus mithelfen. Das tut er überhaupt nicht gern, obwohl er nicht faul ist. Er kann nur den ganzen Bauernhof und die Bauernarbeit nicht ausstehen. Lothar schämt sich sogar ein wenig, der Sohn eines Bauern zu sein.

Besonders im Sommer, wenn das Wetter am schönsten ist. Dann müssen sie Heu einholen und dabei mit dem Traktor direkt am Freibad vorbeifahren. Da sieht Lothar viele seiner Klassenkameraden auf der Liegewiese oder im Wasser herumtollen. Ein paar sehen ihn auch, wie er mit seiner kleinen Schwester hinten auf dem Traktor sitzt.

Manchmal ist auch Monika im Freibad, dann drückt Lothar sich so gut es geht hinter seinen Vater. Doch das nützt nichts, denn Monika weiß ohnehin, dass sein Vater Bauer ist. In solchen Augenblicken schämt er sich so sehr, dass es wehtut.

Lothar darf natürlich auch hin und wieder ins Freibad, aber er gehört nicht richtig dazu, das spürt er.

In der Schule ist das anders. Da ist er einer der Besten. Deshalb ist er froh, wenn sie nach sechs langen Wochen wieder vor dem Schultor stehen. Nur vor den ersten Deutschstunden nach den großen Ferien hat er immer Angst. Daran ist eine blöde Angewohnheit der Lehrer schuld. Seit der zweiten Klasse beginnen sie den Deutschunterricht immer mit der gleichen Frage: „Wer von euch hat in den Ferien mit seinen Eltern eine Reise gemacht?"

„Ich! Ich! Ich", schrien viele, als sie noch in die Grundschule gingen, und ein paar schnipsten dazu mit den Fingern.

Lothar wurde es bei dieser Frage immer ganz heiß, er schwitzte an den Händen. Dann tat er so, als suche er etwas unter seiner Bank.

In der Grundschule hatte er immer gehofft, dass die Lehrer damit in der Hauptschule aufhören würden. Aber da täuschte er sich. Auch jetzt stellt der Lehrer nach den Ferien diese Frage. Nur ist es jetzt noch schlimmer, weil Monika da ist. Sie geht zwar seit dem ersten Schultag in Lothars Klasse, doch seit ungefähr einem halben Jahr ist es nicht mehr so wie früher. Er mag sie. Nicht wie Joachim, Thomas und Anne, auch nicht wie seine Mutter. Er mag sie mehr und anders als alle anderen. Sie weiß jedoch nichts davon. Lothar hat nicht den Mut, es ihr zu sagen. Vielleicht würde sie über ihn lachen. Denn Monika ist immer ganz modern angezogen und geht mit ihrer Mutter nachmittags manchmal ins Café. In den Ferien fährt sie mit ihren Eltern nach Italien. Außerdem steht sie oft bei älteren Schülern. Wie sollte so ein Mädchen von einem wie mir etwas wissen wollen, denkt Lothar. Deshalb gab er ihr auch noch keinen der vielen Briefe, die er schon an sie geschrieben hat. Die liegen alle in einem sicheren Versteck in der alten Scheune. Dorthin verzieht sich Lothar, sooft es geht. Dann legt er sich ins Heu, liest die Briefe und denkt an Monika.

Nach den großen Ferien fragt der Lehrer also wieder, wer eine Reise gemacht habe. Es schreien zwar nicht mehr so viele „Ich! Ich!", und mit den Fingern schnipst überhaupt niemand mehr. Aber Lothar scheint wieder etwas unter der Bank zu suchen. Der Lehrer meint wohl, Lothar habe seine Frage nicht gehört. Er geht auf ihn zu und bleibt vor seiner Bank stehen. „Na, Lothar, wo warst denn du in den Ferien?"
Lothar hat den Kopf noch immer unter der Bank und kann die Beine des Lehrers bis zu den Knien sehen. Er starrt auf seine Schuhe. Dabei spürt er schon die Blicke der andern, sieht Monikas Augen.
Unten bleiben. Nie mehr unter der Bank hervorschauen, schießt es ihm durch den Kopf. Der Lehrer steht vor ihm und wartet auf eine Antwort. Doch Lothar kann nichts mehr sagen, selbst wenn er wollte. Er weiß nicht, wie lange er so unnatürlich gebückt dasitzt; ihm kommt es jedenfalls unheimlich lang vor. Dem Lehrer dauert es auch zu lange. Er tippt Lothar auf den Rücken und sagt: „Lothar, hast du nicht gehört?"
Lothars Kopf glüht, in seinem ganzen Körper scheinen schlagende Herzen zu sitzen. So kann ich den anderen un-

möglich in die Augen sehen, denkt er, die lachen mich ja aus. Also bleibt er unten und starrt weiter auf die Schuhe des Lehrers, sieht sie aber nur noch verschwommen. Er fühlt sich elend, klein und leer, richtig leer.

Einige seiner Mitschüler fangen an zu kichern und schnell werden es mehr.

„Er war nirgendwo", sagt einer. „Seine Eltern fahren nie in Urlaub, die sind doch …"

„Ruhe!", ruft der Lehrer, und zu Lothar gewandt, sagt er: „Kannst du nicht hören oder was ist mit dir los?"

Langsam hebt Lothar den Kopf; Tränen stehen ihm in den Augen. Am liebsten möchte er hinauslaufen, weit fort. Bis ans Ende der Welt.

„Na, dann nicht", sagt der Lehrer nur noch und geht wieder zu seinem Platz.

Nacheinander erzählen die Mädchen und Jungen von ihren Reisen und Erlebnissen. Die meisten waren verreist. Manche zwar nur für ein paar Tage bei Großeltern, Onkeln oder Tanten; aber sie können etwas erzählen, auch wenn es gar nicht stimmt. Nur Lothar, vier Mädchen und zwei Jungen mussten die gesamten Ferien zu Hause verbringen. Sie haben natürlich auch viel erlebt, doch das zählt nicht.

Lothar achtet nicht darauf, was die Schüler und der Lehrer sagen. Das ist für ihn unwichtig. Ihn beschäftigt anderes. Doch als Monika zu reden anfängt, hört er genau zu. Sie erzählt von der langen Autofahrt, von den Alpen und dem St. Gotthard, von dem herrlichen Wetter am Gardasee und von vielen interessanten Dingen. Lothar stellt sich vor, er wäre dabei gewesen. Er stellt es sich so fest vor, dass er sich und

Monika im Gardasee schwimmen sieht. Auch nachdem sie schon wieder still ist, hört Lothar noch ihre Worte.

„So, und nun schreibt jeder von euch einen Aufsatz über das Thema: Mein schönstes Ferienerlebnis", sagt der Lehrer plötzlich. „Keine Angst, es ist nur ein Probeaufsatz; er wird nicht benotet. Ihr habt den Rest dieser und die nächste Stunde Zeit."
Sonst wusste Lothar nie, was er zu diesem Thema schreiben sollte. Doch diesmal fällt es ihm ganz leicht. Er braucht überhaupt nicht zu überlegen, nimmt ein Blatt Papier und beginnt sofort. Von der Fahrt über den St. Gotthard schreibt er, genau wie es Monika erzählt hat.
Und dabei vergisst er alles um
sich herum, auch den Lehrer.

Herbert Heckmann

Auch Riesen haben es schwer

Für Peter Keckeis

Klaus war nicht nur der Größte in der Klasse, sondern in der ganzen Schule, er war sogar größer als der Turnlehrer, Herr Schickel, der die anderen Lehrer um eine Kopflänge überragte. Jeder, der mit Klaus redete, musste zu ihm aufschauen. Welcher Lehrer tut so etwas schon gern! Klaus litt unter seiner Größe und hielt sich abseits, so weit dies bei seiner Länge überhaupt möglich war.

Alle naslang musste ihm seine Mutter neue Hemden, Hosen und Schuhe kaufen.

„Ich glaube, man kann dir direkt beim Wachsen zugucken", bemerkte Bert voller Bewunderung, der so gern größer gewesen wäre, als er tatsächlich war. Er konnte es beim besten Willen nicht verstehen, dass Klaus sich seiner Länge wegen schämte.

„Mann, was hast du nur! Bei deiner Größe kann dir keiner so leicht was anhaben."

Was Klaus am meisten störte, waren die Fragen, die man ihm immer wieder stellte: „Ist die Luft da oben nicht etwas dünn? Musst du dich zusammenfalten, um in dein Bett zu passen?"

Heiner, der in den letzten Ferien mit seinen Eltern in Paris gewesen war, nannte ihn den „Eiffelturm" und dabei blieb es.

War das vielleicht ein Name, auf den man stolz sein konnte?

Klaus wagte schon gar nicht mehr zu essen, aus Angst, nur weiter drauflos zu wachsen. Wie andere davon träumten, groß und stark zu sein, träumte er davon, übersehen zu werden. Am schwersten hatte er es in der Schule. Wo man ihn auch hinsetzte, Klaus fiel ganz einfach auf; das führte sehr oft dazu, dass er als der Schuldige angesehen wurde. Er konnte sich nicht hinter dem Rücken seines Vordermanns verstecken.

◆

Klaus war im Sitzen so groß wie Herr Stuhlbein im Stehen, und es kam schon einmal vor, dass Herr Stuhlbein schrie: „Warum setzt du dich nicht hin?"

Die Klasse brach in ein wildes Gelächter aus.

„Ich sitze doch schon", verteidigte sich Klaus.

„Du willst mich wohl auf den Arm nehmen."

Herr Stuhlbein konnte sich nicht an die Länge seines Schülers gewöhnen. Er putzte seine Brillengläser.

Aber auch außerhalb der Schule erging es Klaus nicht viel besser. Beim Fußball stellte man ihn meist ins Tor, denn jeder glaubte, Klaus müsse einfach die hohen Bälle halten können. Umso lauter war dann das Gelächter, wenn ihm einer den Ball durch die Beine ins Tor schoss.

So blieb Klaus am liebsten zu Hause und las vor allem

Reisebeschreibungen. Er kannte die Welt wie seine eigene Hosentasche, ohne je weiter als bis an die Nordsee gekommen zu sein. Dort verbrachte er jedes Jahr mit seinen Eltern die Ferien. Klaus las nicht, nein, er fraß die Bücher nur so in sich hinein und vergaß alles andere um sich herum. Las er ein Buch über Afrika, dann war er wirklich in Afrika und die Möbel verwandelten sich in Löwen, Antilopen, Elefanten und Affen. Er schwitzte vor Aufregung und fuhr seine Mutter an, wenn sie ihn störte: „Jetzt hast du die Affen verjagt!"
„Welche Affen?"
„Ich lese gerade ein Buch über Afrika und da platzt du mitten hinein!"
Seine Mutter schaute ihn entgeistert an.

Klaus behielt das Wissen, das er aus den Büchern bezog, keineswegs für sich. Er gab es, meist ausgeschmückt, an seine Freunde weiter, die ihm natürlich kein Wort glaubten. Bert meinte: „Das saugst du dir aus den Fingern!"
„Wart nur ab, später gehe ich selbst auf Entdeckungsreisen."
„Mann, da kommst du doch viel zu spät, es ist doch alles schon entdeckt."
„Dann entdecke ich es noch einmal."
„Das ist doch langweilig."
Ob langweilig oder nicht, Klaus ließ sich durch nichts und niemanden von seinem Vorhaben abbringen, später einmal auf Entdeckungsreisen zu gehen. Mit einem Vergröße-

rungsglas betrachtete er die verschiedenen Länder und Meere in seinem Atlas und dachte sich Reiserouten aus. Seine Begeisterung ging so weit, dass er in seinen Bergsteigerstiefeln Größe fünfundvierzig und mit einem japanischen Fernglas durch die Straßen marschierte.
Die Leute blieben stehen und lachten.
Zwei, drei Schritte hinter ihm lief Bert, ganz außer Atem.
„Mann, du hast einen Schritt am Leib, da komme ich einfach nicht mit."
Das waren Augenblicke, in denen Klaus rundherum glücklich war, so glücklich, dass er das Gelächter gar nicht wahrnahm.
„Wo will er nur hin?", fragten Passanten, und Bert, der vor Seitenstechen nicht mehr weiterkonnte, stammelte: „Auf Entdeckungsreisen!"
Viel zu entdecken gab es freilich in der Stadt nicht. Vor lauter Häusern sah man keine Ferne und genau dorthin wollte Klaus. Asphaltmüde kehrte er von seinen Wanderungen zurück, stellte traurig seine Bergsteigerstiefel unters Bett und legte das Fernglas in den Schrank.

Aber dann hatte er doch einmal Gelegenheit, seine Bergsteigerstiefel und sein japanisches Fernglas richtig zu erproben. Herr Stuhlbein plante mit seiner Klasse einen Ausflug. Klaus konnte vor Erwartung nicht schlafen. Es hätte nicht viel gefehlt und er wäre mit seinen Bergsteigerstiefeln ins Bett gegangen. Vor allem interessierten ihn jetzt die Wetternachrichten. Jede Wolke, die am Himmel auftauchte, versuchte er zu hypnotisieren. Dann war es so weit. Am Morgen des Ausflugstages schien die Sonne, und selbst Herr Stuhlbein, der immer aussah, als müsste er Noten geben, strahlte über das ganze Gesicht, als er mit der Klasse nach kurzer Bahnfahrt zum Ausgangspunkt ihrer Wanderung gelangte.

„Wir bleiben schön zusammen, sodass keiner verloren geht", sagte er und mit einem Blick auf Klaus fügte er hinzu: „Bei dir muss ich ja keine Angst haben, dich kann ich so leicht nicht aus den Augen verlieren."

Und los ging es, an Wiesen vorbei in ein Tal. Nach ein paar hundert Metern wollten die Ersten schon frühstücken. Klaus schnaufte verächtlich: Er sah jenseits des Tals einen waldbemützten Berg und schon waren alle Mahnungen vergessen. Die Ferne juckte in den Füßen. Er löste sich von der Hauptgruppe; Bert folgte ihm.

„Mann, nicht so schnell!"

Aber Klaus war jetzt in seinem Element; mit jedem Schritt vergrößerte er den Abstand zwischen sich und den andern, ja, er hatte das Gefühl, der Berg würde nur so auf ihn zufliegen. Bert gab sehr bald auf.

„Du bist ja der reinste Weltmeister!", stammelte er, setzte sich ins Moos und packte seine Brote aus.

Als Herr Stuhlbein mit den anderen herankam, war Klaus nur noch ein kleiner Punkt, der in der Ferne durch die Wiesen kroch und weder durch Winken noch durch Rufen zum Halten gebracht werden konnte.

„Den holen wir nie im Leben ein!", sagte Bert fachmännisch. Herr Stuhlbein wischte sich mit dem Taschentuch den Schweiß aus der Stirn und stöhnte: „Das nenne ich einen Ausflug." Er sah jetzt wieder aus wie ein Lehrer.
Während Klaus mit weit ausgreifenden Schritten auf die Berghöhe zustrebte, schickte Herr Stuhlbein die Klasse hinter ihm her und wartete. So suchte die Klasse Klaus, Klaus suchte den Gipfel des Bergs und Herr Stuhlbein suchte die Klasse. Zu guter Letzt waren alle wieder zusammen – bis auf Klaus: Er blieb verschwunden.
„Wir können doch nicht bis morgen früh warten, bis er wieder auftaucht", sagte Heiner.
„Wenn dem Jungen nur nichts passiert ist!", seufzte Herr Stuhlbein. Auf dem Bahnhof telefonierte er mit der Polizei und brüllte: „Er ist nicht zu übersehen!" Mit der freien Hand deutete er die Größe seines verloren gegangenen Schülers an. Das konnte die Polizei freilich nicht sehen.
Nach langem Hin und Her entschloss sich Herr Stuhlbein, die Heimfahrt ohne Klaus anzutreten.
„Ich wette", sagte Bert mit einem Blick aus dem Fenster des abfahrenden Zugs, „dass Klaus eben auf dem Berg steht und zuschaut, wie wir davonbrausen." Aber das war nur eine Vermutung und half Herrn Stuhlbein sehr wenig, der eine äußerst schlaflose Nacht verbrachte.

Als er am nächsten Morgen unausgeschlafen in die Schule kam, wollte er seinen Augen nicht trauen. Wen sah er, von Neugierigen umringt, auf dem Schulhof stehen? Ihr habt es erraten: Klaus, der auch noch seine Bergsteigerstiefel anhatte.

„Sag nur, du kommst gerade erst von dem Ausflug zurück!", schrie Herr Stuhlbein fassungslos.

„Ich bin einen Zug später gefahren."

„Hat dich die Polizei gefunden?"

„Nein, aber die sagten mir am Bahnhof, dass Sie mich gesucht hätten."

„Und ob!"

Klaus war noch so von seiner Wanderung erfüllt, dass er sich gar nicht richtig schuldig fühlen konnte. Er erzählte in den nächsten Tagen mindestens hundertmal, was er alles erlebt hatte, und machte aus drei Blasen, die er sich gelaufen hatte, zehn und aus dem Berg von fünfhundert Metern einen von tausend Metern. Selbst nach einer dicken Strafarbeit ließ seine Begeisterung nicht nach.

„Ich freue mich schon auf den nächsten Ausflug", sagte er und genoss die Anerkennung seiner Klassenkameraden.

Herbert Friedmann

Die Kautschukpuppe

Miriam und Sandra stoßen sich an, tuscheln miteinander. Mit einem Trotzgesicht steht die Neue neben dem Klassenlehrer Werner Heckbarth. Wie ein Schutzschild presst sie eine Plastiktüte gegen die Brust. Ihre Backen glühen. Kein Wunder, wenn man von vierundzwanzig Augenpaaren gemustert wird wie ein Salatkopf in der Markthalle.

„Die ist wohl von vorvorgestern", vermutet Miriam.

Die Kleidung der Neuen entspricht nicht gerade der neuesten Mode: namenlose, verwaschene Hochwasserhosen aus feinem Cord, grüne Leinenturnschuhe mit einer Gummisohle, eine gelbe Schlabberbluse mit blauen Stickereien. Nur an den kastanienbraunen Haaren, die zu einem hüftlangen Zopf geflochten sind, gibt es nichts zu mäkeln.

Herr Heckbarth hebt die Arme, als wolle er ein Lied anstimmen, aber so kurz vor den Sommerferien schenken ihm die Kinder nur wenig Beachtung, kichern und lachen und reden ungeniert weiter.

„Zum Donnerwetter!" Der Lehrer knallt seine Tasche auf den Tisch, greift nach einem Stück Kreide, wirft es in die Luft und fängt es auf.

„Zugabe", piepst es aus der letzten Reihe.

Herr Heckbarth lässt sich nicht zweimal bitten. Diesmal misslingt das Kunststück. Die Kreide landet vor den Füßen der Neuen, die ihre Tüte noch fester gegen die Brust drückt.
„Üben", empfiehlt Michael.
Werner Heckbarth krault seinen Viertagebart, ein Zeichen dafür, dass er nun ernsthaft böse ist und gleich losbrüllen wird.
Die Kinder verstehen die Körpersprache ihres Lehrers: Auf einmal ist es muckskinderstill in der Klasse.
„Das ist Gina Krombuchner …!"
Der Lehrer schaut stolz in die Runde, als hätte er gerade eine Superattraktion angekündigt.
„Bekannt durch Funk und Fernsehen", spottet Ingeborg.
Wie eine Springflut ergießt sich gemeines Gelächter über Gina.
„Ihr seid fies!"
Lisa ist von ihrem Stuhl hochgeschossen und wird nun von allen angestarrt. Sie läuft zu Gina und führt sie zu einem Platz in der zweiten Reihe.
Gina bedankt sich mit einem Verlegenheitsgrinsen, Werner Heckbarth mit einem Augenzwinkern.
„Gina wird nicht lange bei uns bleiben. Nur bis zu den Sommerferien. Gina gehört nämlich zum Zirkus Beloni, der zurzeit in der Stadt gastiert …"
Auf der Stelle ist Gina erneut dem Salatkopf-Angaffen ausgesetzt.
„Und wie groß ist euer Peperoni?", fragt Michael.
„Beloni", verbessert der Lehrer.
Er schreibt den Namen an die Tafel, unterstreicht ihn zwei-

mal, vollführt seinen Kreidekunstwurf und richtet seinen Blick auf das Zirkusmädchen: „Ich weiß nicht, ob es Gina recht ist, von euch ausgefragt zu werden."
Gina verdreht die Augen: „Das bin ich gewohnt."
Der Lehrer gibt das Startzeichen zur Zirkusmädchen-Befragung und mahnt: „Aber nicht alle durcheinander …"
„Habt ihr auch Tiere?", will Boris wissen.
Gina schnauft, als hätte er keine dümmere Frage stellen können: „Zwei Pferde, vier Ponys, zwei Ziegen, drei Hunde, zwei Affen, ein Lama, ein Kamel und ein Elefant."
„Und was machst du in eurem Zirkus?", fragt Sandra. „Es ist doch euer Zirkus?"
Gina lehnt sich entspannt zurück: „Er gehört meinen Eltern seit zweihundert Jahren …"
Lachen in allen Schattierungen, kurzatmiges Hihi, sirenenähnliches Hihohiho, polterndes Hoho, prustendes Huhuhihuhuhi.
Gina steckt den rechten Zeigefinger in das linke Nasenloch und zieht eine Weiß-nicht-was-das-soll-Schnute.
„Wie alt sind denn deine Eltern?", kreischt Frieder.
Der Finger gleitet aus dem Nasenloch, die Stirn legt sich in Falten: „Mist! Der Zirkus Beloni ist natürlich zweihundert Jahre alt und jetzt gehört er meinen Eltern und vorher gehörte er meinen Großeltern und davor meinen Urgroßeltern … und ich bin Kunstreiterin und Kautschukpuppe!" In ihrer Stimme schwingt Stolz mit.
„Vormachen!", fordert Gregor.
Auf einmal klatschen alle rhythmisch: „Vormachen, vormachen …"

Gina schaut zum Lehrer, der ihr knapp zunickt, tapst mit unsicheren Schritten vor zur Tafel, macht Dehn- und Streckübungen.

Die Kinder drängen nach vorn, Stühle und Tische werden gerückt.

Gina holt tief Luft. Dann stellt sie sich auf die Fußspitzen, biegt den Kopf hintenüber bis an die Fersen und sieht ganz zusammengeklappt aus. In dieser Haltung hebt sie mit dem Mund einen Schokoriegel auf, den sie vorher auf den Boden gelegt hat.

Werner Heckbarth und die Kinder applaudieren so laut, dass sie sogar das Klingelzeichen übertönen.

Michael Wildenhain

Subito aber lachte

Es war gar nicht so, dass Subito besonders dumm gewesen wäre, im Gegenteil, er war nicht einmal tölpelhaft, nur lebte er hinter seinen Augen in einer für uns alle ganz unsichtbaren Welt. Wir konnten sehen, was er tat, wir konnten hören, was er sagte, wenn er vor eine Ampel lief und sich, die Finger an der Beule der großen, angeschlagenen Stirn, mit Tränen in den Augen beim grauen Pfahl entschuldigte. Dann, während er zurücktrat, begann er mit dem Pfahl zu reden. Wir lauschten, doch die Ampel sagte für uns kein Wort.

Subito war erst vor einem Monat zu uns in die dritte Klasse gekommen. Seid nett zu ihm, sagte der Lehrer, er kommt aus einer anderen Stadt und wohnt jetzt bei seiner Tante.

Wir mochten unseren Lehrer nicht sehr, obwohl er den Besten beim Wanderrechnen jedes Mal einen Lutscher gab. Aber aus seiner Nase wuchsen ihm Haare und zwischen den schwarzen Augenbrauen gab es überhaupt keinen richtigen Spalt. Doch wir wussten, was das war: eine andere Stadt, denn wir fuhren im Sommer mit unseren Eltern in den Urlaub an die Nordsee oder an die Ostsee oder nach Österreich.

Einige in unserer Klasse hatten Eltern mit einem Auto, die meisten fuhren in den Urlaub mit der Eisenbahn. In einer anderen Stadt stiegen wir um, der Zug hielt in einem Sackbahnhof und wir wurden, weil unsere Eltern sich jedes Mal sehr beeilen mussten, mit den Koffern voran durch den Gang geschoben. Es war im Gang neben den Abteilen eng und wir mussten, weil wir noch Kinder waren, die hohen Stufen aus hellgrauem Eisen hinunterspringen auf den Bahnsteig.

Die Zugfahrten zum Urlaubsort haben uns jedes Mal sehr gefallen, schon wegen der wegrutschenden Wiesen hinter den klebrigen Schiebescheiben. Nur das Umsteigen in anderen Städten war weniger schön. Ebenso wenig wie der Geruch auf den Klos mit den hölzernen Klobrillen in allen Eisenbahnzügen oder das Drängeln mit den Koffern im immer zugestellten Gang.

Doch weil es uns an die Urlaube im Sommer mit unseren Eltern erinnert hat, mochten wir andere Städte. Nur Subito mochten wir nicht, denn seine Haut roch wie ein Pfirsich und seine Pullover waren hellblau oder hellgrün oder gelb. Zuerst saß er still in unserer Klasse, er saß zusammen mit Britta an einem Tisch fast vorne. Es gab bei uns in der Klasse Tische und es gab Pulte. Die Pulte waren nicht abwaschbar, dafür hatten sie Löcher für ein Tintenfass. Wir benutzten in der Schule von Anfang an Patronenfüller, aber die Löcher in den Pulten waren nützlich für das Spiel mit den kleinen Kugeln aus einem bisschen Spucke und gekautem Papier. Außerdem waren die Pulte aus sehr altem Holz und hatten tiefe Rinnen. Weil wir das bei den Großen schon oft gesehen hatten, ritzten wir in eine Platte: **Britta – Herzchen – Subito** und durchbohrten das Herz der Umrandung mit einem gefiederten Pfeil.

Aber es war vergeblich. *Vergebliche Liebesmüh,* sagte meine Mutter sehr oft, und obwohl ich nie wusste, was genau damit gemeint war, wusste ich, dass es jetzt passte. Denn Subito sah zwar die Platte, nie jedoch unsere Herzen, die Namen und den Pfeil. Bei Britta hingegen war es, falls sie nach hinten kam, besser ein Heft auf die Herzen zu legen, denn Britta war nicht nur stärker als wir, sondern trat auch gegen das Schienbein oder biss uns, wenn wir ihr auf dem Schulhof den Arm auf den Rücken drehen wollten, in die Hand. Sie schrie und kratzte. Mit Britta konnte man nicht spielen.

Sie hatte in der Klasse auch weder einen Freund, noch hatte sie eine beste Freundin. Deshalb saß Britta nicht nur fast vorn, gleich hinter den Besserwissern, sondern auch alleine, als Subito in unsere Klasse, zu uns auf die Schule kam.

Im Unterricht fiel Subito zu Anfang nicht besonders auf. Er meldete sich nie, sondern saß nur mit seinem sonderbar steifen Rücken vor uns und schien auf die Tafel zu glotzen, während der Lehrer ihn, obwohl er sonst jeden, der sich nicht meldete, irgendwann einmal drannahm, nur mit einem eigenartigen Ausdruck in den Augen ungewöhnlich lange ansah. *Versonnen,* nannte meine Mutter einen derartigen Blick, aber der Lehrer schien jedes Mal weniger zu bemerken, wie lange er Subito ansah. Nur wenn er die Augen niederschlug oder sich – jedes Mal schien es uns heftiger – nicht nur mit dem Kopf, sondern gleich mit dem ganzen Körper von Subito wegdrehte, wirkte der Lehrer ein bisschen verwirrt. Er kneisterte mit den Augenlidern und zuckte einige Male sogar ratlos beide Schultern.

So hatten wir ihn in der Schulzeit noch niemals erlebt, gegen keinen von uns. Nur blieb uns kaum Zeit, über Subito und unseren Lehrer nachzudenken. Denn jedes Mal nach einem solchen Blick holte er einen von uns an die Tafel und jedes Mal hieß er ihn barsch, einen Satz aus dem Lesebuch anzuschreiben, obwohl wir so lange Sätze noch kaum richtig durchgenommen oder geübt hatten. Trotzdem, und obwohl unser Lehrer jedes Mal ärgerlich wurde, hätten wir Subito möglicherweise im Unterricht vergessen. Und weil er während der kleinen Pausen, beinahe ohne sich zu bewegen, auf seinem Stuhl am Tisch sitzen blieb, hätten wir ihn nach einiger Zeit und trotz seiner seltsamen Pullover sicherlich vollkommen übersehen.

Aber nach einem Monat änderte sich einiges. Ich weiß nicht genau, woran es lag. Möglicherweise war Britta wütend, weil Subito ihr auf dem Schulhof, als sie vor uns hatte wegrennen wollen, plötzlich im Weg gestanden war. Sie hatte ihn zwar umgerannt, danach aber war sie erst selber gestolpert und schließlich hingefallen. Sie hatte sich beide Knie und zusätzlich einen Ellbogen an der schwarzen Schlacke aufgerissen. Das ganze Gesicht war voller Staub. Sie hatte die Zähne zusammengebissen und trotzdem weinen müssen. Wir hatten kein Schluchzen von ihr gehört, aber aus ihren Augenwinkeln, sahen wir, flossen die Tränen langsam hinunter zum Kinn.

Wir konnten sehen, wie die Tränen Spuren in der Schulhofasche, die auf ihren Wangen lag, hinterließen. Britta stampfte mit dem Fuß auf, weil sie wütend war über ihr Weinen. Wütender noch war sie darüber, dass wir ihr beim

Weinen zusehen konnten. Wir standen in einem lockeren Halbkreis um sie herum.

Und obwohl die Tränen auf ihren Wangen sehr schnell wieder eingetrocknet waren – denn es war heiß in diesem Sommer –, blieben die Spuren auf der Haut kleben, klebten die Ränder zwischen dem Staub und malten kraklige Muster.

Subito war, ohne von uns beachtet zu werden, von der Erde aufgestanden, hatte sich sorgfältig abgeklopft, die Handflächen aneinander gerieben und war, entsprechend seiner Gewohnheit und ohne ein weiteres Wort zu sagen, erneut in einem großen Kreis rings um den Schulhof gelaufen. Die Arme hingen wie zwei Stecken bewegungslos von den Schultern herunter und baumelten trotz seiner schaukelnden Schritte fast überhaupt nicht hin und her.

Jetzt saß er, nachdem es geklingelt hatte, mit uns zusammen im Klassenzimmer, schaute, sobald der Lehrer eintrat, mit steifem Rücken still nach vorn und sah – was wir nicht erkennen konnten – Bilder hinter seinen Augen. Die Augen aber standen offen und waren wie immer leer. Sie wirkten weiß, wenn Subito leise vor sich hin sah, und dabei weich wie Seifenlauge, nur blieben die Augen blicklos, und manchmal bekamen wir Angst. Jetzt aber sahen wir in die Richtung, in die er ohne ein Lächeln zu schauen schien, und versuchten herauszubekommen, was er und sonst keiner dort sah.

Wir sahen nichts. Nur Subitos Lider waren wie immer entzündet. Wahrscheinlich, weil er mit seinen Wimpern viel zu selten zwinkern musste. Er stierte bloß, ohne zu klimpern, und so wurden seine Augen trocken wie krümliger

Schwamm. Nur durch die angelehnten Fenster konnten wir hinter unserem Schulhof und jenseits der Kopfsteinpflasterstraße einige violette Blumen mit langen Stielen wippen sehen. Und wenn wir uns sehr anstrengten und dabei die Augen zusammenkniffen, bis die Fläche hinter den Lidern erst rot und später dunkel wurde, gelang es uns manchmal, den Duft der Blumen auch zu riechen. Das war schön.

Aber wir waren uns sicher, dass das, was Subito in seinen seltsam leeren Augen andauernd erblicken mochte, gar nichts, aber auch gar nichts mit Blumen zu tun haben kann.

Zu diesem Zeitpunkt wussten wir von Subitos Augen noch nicht sehr viel. Wir saßen, nachdem es geklingelt hatte und bevor der Lehrer die Tür lässig mit dem Fuß aufstieß, auf unseren Stühlen und warteten, aber es war kein Warten auf etwas Besonderes. Britta leckte an ihrem blutigen Ellenbogen und versuchte aus ihrem offenen Knie mit einem feuchten Taschentuch die kleinen Steinchen zu entfernen, als der Lehrer – die Arme auf seinen Tisch gestützt – sagte: „Wir werden heute, obgleich es sehr warm ist, eine Geschichte schreiben. Bitte holt eure Hefte aus den Mappen hervor."

Ich habe nicht ganz genau sehen können, wie Britta es wirklich angestellt hat, aber wahrscheinlich hat sie, während ihr Kopf noch halb unter dem Tisch verschwunden war und weil Subito sich nach links zu seiner Mappe hat bücken müssen, den Stuhl ein Stückchen angehoben, sodass der Stuhl nach links gekippt ist und Subito mit dem Kopf an der Kante des nächsten Tisches anschlug.

Es war einen Augenblick still in der Klasse, Britta war etwas blass geworden. Sie sah von Subito zum Lehrer und wieder erschrocken zu Subito. Wir hätten eigentlich nicht erwartet, dass Subito plötzlich weinen oder vielleicht brüllen würde. Wir dachten aber, er würde irgendetwas sagen, vielleicht auch etwas tun.

Er tat überhaupt nichts. Das heißt, es erschien uns zuerst so, als täte er nichts, bis wir merkten, dass Subito – den Mund dicht an der Stelle, wo sein Kopf den Tisch berührt hatte – die Lippen leicht bewegte. Er schien mit dem Tisch zu reden. Wir lauschten. Der Tisch sagte nichts.

Wahrscheinlich waren wir zu erstaunt, um genauer auf unseren Lehrer zu achten. Der Lehrer hätte Britta normalerweise tadeln müssen, doch stand er nur da und horchte, wie die Eltern am ersten Abend im Urlaub draußen an der Mole auf das langsame Plätschern vom Meer.

Es war nicht so, dass wir gegen Britta oder für Subito gewesen wären. Wir mochten es nicht, wenn der Lehrer einen von uns verwarnen wollte. Nur wäre es uns diesmal gerechter vorgekommen. Wir hätten gedacht: Obwohl er ihr auf dem Schulhof im Weg gestanden ist, hätte sie einen Eintrag im Klassenbuch verdient. Doch der Lehrer blieb nur einen Augenblick still vor der Wandtafel stehen, blies, als er sah, dass Subito immer noch auf dem Boden hockte, die Backen auf, sodass es aussah, als würde er wie der dicke Ritter im Märchenfilm die Blätter von den Bäumen blasen, und sagte, wobei er alle Luft mit einem zischenden Geräusch zwischen den Zähnen vorstieß: „Subito!" Und noch mal, nach einer Pause: „Subito! Aber schnell!"

Dabei schaute der Lehrer aus wie mein Vater, wenn ich am Abend beim Schuheputzen zu viel von der schwarzen Wichse an seine Halbschuhe getan und nicht genug verrieben habe, sodass er am nächsten Nachmittag an seinen hellen weißen Socken nicht nur den Abdruck der Sockenhalter, sondern über der Ferse den Rand der Schuhe sieht.

Wir wussten nicht, was *Subito* heißt, wir kannten noch nicht alle Wörter. Wir wussten nur, was der Lehrer, indem er *Subito* sagte, mit „*Subito!*" *Subito* meinte.

Sogar Subito selbst, der erst von nun an Subito hieß, schien zu begreifen, obwohl er sonst sehr wenig begriff und das Wenige nur langsam, dass er sich hinzusetzen hatte, wenn ihn nicht unser Lehrer, der sich nur einen Schritt entfernt von Subito aufzubauen schien, mit seinen dicken Backen und seinem sehr roten Gesicht beim Wickel hätte packen, ihn am Schlafittchen nehmen und Subito, der lächelte, auf seinen unterdessen zurückgestellten Stuhl hätte zurückheben sollen.

Seitdem saßen wir, vor allem in den kleinen Pausen, hinter Subito auf der Bank und versuchten ihn, wenn er, was selten vorkam, ein bisschen kippelte oder versunken vor sich hin sah, aus dem Gleichgewicht zu bringen. Wir probierten, sobald die Gelegenheit sich bot, ihn seitlich aus der Reihe und in den Gang zu kippen, um herauszufinden, was mit Subito geschah, wenn er mit dem großen Kopf, einem Arm oder der Schulter an den nächsten Tisch anstieß oder an einen Stuhl.

Oft warteten wir vergeblich, aber hin und wieder hatten wir Erfolg. Nur sah uns Subito niemals, während er flüs-

terte, an. Zudem war er zäh. Wie oft wir ihn auch umkippten, wie häufig er mit dem Kopf an einen unserer Tische stieß, jedes Mal saß er still und ohne sich zu wundern auf dem Linoleumboden, polkte mit einem Finger an festgetretenem Kaugummi und formte mit den Lippen Worte. Es waren Worte für einen Tisch.
Wir hatten die ersten Male gelacht. Jetzt schwiegen wir und sahen zu. Wir standen im Kreis um ihn herum, summten am Anfang das Lied vom Plumpsack und waren am Ende verlegen, denn er guckte niemanden an. Wir dachten, er würde wütend werden. Vielleicht hatten wir es sogar gehofft. Sicherlich wäre uns dann wohler gewesen. Jetzt standen wir da und schauten zur Erde und scharrten unbehaglich mit ausgestrecktem Fuß. Schließlich schienen ihn die Möbel im Klassenzimmer zu kennen. Sie schwiegen, die Tische, an die Subito mit seiner breiten Stirn anstieß, hatten genug geredet oder waren – wer weiß das schon – aus Überdruss verstummt.
Als er begann mit den Fingerspitzen über das rissige Holz zu streichen, als er anfing, die Pulte bekümmert zu betasten, wandten wir uns schweigend ab und schlenderten beklommen hinaus auf den langen Flur. Wir standen aufgereiht an den Wänden, kauten stumm an unseren Nägeln und traten manchmal an kleine Klümpchen aus eben eingeweichtem Papier.
Am Ende stellten wir unsere Versuche ein. Wir ließen ihn in den kleinen Pausen steif auf seinem Schulstuhl sitzen. Wir verzichteten darauf herauszubekommen, ob einer, der so ist wie Subito, auch mit den Pfosten redet und zu den Türen

spricht, und rempelten ihn in den großen Pausen nicht mehr absichtlich an.

Hin und wieder lief er noch ohne unser Zutun gegen einen Gegenstand, nur drehten wir uns inzwischen weg, sobald er irgendwo stehen blieb, verwirrt mit spindeldürren Fingern nach einer neuen Beule griff, ein kleines Stück zurücktrat, den Gegenstand betrachtete, und wenn er anfing zu reden, entfernten wir uns, noch ohne zu rennen, aber mit möglichst langen Schritten von ihm und der mit ihm wortlos sprechenden Tür aus Holz.

Wahrscheinlich hätten wir Subito trotz seiner seltsamen Angewohnheiten und seiner hässlichen Pullover nach einiger Zeit vergessen. Denn obwohl er unterdessen, wenngleich er sich nie meldete, manchmal von unserem Lehrer im Unterricht aufgefordert wurde, eine Frage zu beantworten oder etwas vorne an der Tafel anzuschreiben, wirkte es, als sei er niemals wirklich bei uns anwesend, als seien nur seine Finger und manchmal seine Lippen ungelenk, doch beweglich. Der Rest blieb eine Puppe, die Puppe Subito.

Er hieß Udo und sie sagten, er sei ein Sitzenbleiber. Wir glaubten es sofort. Denn er war nicht nur größer als wir und stärker, sondern auch dumm.

Nach kurzer Zeit fing er an, uns jeden Morgen nach unseren Frühstücksbroten zu fragen. Wir gaben sie ihm ungern, aber er war sehr grob. Wenn er ärgerlich wurde, begann sein Gesicht rings um die Augen rot anzulaufen. Erst wenn er richtig böse war, schien die Haut an den Augen und

Schläfen wie ein Heizstab zu glühen. Es gab niemanden in der Klasse, der ihm nicht mehrmals einen Groschen oder einen Fünfziger hätte pumpen müssen, ohne darauf hoffen zu können, dass er ihn wiederbekam.
Manchmal hatte Udo einen Hamster. Immer war der Hamster sehr schnell wieder tot. Wenn er ihn in die Schule mitbrachte, musste der Hamster in den Pausen unter dem Schrank in der Ecke vor- und rückwärts rennen, bis ihm die Puste ausging. Wir machten uns nicht viel aus Hamstern, aber wenn wir uns hätten trauen können, hätten wir Udo gesagt: Du bist böse, weil du ein alter Tierquäler bist.
Zwei- oder dreimal kam Udos Vater während des Unterrichts in die Schule und klopfte an die Tür unserer Klasse. Unsere Eltern wären niemals während der Schulstunden zu uns in die Klasse gekommen, es sei denn, eine unserer Omas wäre von einem Auto angefahren oder überfahren worden oder eine kleine Schwester hätte sich mit Tee verbrüht. Udos Vater war anders. Ebenso wie Udo selbst.
Jedes Mal wenn er zu uns in die Schule kam, ging unser Lehrer mit Udos Vater hinaus auf den Flur vor das Klassenzimmer und Udo wurde im ganzen Gesicht farblos wie Fleisch, das in Coca-Cola gelegt über Nacht zu verschwinden beginnt.
Jedes Mal kam unser Lehrer nach fünf Minuten zurück in die Klasse. Er sah sehr ernst aus und nickte. Jedes Mal stand Udo auf. Und jedes Mal hörten wir, kurz nachdem Udo die Tür leise und beinahe vorsichtig hinter sich geschlossen hatte, wie ihn sein Vater im Schulflur mit einem Ledergürtel schlug.

Wir dachten an einen der Hamster und lauschten auf das Geräusch. Es war, als würden unsere Mütter im Urlaub die nasse Wäsche auf dem Hof gegen Steine schlagen. Wir saßen da und schwiegen. Es gab keinen Unterricht. Der Lehrer saß ebenfalls vorn am Pult und schrieb etwas in sein Klassenbuch. Er schien sich zu schämen und sah keinen Ausweg, und jedes Mal, wenn Udo zurückkam, waren die Lippen nur Striche, lag die Haut straff im Gesicht.

Die Einzige, die Udo mochte, war Britta. Während wir ihm aus dem Weg gingen, klebte sie an seinen Fersen.
Manchmal schallerte er ihr eine. Immer standen sie gemeinsam in den Pausen auf dem Hof. Wir hatten gesehen, wie sie sich knutschten, wir fanden das ziemlich unappetitlich, aber weil Udo einen Schneeball bis hoch auf das Schuldach werfen konnte, sagten wir lieber nichts.
Als der Lehrer uns an einem Montag im folgenden Schuljahr ansah und fragte, wen wir als Vorschlag für den Vertrauensschüler hätten, meldete sich niemand. Er stand vor der Klasse und seine Lippen bewegten sich wie Fische, die freitags auf dem Marktstand zerschnitten werden sollen. Er war dicker geworden und jetzt sah er aus wie Hoss von der Ponderosa.
Als Britta sich umsah, um jeden einmal anzulächeln, spielten wir mit unseren Fingern oder guckten einfach weg. Wir wussten, was es bedeutet hätte, wenn einer von uns einen anderen zur Wahl vorgeschlagen hätte, wie es sonst immer üblich war. Deshalb schwiegen wir. Der Lehrer schwieg

ebenfalls. Auf dem Fensterbrett gurrten die Tauben. Britta sagte: „Udo!" Der Lehrer riss die Augen weit auseinander, bis sie so groß waren wie Mülltonnendeckel. Dann schrieb er mit nasser Kreide auf die Wandtafel: **UDO.** Danach fragte er: „Noch jemand?"
Er blieb mit dem Rücken zur Klasse stehen und schien sich auch ein bisschen zu ducken. Erst als er einen Doppelpunkt hinter den langsam an der Tafel auftauchenden Namen machte und ihm die Kreide, weil er bei dem zweiten Punkt zu fest aufgedrückt haben musste, unter den Fingern zerbrach und ein Nagel quietschend über die Wandtafel fuhr, sagte Subito, während wir uns mit einer Gänsehaut unbehaglich zusammenkrümmten: „Ich!"
Und der Lehrer ließ die Kreide vollends auf die Erde fallen, weil er wie wir geglaubt haben wird, die Abstimmung werde mit einem einzigen Namen – Udo – beginnen.
Wir rieben uns die Stirn. Dann stimmten wir für Subito. Britta stimmte für Udo. Udo sah niemanden an.
Als Subito nach der nächsten Stunde in der großen Pause entsprechend seiner Gewohnheit seinen Kreis rings um den Schulhof einmal abgelaufen hatte und in der Höhe des einzigen Fußballtors wieder angekommen war, stürzte sich Udo, obwohl wir ihm folgten, auf Subito und schubste ihn gegen den linken Pfosten. Subito knallte so, wie wir es erwartet hatten, und ohne die Hände zu Hilfe zu nehmen, gegen den eisernen Pfahl. Er sackte langsam daran herunter, sein Kopf war ein kleines Stückchen am Eisenpfahl abgeprallt. Subito ächzte. Wir hielten die Luft an. Udo verharrte. Dann holte er aus.

„Warte", sagte Britta. Wir wussten nicht, ob sie es sagte, weil sie Udo vorführen wollte, wie Subito mit dem Torpfosten sprach, oder ob sie gesehen hatte, dass er zwischen den Haaren langsam zu bluten begann. Auf jeden Fall hielt sie Udo so lange fest, bis Subito, dessen Augen sehr glasig waren und wie ein unscharfes Bild im Kino aussahen, sich hochrappeln konnte. Und während das Blut bedächtig an einer Schläfe herunter und über die Wange zum Hals hinablief, fing Subito an zu reden. Er sagte: „Es muss dich nicht kümmern, weil Udo es nicht anders weiß."
Und während Udo, weil er Subito noch niemals hatte mit einem Möbelstück reden hören, erschrocken zurückfuhr und innehielt, tastete Subito nach der Stelle, wo ein bisschen bunter Lack vom Pfahl abgeblättert war, strich, ehe wir begreifen konnten, dass er laut geredet hatte anstatt wie sonst, leise, einmal kurz über die Delle, fasste sich danach an den Kopf und schmierte Udo, dessen Gesicht aussah wie das eines Denkmals, vorsichtig das eigene Blut quer über die Augen.
Und während Britta langsam wie eine Schlaftablette die Hand hob, um etwas dagegen zu tun, und während Udo nur dastand wie ein Indianer bei Bonanza, aber wie einer, der gar nicht mehr lebt, drehte sich Subito zu uns um. Das Blut auf der Wange wird langsam eingetrocknet sein.
Er wartete einen Augenblick. Wir standen im Halbkreis und sahen ihn an. Dann begann er den Kopf zu schütteln. Und – das war seltsam – grinste.
„Ihr habt", sagte Subito schließlich ernsthaft, „keine Achtung vor den Dingen, das ist natürlich ein Problem."

Wir zuckten hilflos mit den Schultern. Wir wussten nicht, was Achtung bedeutet, wir kannten *Achtung!* nur als *Halt!* Aber wir ahnten ungefähr, was Subito damit meinen könnte, und deshalb schauten wir, obwohl wir ihn für einen Klugscheißer hielten, betreten auf den Boden.
Udo hatte sich hingesetzt. Britta hielt sich am Pfosten fest. Wir rückten unruhig auseinander und liefen
langsam erst, dann schneller weg.
Subito aber lachte ...

Gabriele M. Göbel

Schtefanie oder S-tefanie

Sie stand vor ihrer Klassentür, las das Schildchen: **4a, Frau Schwab** zum dritten Mal und holte tief Luft. Gleich am ersten Tag zu spät, das würde ein Theater geben! Sie klopfte an, einmal leise, sah die Augen von dreißig Mädchen und Jungen auf sich gerichtet. Jemand, der am Fenster stand und aussah wie ein zu schnell gewachsenes Schulmädchen sagte: „Nanu!" Das musste die Lehrerin sein.

„Wenigstens keine alte Schrulle", dachte Stefanie. „Ich bin für diese Klasse angemeldet", sagte sie.

„Dann such dir einen freien Platz und setz dich hin", sagte Frau Schwab.

Stefanie setzte sich auf den einzig freien Platz am letzten Tisch. Wo hatte sie das Mädchen, das neben ihr saß, bloß schon einmal gesehen? Gestern am Möbelwagen, beim ersten Einkauf im Supermarkt? Das Mädchen lächelte sie an, wie man alte Bekannte anlächelt, dann beugte es sich wieder über sein Heft und schrieb.

Alle Kinder schrieben.

„Wir machen gerade eine Arbeit", erklärte die Lehrerin. Stefanies Verspätung erwähnte sie mit keinem Wort.

„Isch hab gar keine Tinte mehr", meldete sich ein Junge, „'nen Kuli hab isch auch nischt bei mir."

„Wer kann ihm helfen?", fragte Frau Schwab.

„Isch!", rief das Mädchen neben Stefanie und reichte dem Jungen einen roten Kugelschreiber.

Eine Sprache hatten die hier! Das hätten Ingrid und Meike hören sollen, schief lachen würden die sich! Stefanie sah aus dem Fenster und sie wünschte sich die neue Schule weg, wünschte, sie säße wieder in ihrer alten Hamburger Backsteinschule, in ihrer alten wackligen Bank, neben Ingrid und Meike. Sie hörten Herrn Fröhlich nicht zu, der vorne an der Tafel Gleichungen löste, sie tuschelten über Lotti Hansen. Ihr Vater war gestern Abend betrunken nach Hause gekommen und hatte Lotti verprügelt. Bis draußen hatte man sie schreien gehört. Lottis Mutter hatte er auch gehauen. Alle aus der Straße wussten es. Heute fehlte Lotti ...

Jemand stieß sie an. Das fremde Mädchen an ihrer Seite. Mühsam tauchte sie aus ihrem Traum auf.

„Wie du heißt, möchten wir wissen!", fragte die neue Lehrerin mit einer Stimme, die ungeduldig klang, weil sie zum dritten Mal fragte.

„S-tefanie Hoffmann", sagte Stefanie. Ein Mädchen kicherte und noch eins, ein Junge rief: „S-tefanie S-toffmann!"

Alle kicherten. Das Mädchen neben ihr auch? Nein, die nicht. Stefanie sah mit rotem Kopf aus dem Fenster. Was die sich einbildeten, sollten sich mal reden hören: „Frollein, isch bin immer noch nischt fertisch." Lieber tot umfallen, als so sprechen wie die. Stefanie schob trotzig ihre Unterlippe vor. Die sollten ihren Unterricht alleine machen, ohne sie! In Hamburg waren sie sowieso viel weiter gewesen, das hatte sie längst gemerkt. Sie hörte nur noch mit einem Ohr zu, mit dem zweiten lauschte sie Geräuschen aus einer anderen Welt: Dem Bimmeln der alten Schulglocke. Dem Tuten großer Dampfer, dem Möwengekreisch am Hafen. Man ließ sie auch in Ruhe, nur einmal wollte Frau Schwab wissen, ob sie in ihrer früheren Klasse schon die Satzzeichen durchgenommen hätten. Stefanie lächelte überlegen, doch bevor sie: „längst" antworten konnte, rief jemand: „Vorsicht, die s-puckt beim S-prechen!"

Diesmal lachten nur noch einige, der Witz war alt geworden. Stefanie zuckte die Achseln, in Hamburg sprachen alle so wie sie. Wieso wurde Selbstverständliches hier komisch? Ob ein Kind von hier in Hamburg wohl ... Ja, es würde auch ausgelacht werden, und wie! Gleichmütig legte sie sich gegen die harte Lehne ihres Stuhles. Sie hatte sich das alles schlimmer vorgestellt, hatte es anders erlebt, heute Nacht im Traum ... Träume! Träume mit einem Klingelzeichen am Ende. Stefanie packte ihr Bündel von Büchern, die sie hier nicht gebrauchen konnte. Sie trat auf die Straße.

Das Mädchen, das an ihrem Tisch gesessen hatte, ging neben ihr. „Isch wusste, dass du kommen würdest", sagte sie in ihrer hässlichen Sprache, „isch hatte disch schon beim Einzug gesehen. Isch wohne zwei Häuser neben dir."

„Ach so", murmelte Stefanie.

„Isch find's toll, dass du die Bücher ohne Schultasche trägst, rischtisch jut."

„Bei uns machen das alle so", sagte Stefanie.

„Aber jetzt bist du bei uns", stellte das Mädchen fest.
„Hm", sagte Stefanie und fragte dann: „Wie heißt du?"
„Annette", antwortete das Mädchen, „und du?"
„Weißt du doch."
„Isch hab's wieder vergessen."
„Schtefanie", sagte Stefanie und drehte sich um. Sie war zu Hause angekommen.

Henriette Piper
Nabila kratzt sich nie im Haar

"Caroline, du sitzt jetzt neben Nabila, dort, ja, und Annette, Annette setzen wir neben Klaus, da könnt ihr nicht mehr so viel tuscheln und der Klaus macht hoffentlich nicht mehr so viel Unfug, jetzt im dritten Schuljahr, nicht wahr, Klaus? Und Simone setzt sich rechts neben Torsten, und …" Caroline wirft Annette einen traurigen Blick zu, sammelt ihre Schulsachen zusammen und zieht um. Neben Nabila hat sie noch nie gesessen. Alle müssen mal neben Nabila sitzen, hat Frau Schröder am letzten Tag vor den Ferien, als sie die Zeugnisse abgeholt haben, zu ihrer Mutter gesagt. Es macht dir doch nichts aus, Caroline? Simone hat nun schon so lange neben Nabila gesessen, das kann man ihr auch nicht immer zumuten, hatte sie gesagt, und Carolines Mutter war plötzlich ganz starr geworden und hatte verschreckt geguckt.

Caroline knallt ihren Tornister auf das Pult, nickt Nabila zu und setzt sich. Sie hat nichts gegen Nabila. Nabila ist nett. Aber lieber wäre es ihr, wenn sie wieder neben Annette sitzen dürfte. Neben Annette zu sitzen ist ein schönes Gefühl. Was ist es für ein Gefühl, neben Nabila zu sitzen?

Caroline packt ihre Schulsachen wieder aus und legt sie ordentlich vor sich hin.

„Neu?"

Nabila zeigt auf das glänzende pinkfarbene Federmäppchen, das vor Caroline liegt.

„Ja. Willst du mal sehen? Nagelneu, schau mal, sogar Patronen für den Füller sind drin, und ein Lineal und …"

Eifrig reißt Caroline den Reißverschluss auf und klappt vor Nabila ihre Reichtümer aus. Das alte Mäppchen hat sie gestern ihrer kleinen Cousine geschenkt. Der Lack war so eklig dreckig und das Hundebild darauf hat ihr auch nicht mehr gefallen. Erst hatte die Mutter geschimpft, als sie sich von ihrem Gesparten das neue Mäppchen kaufen wollte, aber dann war sie doch mitgegangen, und sie hatten das Mäppchen gemeinsam ausgesucht. Mit seinem Gesparten darf man machen, was man will.

„Darf ich mal?" Nabila sieht Caroline fragend an und zieht dann mit dicken, dunklen Fingern an den neuen Filzstiften herum. Nabila hat kein neues Mäppchen. Nabilas Mäppchen ist rosa-verschmiert-dreckig und Filzstifte sind auch nicht mehr drin. Nur drei Buntstifte und ein Ratzefummel und der Füller. Liebevoll streichen Nabilas Finger über die bunten Filzstifte. Dass Nabila so braune, runde Finger hat, ist Caroline noch gar nicht aufgefallen. Von ihrem alten Platz aus hat sie Nabila so genau auch gar nicht betrachten können. Das runde Gesicht war zu sehen gewesen und das Kopftuch. Eins, ein helles, hatte ein schönes Muster gehabt. Auf das Kopftuch hatte Caroline geschaut und auf Nabilas rundes Gesicht, das meistens lachte. Was Nabila eigentlich so viel zu lachen hat, hatte sie Annette einmal zugeflüstert. Das hätte sie gern gewusst. Aber sonst hat sie nicht viel mit Nabila zu tun gehabt. Außer in der Pause, beim Fangen spielen. Nabila ist leicht zu fangen. Und nun sitzen sie hier nebeneinander und Nabila betastet mit braunen, runden Fingern die neuen Stifte. Anfassen darf sie, beschließt Caroline. Und wenn sie nett ist, darf sie sich die Stifte auch mal ausleihen.

Am nächsten Tag werden die neuen Schulbücher ausgeteilt. Frau Schröder hat eine Menge Stapel vor sich auf dem Tisch liegen, und nach und nach ruft sie alle Kinder auf, nach vorn zu kommen. Caroline bekommt drei neue Bücher: das Lesebuch für das dritte Schuljahr, das Mathebuch und das Sprachbuch. Die Bücher sind nagelneu und riechen wunderbar nach neuen Büchern. Vorsichtig stellt Caroline sie vor sich hin und riecht daran.
„Nabila? Komm! Deine Bücher."
Die Bücher, die Nabila vor sich hinstellt, sind kein bisschen nagelneu. Und sie riechen auch nicht gut. Sie riechen nach Wohnungsmief und Schulmief und Tinte. Der Rand vom Lesebuch ist kohlrabenschwarz. Caroline schaut auf Nabilas Bücher, dann schaut sie auf ihre eigenen nagelneuen Bücher. Mit Bleistift hat Frau Schröder auf die erste Seite ihren Namen geschrieben: Caroline. Doch, das stimmt, die neuen Bücher sind für sie. Aber irgendwie ist das nicht so ganz gerecht, findet Caroline. Nabila müsste mindestens ein neues Buch haben, das gut riecht.

„Komm, wir tauschen. Ich nehm das alte Buch hier, dann kannst du das neue haben." Großmütig schiebt sie Nabila ihr Lesebuch rüber. Nabila sieht sie dankbar an, strahlt und greift mit ihren runden braunen Fingern rasch nach dem neuen Buch.

„Hier, riech mal, wie gut das riecht!" Caroline beugt sich zu Nabila rüber und zeigt ihr, wie gut das neue Buch riecht. Dabei riecht sie, dass Nabila nicht gut riecht. Irgendwie, irgendwie riecht Nabila nicht besonders gut. Jedenfalls nicht so gut wie das neue Buch. Mehr so wie das Alte. Das verschmierte, alte Lesebuch, das jetzt neben Caroline liegt.

„Caroline? Nabila, ich möchte nicht, dass ihr die Bücher tauscht." Frau Schröder beugt sich über ihre Bank und legt das alte Buch wieder vor Nabila hin. „Ich verteile die Bücher, ja?" Ihre Stimme klingt etwas scharf und auch ein wenig unsicher. „Schau mal, Nabila, das Übungsheft zum Sprachbuch und das Matheübungsbuch, die sind beide ganz neu, die darfst du sogar behalten, wie letztes Jahr, ich teil die Hefte nachher aus, ja?" Sie nickt Caroline zu, streichelt Nabila über das Kopftuch und geht zurück zum Pult.

„Warum hat Frau Schröder gesagt, Nabila darf das neue Buch nicht behalten?" Caroline rührt in ihrer Rindfleischsuppe und fischt sich die kleinen Klößchen heraus. Eins nach dem anderen. Die kleinen runden Klößchen mag sie am liebsten. Babyklößchen. Rindfleischsuppe aus der Tüte ist ihre Lieblingsspeise.

„Was für ein neues Buch? Wühl nicht so in deiner Suppe

herum, Caroline, komm, iss ordentlich. Und setz dich ordentlich hin!" Die Mutter rückt Carolines Stuhl zurecht und stellt die rote Grütze auf den Tisch.

„Na, das neue Lesebuch. Wir haben neue Schulbücher gekriegt und Frau Schröder hatte nicht für alle Kinder neue Bücher, die sind teuer, hat sie gesagt, die Schule hat nicht so viel Geld, jedes Jahr für alle neue Bücher zu kaufen, hat sie gesagt, die Bücher müssen schon ein paar Jahre halten. Wir brauchen auch wieder neue Schutzumschläge. Können wir nachher gehen und neue Schutzumschläge kaufen? Ich möchte einen in Pink haben und einen in ..."

„Warte mal, wie war das mit den Büchern?" Der Löffel mit der roten Grütze bleibt in der Luft hängen. Die Mutter starrt sie neugierig an.

„Also, das war so." Dass die Mutter aber auch nie kapiert! „Wir haben neue Bücher gekriegt und ich hab drei neue Bücher bekommen und Nabila hat alte Bücher gekriegt und da hab ich gesagt, weil, das ist doch ungerecht, da hab ich ihr mein Lesebuch gegeben, und Frau Schröder hat gesagt, wir dürfen nicht tauschen." Jetzt starrt Caroline die Mutter an. „Warum durfte ich Nabila mein Buch nicht geben? Das war doch nett von mir, oder?"

„Ja, das war nett von dir, sehr sogar." Carolines Mutter legt den Löffel zurück in den Teller und verschränkt die Arme auf der Tischplatte. „Hm, ich weiß nicht. Was meinst du denn, warum Nabila das neue Buch nicht behalten durfte?"

Caroline rührte in der Suppe herum und denkt scharf nach. Sie denkt daran, wie das alte Buch gerochen hat und wie

Nabila gerochen hat. Vielleicht will Frau Schröder nicht, dass das neue Buch auch so schnell so riecht? Und so schwarz wird? So schwarz und mit Eselsohren wie Nabilas Schulhefte?

„Vielleicht meint sie, das wird zu teuer? Weil Nabila so viele Eselsohren in das neue Buch macht? Und dann hält es nicht so lange?"

„Das kann gut sein", sagt die Mutter und greift wieder nach ihrem Löffel. „Obwohl, ich finde – ich finde eigentlich, so viel Geld muss da sein. Du hast wirklich Recht, Caroline."

„Warum sagt Frau Schröder dann, ich darf das nicht? Wenn ich Recht habe?"

„Hm, ja, weißt du …" Carolines Mutter weiß auch nicht weiter. Das kann Caroline schon an der Stimme hören, da braucht sie ihre Mutter gar nicht anzusehen. „Weißt du … vielleicht hat sie Angst gehabt, vor dem Rektor zum Beispiel, oder sie hat nicht so drüber nachgedacht oder … alle Menschen machen mal einen Fehler. Aber eigentlich finde ich schon, sie hätte Nabila das neue Buch ruhig behalten lassen können."

Hättelassenkönnen. Wenn die Mutter nicht weiter weiß, dann sagt sie immer so schwierige Wörter mit lauter Ä und Ö, ganz viele hintereinander.

„Nabila riecht so komisch. Warum riecht Nabila so komisch?"

Wieder bleibt der Löffel mit der roten Grütze in der Luft hängen. Die Mutter starrt sie verschreckt an.

„Du meinst … hm, ich weiß nicht. Was meinst du denn?"

„Weil ..." Caroline denkt scharf nach. „Vielleicht haben sie ja keine Dusche zu Hause?"

„Oder die Mutter hat keine Zeit, sie ans Duschen zu erinnern, weil sie noch ganz viele andere Kinder hat?"

„Oder das Badezimmer ist morgens immer besetzt?"

„Oder sie sind es vielleicht einfach nicht gewöhnt, so viel zu duschen, da, wo Nabila herkommt, weil das Wasser knapp ist und teuer. Und wenn alle Menschen sich nicht dauernd so viel waschen, wie wir das hier tun, dann riecht man das ja auch gar nicht."

Und dann erzählt die Mutter wieder die Geschichte von den Menschen früher, die nur alle halbe Jahr mal gebadet haben, wenn überhaupt. Mit Parfüm haben sie sich jeden Morgen eingerieben und das Haar haben sie sich nie gewaschen, immer nur gepudert, und die feinen Leute hatten eine Art Spieß mit Zeigefinger aus Gold, mit dem sie sich im Haar kratzen konnten wegen der Läuse. Und dann erzählt sie auch gleich noch von der Großmutter, die nur einmal in der Woche frische Unterwäsche rausgelegt bekam, nur sonntags, und die musste dann die ganze Woche halten. Caroline kennt die Geschichten längst. Nabila kratzt sich nie im Haar. Da müsste sie sich ja auch durch den Stoff kratzen. Durch das Kopftuch!

„Du hast doch nichts dagegen, neben Nabila zu sitzen?"

Die Stimme der Mutter klingt fast ein bisschen ängstlich, als sie das fragt.

Nö, Caroline hat nichts dagegen, neben Nabila zu sitzen. Wenn es nun nicht anders geht, sitzt sie auch neben Nabila. Nabila ist nett. Nabila lacht immer. Und die Filzstifte darf sie sich ruhig mal ausleihen. Aber nur, wenn Caroline sie nicht gerade braucht.

Aber Caroline bleibt nicht lange neben Nabila sitzen. Schon nach zwei Tagen ist der Platz neben Caroline leer.
„Ja, Nabila kommt nicht mehr zu uns. Sie hat einen Platz in der Sonderschule bekommen ... Na!" Frau Schröder hebt abwehrend die Hände und wird richtig böse, als Torsten „Brettergymnasium" dazwischenruft. „Das will ich nicht noch einmal hören. Die Sonderschule ist für Kinder da, die in der normalen Schule Schwierigkeiten haben. Zum Beispiel weil sie aus einem anderen Land kommen und ganz neu eine Sprache lernen müssen. Ich möchte dich mal sehen, Torsten, wenn du plötzlich deine Schularbeiten auf Marokkanisch machen müsstest!"
Jetzt hält Torsten den Mund. Caroline nickt. Diktat auf Marokkanisch. Das muss schwer sein. Außerdem war Nabila schon viel zu alt für die dritte Klasse. Elf Jahre. Wo Caroline doch gerade erst acht geworden ist.
Und dann fängt Frau Schröder wieder mit ihrer Umsetzerei an. Jetzt sitzt Torsten neben Caroline. Ausgerechnet der freche Torsten sitzt jetzt auf Nabilas Platz.
Neben Torsten zu sitzen ist gar kein schönes Gefühl, das hat Caroline schnell heraus. Ständig muss er dazwischenreden und aufpassen tut er nie. Caroline muss ihm immer erklären, was Frau Schröder gesagt hat. Und dann geht er, ohne zu fragen, an ihr Mäppchen. Schlecht riechen tut er außerdem. Da war Nabila besser. Nabila musste man nie

etwas erklären. Und dass sie ein bisschen gerochen hat, hat man kaum gerochen.

Caroline baut eine Sperre zwischen sich und Torsten und klappt ihr Rechenheft auf. Gestern, als sie vom Flöten gekommen sind, hat sie Nabila auf der Straße gesehen. Sie ging hinter ihrem großen Bruder her und hatte wieder ihren alten Tantenmantel an und die Schuhe mit den schiefen Absätzen. Und weiße Strumpfhosen hat sie angehabt, wie im Winter, obwohl es doch so heiß war. Da ist Nabila!, hatte Caroline geschrien und gegen die Scheibe geklopft und ihr zugewinkt. Und Nabila hatte zurückgewinkt und gelacht. Dann war das Auto um die Ecke gebogen und Nabila war verschwunden.

Caroline wirft Torsten einen bösen Blick zu und stellt das Lesebuch neben sich auf. Jetzt kann Torsten wenigstens nicht mehr abgucken. Das Lesebuch riecht schon ein bisschen weniger gut. Aber ein bisschen gut riecht es immer noch.

Ob Nabila in der neuen Schule neue Schulbücher bekommen hat?, denkt Caroline.

Willi Fährmann
Spaghettifresser

Frau Sulzbacher hatte in der großen Pause die Aufsicht auf dem Schulhof.
Aus der Ecke am Toilettengebäude schallt es im Chor:

**„Spaghettifresser Tonio
hat Wanzen, Läuse und 'nen Floh."**

Die Lehrerin lief auf die Kinder zu, die in einer Traube um Tonio Zuccarelli herumstanden und ihn in die Ecke gedrängt hatten. Tonio hatte die Fäuste in die Hosentaschen gesteckt, die Schultern hochgezogen und starrte auf den Boden. Er war einen Kopf größer als die anderen Kinder der dritten Klasse.
„Spaghettifresser …", stimmte Kalle Blum erneut laut den Spottvers an.
„Schluss jetzt!", rief Frau Sulzbacher und drängte die Kinder auseinander. „Es ist sehr hässlich von euch, den Tonio immer wieder zu ärgern", tadelte sie ihre Klasse.
„Es macht Spaß, wenn er wütend wird", sagte Kalle Blum.
„Dann sieht er aus wie ein Hund, der eine Katze riecht", rief Sylvia.
„Still jetzt. Kein Mensch sieht aus wie ein Hund."
„Doch", widersprach Sylvia, „wenn Tonio die Wut kriegt, dann sieht er aus wie unser Hund."

„Genauso sieht er aus!", bestätigte Kalle Blum, obwohl er Sylvias Hund noch nie gesehen hatte.

Kalle hatte Wut auf Tonio.
Bevor „*der Itaker*" in die Klasse gekommen war, war Kalle der Stärkste gewesen. Tonio war stärker. Und Papa Blum sagte es auch, „die Spaghettis" nehmen uns hier nur die Arbeitsplätze weg. Warum musste Frau Sulzbacher den Itaker ausgerechnet an Kalles Tisch setzen? Papa hatte auch gesagt: „Die Ausländer, die sollten sie in die deutschen Klassen erst gar nicht reinlassen."
Nach der Pause machte Frau Sulzbacher einen Vorschlag. „Weil Adventszeit ist, wollen wir ein schönes Spiel machen", sagte sie. „Ich habe hier auf kleine Zettelchen die Namen aller Kinder in der Klasse aufgeschrieben. Jeder darf ein Namenszettelchen ziehen. Keiner soll verraten, welchen Namen er gezogen hat."
„Zu niemand darf man das sagen?", fragte Sylvia.
„Zu niemandem. Denn ihr könnt für das Kind, dessen Namen ihr gezogen habt, ein Wichtel sein!"
„Wichtel? Blöd. Was ist denn das?", schrien die Kinder durcheinander.
„Ich habe den Namen und das Spiel nicht erfunden", sagte Frau Sulzbacher. „Aber ich kann euch erklären, was er bedeuten soll. Für jeden Tag soll ein Wichtel überlegen, wie er dem anderen eine Überraschung bereiten kann. Alles muss ganz heimlich geschehen. Niemand darf sagen, wem er in der Adventszeit kleine Freuden machen will."

„Quatsch", sagte Kalle, „Wichtelei, so 'n Quatsch."
„Kein Quatsch", widersprach Frau Sulzbacher. „Freude wird doppelt schön, wenn man sie weitergibt."
„Und wenn ich den Namen von dem da ziehe? Soll ich dem etwa jeden Tag etwas zustecken?" Kalle zeigte dabei auf Tonio.
Das wäre für den Kalle ganz gut, dachte Frau Sulzbacher. Aber Kalle zog nicht Tonios Zettel. Auf seinem Blatt stand „Michael".

Am ersten Tag fand Kalle in seiner Anoraktasche ein Zimtplätzchen. Wer wusste, dass er Zimtplätzchen am liebsten aß? War sein Freund Hannes der, der ihn beschenkte?
Am zweiten Tag entdeckte er in seinem Etui ein Sammelbildchen der Mannschaft von Bayern München. Genau die Mannschaft fehlte ihm. Der Wichtel musste ihn genau kennen. Wer war es? An den folgenden Tagen bekam er lauter Kleinigkeiten, die er sich schon lange gewünscht hatte: einen Bleistiftanspitzer in einer kleinen Weltkugel, einen riesigen Kaugummi, eine winzige Glaskugel, einen Angelhaken und einmal sogar etwas, worüber die ganze Klasse staunte. Kalle hatte arglos in seine Tasche gefasst und war erschrocken zurückgefahren. In der Tasche bewegte sich etwas. Vorsichtig zog er ein kleines braunes Knäuel heraus, das sich als junger Goldhamster entpuppte.
Jetzt konnte Kalle es vielleicht herausbekommen, wer ihn beschenkte. Wer hatte zu Hause Goldhamster? Aber so sehr er auch forschte, er kam nicht weiter. Hannes besaß zwar

einen Goldhamster, aber wer hat schon gehört, dass ein Hamsterbock Junge bekommt?

Am allerletzten Schultag vor den Weihnachtsferien ahnten die meisten Schüler, wer ihr Wichtel gewesen war.
Es war eine schöne Zeit des Ratens und der Überraschungen gewesen. Nur Kalle hatte immer noch keinen Schimmer, wer ihn beschenkt hatte. Da fand er nach der großen Pause einen herrlichen Satz italienischer Briefmarken in seinem Schreibheft. Briefmarken? Italienische? Kalle blickte zweifelnd zu Tonio hinüber. Der schaute ihn ängstlich an.
„Du, Spaghettifr…?" Kalle schluckte. „Du warst das, Tonio?" Tonio nickte.
„Mensch!", sagte Kalle. Er kam sich gemein vor.
„Danke", sagte er.
„War schön", antwortete Tonio.

Am Heiligen Abend brachte der Briefträger eine riesengroße Weihnachtskarte für Schüler Tonio Zuccarelli.

Lieber Tonio! Fröhliche Weihnachten wünscht dir von Herzen dein Kalle

stand darauf.
Tonio heftete die Karte mit einer Nadel an die Tapete über sein Bett.

Peter Härtling

Der gelbe Junge

Mark bekam seine Eltern ganz anders als die Kinder sonst. Er wurde von seiner Mutter nicht geboren; er war schon fünf, als er sie kennen lernte. Und er hat ganz anders geheißen. Er ist nämlich in Vietnam zur Welt gekommen, mitten im Krieg. Sein Vater war im Krieg verschollen – wahrscheinlich hatte ihn eine Kugel oder Granate getroffen. Als um das Dorf gekämpft wurde, floh seine Mutter mit ihm und seinen vier Geschwistern. Sie liefen mit vielen anderen Menschen auf der Straße und wussten eigentlich nicht, wohin. Überall im Land war Krieg.

Ein Flugzeug kam tief herunter und schoss in den Menschenzug hinein. Die Mutter wurde getroffen, stürzte hin und starb. Die Kinder blieben bei ihr, hockten sich neben sie, weinten. Andere Leute packten sie und zerrten sie mit. In irgendeiner Stadt wurden sie in einem Heim abgegeben. Damals war Mark drei Jahre alt. Seine Geschwister kamen mit der Zeit in andere Heime. Er blieb allein, vergaß allmählich alles – nur manchmal träumte er noch davon, wie die Mutter im Straßenstaub lag. Dann heulte er im Schlaf, wachte davon auf und eine Schwester musste ihn beruhigen. Das war nicht einfach. Der Schrecken saß tief in ihm.

Nach zwei Jahren, in denen er immer wieder krank war, brachte ihn eine der Schwestern zu einem großen Flugzeug, in dem er mit anderen vietnamesischen Kindern in ein fernes Land flog, wo neue Eltern auf ihn warteten. Er hatte Angst vor alldem.

Alles war da anders als zu Hause. Es gab keinen Krieg. Niemand fürchtete sich vor Bomben. Die neuen Eltern waren bleichhäutig und viel größer als seine ersten Eltern. Sie schüchterten ihn ein. Aber sie waren freundlich zu ihm. Sie wohnten in einem Haus mit Garten und zeigten ihm ein Zimmer, das ihm ganz allein gehörte. Sie gaben ihm neue Namen und er hatte mit einem Mal auch eine neue Schwester: Sie hieß Renate und war zwei Jahre älter als er. Zu essen gab es, was er wünschte.

Trotzdem war er noch oft krank und die neue Mutter sagte: Das hast du aus dem schrecklichen Krieg mitgebracht.

Er hieß jetzt Mark Dobler. Es fiel ihm schwer, den Namen auszusprechen, doch er lernte rasch die neue Sprache, und nach einem Jahr redete er wie Renate. Er hätte auch nicht mehr gemerkt, dass er anders war als die Kinder hier, wenn sich nicht die Leute nach ihm umgedreht hätten. Dann sagte sein Vater: Die sind blöd. Das kann dir egal sein.

Die Kinder, mit denen er spielte, hatten sich längst an ihn gewöhnt. Er war einer von ihnen. Dass er nicht ganz so aussah wie sie, pechrabenschwarzes Haar und gelbe Haut hatte, fiel ihnen nicht mehr auf. Er war ihr Spielkamerad, ihr Freund. Wenn einer doch mal eine dumme Bemerkung machte, bekam er es mit Renate zu tun. Renate hatte ihn gern wie eine Schwester.

Mit der Schule änderte sich das. Am ersten Tag brachten ihn die Eltern hin, der Lehrer war allzu freundlich zu ihm, was ihm nicht behagte, und die Kinder starrten ihn an, als käme er vom Mars.
Er hatte Angst und Wut. Er wusste, dass er sich würde prügeln müssen.
Die Eltern mussten gehn. Der Unterricht begann. Der Lehrer bat die einzelnen Kinder, ihren Namen zu nennen. Als die Reihe an ihm war, sagte er: Mark Dobler. Der Lehrer schrieb nicht wie bei den anderen den Namen in ein dickes Buch, sondern begann eine Rede zu halten: Wie ihr wahrscheinlich schon wisst, kommt Mark aus Vietnam. Er hat seine Eltern verloren und ist von Doblers an Kindes statt angenommen worden.
Mark fand dieses „an Kindes statt" ganz grässlich. Irgendwie falsch und gemein. Doch er sagte nichts, hielt den Kopf gesenkt, schämte sich.
Der Lehrer sagte weiter: Seid nett zu ihm, behandelt ihn aufmerksam.
Da stand Mark auf und sagte leise: Aber ich *bin* doch wie die andern.
Der Lehrer lachte: Wenn du meinst, Mark.
Ja, das stimmt, sagte Mark.
In der Pause kam niemand zu ihm.
Er stand allein.
Er war nahe daran zu weinen. Aber er verbiss es. Vor denen wollte er sich nicht schwach zeigen. Nein.
Eine Horde von Jungen kam auf ihn zu. Es waren größere, aus der zweiten oder dritten Klasse. Sie bildeten einen Kreis

um ihn, und der, den sie Tom riefen, sagte: Wo kommst 'n du her?

Mark sagte: Ich wohne in der Bieberstraße.

Nee, wo du herkommst, will ich wissen, sagte Tom.

Von hier, sagte Mark.

Jetzt wird der Gelbe auch noch frech, sagte Tom.

Lass ihn, sagte ein anderer.

Warum?, sagte Tom. Wenn er mich auf den Arm nimmt.

Mark versuchte, aus dem Kreis herauszukommen, doch die Jungen ließen es nicht zu. Jetzt muss ich mich eben prügeln, dachte er; am liebsten hätte er sich auf den Boden gelegt, zusammengerollt und geheult. Sie waren hundsgemein. Sie hatten ihn *„der Gelbe"* genannt.

Jetzt, sagte er sich, rannte mit gesenktem Kopf auf Tom los, doch der fing ihn auf und schlug ihm ins Gesicht. Er trommelte mit den Fäusten auf Tom ein.

Mensch, der Chinese hat ja Mut, sagte Tom.

Ich bin kein Chinese, schrie Mark.

Du bist doch gelb im Gesicht, sagte Tom. Bist du auch gelb am Bauch und am Hintern?

Ich bin aus Vietnam, sagte Mark. Nun konnte er das Weinen kaum mehr unterdrücken.

Du bist nicht aus Vietnam. Du bist gelb. Du bist ein Chinese.

Ich bin ein Deutscher, sagte er sehr leise. Aber Tom hatte es gehört.

Der will ein Deutscher sein! Habt ihr gehört? Der ist gelb und will ein Deutscher sein.

Mark gab auf, legte die Hände vors Gesicht und schluchzte.

Einer der Jungen zog Tom zurück und sagte: Lass ihn doch in Ruhe. Er kann ja nichts dafür, dass er gelb ist.
Endlich kam einer der Lehrer und holte ihn heraus. Er schimpfte mit den Jungen. Tun Sie's nicht, sagte Mark.
Aber sie haben dich doch beleidigt.
Ja, sagte Mark.

Am nächsten Tag wollte er nicht in die Schule gehn.
Der Vater schlug vor, er werde in hinbringen. Das wollte er aber nicht. Er ging mit Renate.
Auf dem Hof hörte er, wie einer zum andern tuschelte: Da ist er, der gelbe Junge. Er riss sich von Renates Hand, rannte auf den Jungen zu, sprang an ihm hoch, klammerte sich an dessen Hals, sodass der Angst bekam und flehte: Lass mich los.
Nenn mich nicht noch einmal *gelber Junge*, sagte Mark.
Nein, nein.
Er ließ den Jungen los. Als er sich von ihm abkehrte, gab der ihm einen Tritt in den Hintern. Mark flog nach vorn. So listig seid ihr … ihr Weißen … Er schämte sich, fühlte sich krank, packte den Ranzen und lief nach Hause.
Heute musst du nicht in die Schule. Morgen, sagte Mutter.
Ich will nach Hause, sagte er.
Du bist doch hier zu Hause, sagte seine Mutter. Er sah, dass sie traurig war.
Bei euch schon, sagte er. Aber sonst nicht.
Manchmal denke ich das auch, sagte Mutter. Aber wir werden es schon schaffen.

Er schaffte es, gewöhnte sich daran, *gelber Junge* genannt zu werden. Mit der Zeit taten das nicht mehr viele. Als er in die dritte Klasse kam, wäre er beinahe zum Klassensprecher gewählt worden. Es fehlten nur vier Stimmen.
Wir haben dich lieb wie Renate, sagten seine Eltern. Es war so. Er wusste es. Er spürte es.

Aber nachts träumte er noch immer, dass ihn eine Horde weißhäutiger Kinder verfolgt, ihn jagt, hetzt und dass er am Ende sich hinwirft, darauf wartet, von ihnen gequält und verspottet zu werden. Der gelbe Junge!
Er war nicht sicher, ob diese Träume je aufhören würden, obwohl seine Eltern ihn liebten, obwohl er hier zu Hause war und obwohl er sich an das Land,
aus dem er gekommen war, und
an seine ersten Eltern nicht
mehr erinnern konnte.

Wolf P. Schneiderheinze

Thomas taucht unter

"Das einzig Gute an Zeugnissen ist, dass es danach Ferien gibt", meinte Katharina und ihre Freundin Laura nickte. Was beide mehr störte als das Zeugnis, war der Abschied. Sechs lange Wochen würden sie sich nicht sehen. Laura fuhr mit ihren Eltern für vier Wochen an den Gardasee, und wenn sie wiederkam, war Katharina gerade in Holland und würde dort drei Wochen bleiben.

Allein trottete Katharina durch den kleinen Park, als sie sich von Laura verabschiedet hatte. Sie war allein, einsam. Ja, sie fühlte sich einsam und allein wie ein Schiffbrüchiger auf einer Insel, einsam und verlassen wie Robinson Crusoe. Bedächtig und leise ließ sie sich von diesem Gefühl in der Magengegend kitzeln. Doch bevor sie sich ganz und gar dem Magenkitzeln hingeben konnte, sah sie Thomas.
Sie kannte ihn, weil er in derselben Straße wohnte. Katharina hatte eigentlich nicht viel mit ihm zu tun. Das Einzige, was sie von ihm wusste, war, dass er ein tolles neongrünes Skateboard besaß und dass die anderen Jungen ihn *Hotwheels* nannten. Er war einfach ein Junge, den sie kannte und der meistens eine zu große Klappe hatte.

Heute sah *Hotwheels* allerdings nicht so grandios aus, wie er sonst tat.

Meine Güte, der heult ja, dachte Katharina, als sie näher kam.

Thomas hockte wie ein Häufchen Elend am Rand des Sandkastens.

Als er Katharina bemerkte, schluckte er ein paar Mal und tat gleichgültig.

„Tag", murmelte er, als Katharina ihn grüßte.

„Kommst du mit?", fragte sie. „Wir haben doch denselben Weg."

Aber *Hotwheels* gab keine Antwort.

Katharina war jetzt neugierig. Sie wollte unbedingt wissen, warum Thomas geheult hatte. Und er hatte geheult, das hatte sie genau gesehen.

„He, was ist los mit dir?", rief sie und stieß Thomas an.

„Nichts", murmelte er, doch schon kullerten wieder die Tränen.

Plötzlich kam Katharina die Erleuchtung.

„Bist du ... sitzen geblieben?", fragte sie.

Zwischen zwei Schluchzern nickte Thomas kurz.

„Oje, das gibt bestimmt Ärger", meinte Katharina mitfühlend. „Machen deine Eltern viel Krach?"

Thomas antwortete nicht, sondern fuhr mit seinem rechten Ärmel über sein Gesicht. Dann starrte er finster auf den Boden und sagte mit tiefernster Stimme: „Ich gehe nie mehr nach Hause."

„Wo willst du denn hin?", fragte sie nach längerem Grübeln. „Du kannst doch nicht irgendwo unter einer Brücke schlafen. Weißt du, mein Onkel, der arbeitet in einem Haus, in dem Leute wohnen, die kein Zuhause haben. Die haben vorher auch unter einer Brücke oder auf einer Parkbank geschlafen. Mein Onkel hat mir ganz schlimme Geschichten erzählt, wie kalt es da ist und wie wenig zu essen man hat. Einfach ist das bestimmt nicht."

„Ich gehe aber nicht nach Hause, lieber erfriere ich", sagte Thomas entschlossen und merkte gar nicht, dass es Sommer war und die Nächte angenehm warm sein würden, sich also zum Erfrieren nicht allzu sehr eigneten.

„Weißt du, bevor du im Park übernachten musst, kannst du ja mit zu mir kommen", schlug Katharina vor. „Meine Mutter hat bestimmt nichts dagegen."

Doch allzu glücklich war Katharinas Mutter nicht, als sie erfuhr, Thomas müsse von nun an bei ihnen wohnen.

„Hat er denn kein Zuhause?", fragte sie. „Seine Eltern werden sich doch Sorgen machen."

„Weißt du, Mama, Thomas ist … untergetaucht. Ja, untergetaucht", sagte Katharina.

In den Romanen, die Papa las, mussten auch immer Männer verschwinden und da hieß das „untertauchen". In Papas Romanen war das Untertauchen eine abenteuerliche und spannende Sache. Katharina hoffte, dass Thomas' Untertauchen genauso aufregend würde.

Weil Thomas gar nichts sagte, erzählte Katharina ihrer Mutter von Thomas' schlechtem Zeugnis und von seinem Entschluss, nie mehr nach Hause zu gehen.

„Na, wir können ihn ja schlecht vor die Tür setzen", sagte Katharinas Mutter. „Ich glaube, wir haben hier ein Problem, über das ich erst mal nachdenken muss."

Thomas trottete hinter Katharina ins Kinderzimmer. Allzu aufregend schien die ganze Angelegenheit aber nicht zu werden. Thomas machte einen ziemlich niedergeschlagenen Eindruck.

Doch den traurigen Thomas fand Katharina noch um Längen interessanter als den lauten *Hotwheels*. Eigentlich war er sogar ganz nett.

Als Katharina ihn nach längerem Schweigen fragte, warum er nicht nach Hause wolle, erzählte Thomas leise und zögernd von seinem Vater. Seit seine Eltern geschieden waren, lebte Thomas bei seinem Vater. Er sei jetzt das Einzige, was sein Vater noch habe, sagte er. Damit der Vater zufrieden mit ihm war, versuchte Thomas, immer und überall der Beste zu sein. In der Schule klappte das aber nicht, und je weniger es klappte, desto unwilliger wurde er.

„Kannst du dir vorstellen, wie enttäuscht mein Papa sein wird, wenn ich ihm sage, dass ich sitzen geblieben bin?", meinte Thomas traurig.

„Dann bleibst du eben hier", riet ihm das Mädchen.

Ganz leise sagte Thomas Ja, so leise, dass Katharina sofort merkte, dass er gar nicht bei ihr bleiben wollte.

Plötzlich kam Katharinas Mutter ins Kinderzimmer.

„Thomas hat Besuch", sagte sie, und ein Mann trat langsam herein.

„Papa", schrie Thomas und flog dem Mann in die Arme.

„So schlimm ist das doch nicht mit dem Zeugnis, Junge. So

schlimm ist das doch nicht", murmelte der Mann immer wieder, und Katharina sah, wie feucht seine Augen waren. Nachdem sich der Mann bei Katharinas Mutter bedankt hatte, gingen Vater und Sohn Hand in Hand fort.

„Woher wusste der denn, wo Thomas war?", fragte Katharina.
Sie hatte so einen Verdacht.
„Ich habe ihn angerufen", gab ihre Mutter zu.
Zornig rief das Mädchen: „Du hast ihn verpfiffen!"
„Katharina!", erwiderte die Mutter.
„Ist doch wahr", maulte Katharina, „du hast ihn verraten."
„Das war kein Spiel", meinte ihre Mutter, „du solltest das wissen."
„Aber er hatte Angst nach Hause zu gehen. Er wollte nicht zu seinem Vater zurück. Das hat er mir selbst gesagt", erwiderte Katharina störrisch.
„Seine Angst vergeht doch nicht, wenn er sich versteckt. Thomas' Vater muss lernen, dass sein Sohn nicht immer der Beste sein kann, aber Thomas muss lernen, Vertrauen zu seinem Vater zu haben. Dein Zeugnis ist auch nicht das Gelbe vom Ei, aber du kämst doch deshalb nicht auf die Idee wegzulaufen, oder?"
„Nein", grummelte Katharina. Trotzdem war sie unzufrieden mit dem Ausgang dieser Untertauchgeschichte.

Ursula Fuchs

Steine hüpfen übers Wasser

Es regnet. Am Küchenfenster laufen kleine schnelle Wasserstraßen die Scheibe runter.

Ole deckt den Tisch zum Abendbrot. Teller, Unterteller, Tassen, Messer, Gabeln, kleine Löffel. In dreifacher Ausfertigung. Für Vater, Mutter und für sich.

Ole möchte lieber für vier decken.

Er mag das Alleinsein, das Einkindsein nicht.

Vater hat den ganzen Tag in seinem Architekturbüro zu tun. Mutter in ihrem Frisörgeschäft. Die Kunden haben Mutter von morgens um acht bis abends um sechs.

Ole freut sich auf den Abend. Mutter hat versprochen, mit ihm und Vater Kniffel zu spielen.

Daraus wird nichts. Im Briefkasten wartet ein Brief von Oles Schule. Sie schreiben, dass er in den letzten Wochen wiederholt die Schule geschwänzt hat. Vater, Mutter wollen wissen, wo er sich rumtreibt.

Rumtreibt? Ole quetscht seinen Daumen, bis er wehtut. Er treibt sich nicht rum. Das macht Vater. Und darum fehlt Ole in der Schule. Aber das kann er nicht sagen.

„Hat dein Vater Ferien oder ist er arbeitslos?", hat Tobias ihn vor zwei Wochen gefragt. In der großen Pause in der Schule.
„Wie kommst du denn darauf?"
„Weil er nachmittags immer in der Bücherei hockt. Bei uns in Betternburg."
„In Betternburg?" Ole hat das nicht geglaubt. Betternburg liegt am anderen Ende der Stadt. Bestimmt eine halbe Stunde mit der Straßenbahn von Vaters Büro.
Ole ist am Nachmittag in die Bücherei gegangen.
Vater saß da, in der Ecke, im Lesesaal. Er las nicht. Seine Ellenbogen hatte er auf die Sessellehne gestützt. Seine linke Backe in seine linke Hand gedrückt.
Ole traute sich nicht, ihn zu fragen.

Am anderen Morgen ist er nicht zur Schule gegangen.
Vater ging um halb acht aus dem Haus. Mit seiner braunen Tasche.
Ole ging zwei Minuten später. Hinter Vater her durch die Tannenallee.
Vaters Rücken war stocksteif. Sein Arm mit der Tasche auch. Manchmal hat er mit dem Kopf genickt. Zum Beispiel, als Herr Beuer aus seinem Haus kam.
Herr Beuer wohnt auch schon seit zwölf Jahren hier in der Tannenallee. So wie Ole mit seinen Eltern.
In der Moserstraße ging Vater nicht mehr stocksteif. Da ließ er den Rücken hängen, zog die Füße über den grauen Asphalt. Ole hat auch die Füße gezogen.

Das fand er sehr komisch. Die Leute auf der Straße liefen schnell. Nur Ole und Vater nicht.

Am Bahnhof musste Ole sich hinter der Litfaßsäule verstecken. Vater schloss seine braune Tasche in ein Schließfach. Den Schlüssel steckte er in die Hosentasche.

Ole ist hinter dem Vater her in den Bahnhof geschlichen. Auf Gleis drei stand der Zug nach Frankfurt. Der Mann mit der roten Mütze und der blauen Jacke mit den goldenen Knöpfen stand auch da. Mit seiner Pfeife.

Als er pfiff, fuhr der Zug los. Ole dachte, dass er später auch mal so ein Mann mit einer roten Mütze sein möchte. Ob Vater das auch dachte? Ole wusste es nicht.

Er wusste auch nicht, was Vater dachte, als der Clown vor dem Kaufhaus auf seiner Mundharmonika spielte.

Vater stand da mit hängenden Schultern, die Hände in den Manteltaschen. Ob er wohl auch so ein Clown sein wollte? Oder wollte er lieber einer sein, der im Kaufhaus die Leute mit dem Aufzug durch die Stockwerke fährt?

Einen ganzen Vormittag ist Vater mit dem Aufzug durch die Stockwerke gefahren. Ole musste die Rolltreppe benutzen, um nicht entdeckt zu werden. Er hat richtig Hase und Igel mit ihm gespielt. Ole grinst, als er daran denkt.

Mutter wird noch wütender über sein Grinsen. Wenn er schon nicht sagen will, wo er sich herumgetrieben hat, soll er wenigstens versprechen, morgen in die Schule zu gehen.

Ole verspricht es.

Er hält sein Versprechen nicht.

Am anderen Morgen, als Vater in die Straßenbahn Linie sechs einsteigt, klettert er in den hinteren Einstieg des Wagens.
Ole schiebt sich durch die Menschen, bis er neben Vater steht. Obwohl Ole ihm bis zur Schulter geht, sieht Vater ihn nicht.
Ole stupst ihn an.
Vater sieht ihn, wird rot.
„Du schwänzst ja schon wieder!"
„Du auch!", sagt Ole.
An der Endstation steigen sie aus.
Rechts geht es über die Silberwiesen zum Silbersee.
Vater rennt. Ole auch.
Bis zum See rennen sie.
Vater bückt sich. Hebt einen flachen Kieselstein auf. Wirft ihn. Er hüpft. Einmal, zweimal, dreimal, viermal.
„Wie du das kannst!" Ole hebt einen Stein auf. Seiner hüpft nur zweimal.
„Bist du arbeitslos?", fragt Ole.
„Ja", sagt Vater. „Sie haben mir gekündigt."
Er nimmt einen dicken runden Stein. Wirft ihn weit. Da, wo er ins Wasser fällt, ziehen sich Kreise.
„Es ist schlimm, wenn dich keiner mehr haben will", sagt Vater.
Ole sucht auch einen dicken Stein. Riecht daran.
„Aber ich will dich haben!"
Vater schiebt seinen Arm auf Oles Schulter. Geht mit ihm über den Bootssteg bis vorn ans Wasser. Enten schaukeln wie kleine Dschunken auf der Wasserfläche.

Ole drückt seine Backe an Vaters Mantel.

„Früher, da hast du immer geschimpft, weil du so viel arbeiten musstest."

„Ja", sagt Vater.

„Mutter schimpft auch, weil sie nie Zeit hat", sagt Ole.

„Es ist auch alles viel zu viel für sie!" Vater lässt Oles Schulter los.

„Du kannst ihr doch jetzt helfen!"

„Ich trau mich nicht, ihr zu sagen, dass ich arbeitslos bin."

Ole nimmt Vaters Hand. „Wollen wir Mutter fragen, ob sie auch mal wieder Steine übers Wasser hüpfen lassen will?"

Vater nickt. Er lächelt dabei.

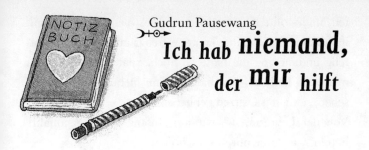

Gudrun Pausewang
Ich hab niemand, der mir hilft

Wir haben eine in der Klasse, neben der wollte nie jemand sitzen. Petra Leiser heißt sie. Auf dem Schulhof hatten mir die aus ihrer früheren Klasse erzählt, dass Petra nachts noch ins Bett pisst, obwohl sie schon zehn Jahre alt ist. Sie ist nämlich im letzten Jahr sitzen geblieben. Am Ellbogen hatte sie oft Löcher. Die Schuhe hatte sie auch nie geputzt. Meistens hatte sie kein Taschentuch bei sich, obwohl ihr die Nase immer lief. Da saß sie mit krummem Rücken und eingezogenem Kopf und stank ein bisschen und zog die Nase hoch – wer wollte da schon neben ihr sitzen?

Sie wohnt mit ihrem Vater zusammen. Meine Mutter kann sich noch gut an Frau Leiser erinnern. Die ist fortgegangen, als Petra drei Jahre alt war, und wollte nicht mehr zurückkommen. Sie lebt jetzt in einer anderen Stadt und ist mit einem anderen Mann verheiratet.

Petra ist fast alle Nachmittage allein zu Hause. Ihr Vater kommt meistens spät zurück und dazu noch manchmal betrunken. Wir sehen ihn oft, wenn er heimkommt, denn die Leisers wohnen uns gegenüber. Das Mittagessen macht sich Petra selber, das hat sie mir mal erzählt. Früher kam sie manchmal zu uns herüber, wenn wir auf der Straße spielten, und wollte gern mitspielen. Aber niemand wollte mit ihr zusammen sein. Ihre Haare waren ja auch immer so zottelig und sie zog die Nase so hoch. Später kam sie nicht mehr. Sie ließ sich überhaupt kaum mehr auf der Straße sehen, seitdem sie sitzen geblieben war.

Von der Lehrerin, die wir am Anfang dieses Schuljahrs hatten, wurde sie nur ausgescholten.

„Seht sie euch an!", rief Frau Frinzig. „Nicht gekämmt und nicht einmal ein Taschentuch! Bei euch daheim muss ja eine schöne Wirtschaft herrschen!"

Da zog Petra ihren Kopf noch tiefer ein und die ganze Klasse lachte.

Aber seit zwei Monaten haben wir eine neue Lehrerin, Frau Ebenroth. Die merkte schnell, dass Petra anders war als wir: In der Zeichenstunde sollten sich immer zwei zusammentun und ein Plakat malen. Es sollte für irgendwas Reklame machen. Wir sind achtundzwanzig Kinder in der Klasse. Udo fehlte. Petra blieb natürlich übrig.

„Versuch mal, ob du's allein schaffst, Petra", sagte Frau Ebenroth. Aber Petra saß vor ihrem leeren Plakatkarton, starrte darauf, machte ein paar schüchterne Striche und radierte sie wieder aus.

„Es wird schon werden", tröstete sie Frau Ebenroth. „Mancher braucht eben für eine gute Idee ein bisschen länger. Dafür wird sie dann umso besser. Nimm den Karton mit heim und lass dir am Nachmitttag von einer Freundin oder jemandem aus deiner Familie helfen."

Wir warfen uns Blicke zu. Frau Ebenroth hatte ja keine Ahnung!

Wir alle nahmen unsere Plakate mit heim. Wir waren begeistert. Für das schönste Plakat sollte es sogar einen Preis geben! Am Nachmittag kam Annemarie Müller zu mir, und wir malten unser Plakat fertig. Es machte Reklame für **GURGELFRISCH, DAS MUNDWASSER, DAS PRINZESSINNEN BENUTZEN.** Ich hatte eine Prinzessin gemalt, die gerade einen Prinzen küssen wollte. Aus ihrem Mund quoll eine hellblaue Wolke, auf der stand **GURGELFRISCH.** Annemarie zeichnete die Buchstaben. So hatte jeder von uns seinen Teil zu tun. Das war wirklich eine Sache, die Spaß machte.

Am nächsten Morgen kamen dreizehn Plakate zusammen. Frau Ebenroth hängte sie im Gang vor unserer Klasse auf und es gab ein Riesengelächter über so viel verrückte Reklame.
Nur Petra hatte einen leeren Karton mitgebracht. Auf ihm war viel radiert worden. Er sah jetzt ziemlich schmutzig aus. Als ihn Frau Ebenroth etwas enttäuscht betrachtete, fing Petra an zu heulen und sagte: „Ich hab niemanden, der mir hilft!"
Da lief ihre Nase ganz fürchterlich und natürlich hatte sie wieder kein Taschentuch. Frau Ebenroth gab ihr ein Papiertaschentuch aus ihrer Tasche und sagte: „Wenn es so ist, Petra, dann komm heute Nachmittag zu mir. Da will ich dir helfen."
Petra schaute auf, strahlte Frau Ebenroth glücklich an und nickte.

„Hast du denn schon eine Idee?", fragte Frau Ebenroth. „Wofür willst du denn Reklame machen? Für Waschpulver? Für Hundefutter? Oder für fliegende Autos wie Klaus?"
„Nein", sagte Petra. „Für Sie."
„Oh", sagte Frau Ebenroth und lächelte, „das freut mich. Für mich hat noch nie jemand Reklame gemacht."
Petra blieb den ganzen Nachmittag bei Frau Ebenroth und wir beneideten sie. Am nächsten Morgen kam sie mit ihrem Plakat, darauf war eine lächelnde Frau in Frau Ebenroths kariertem Kleid zu sehen, die beide Arme ausstreckte, und darunter stand: **FRAU EBENROTH IST DIE BESTE LEHRERIN DER WELT!**
„Ist es nicht hübsch?", fragte uns Frau Ebenroth. „Und das Tollste ist, dass ich keinen Strich daran geholfen habe. Petra hat es plötzlich ganz allein geschafft, sogar die Buchstaben. Ich habe ihr nur gesagt, dass **LEHRERIN** mit H geschrieben wird. Ich finde, wir sollten darüber abstimmen, ob wir nicht ihr den Preis geben."
Das war natürlich manchen nicht recht, mir auch nicht. Ich hätte so gern selber den Preis bekommen. Aber wir mussten zugeben, dass Petras Plakat sehr schön geworden war. Sogar unser Rektor tippte auf Petras Plakat und sagte: „So eine Reklame hätte ich auch gern."
Bei der Abstimmung bekamen Gert Feldmann und Manfred Fröhlich eine Stimme mehr für ihr Raketenplakat als Petra. Das Raketenplakat machte Reklame für Reisen zum Mond, jeden Samstag für nur tausend Mark.
„Abstimmung ist Abstimmung", sagte Frau Ebenroth. „Aber ich darf doch auch mit abstimmen?"

Natürlich durfte sie mit abstimmen, darin waren wir uns einig. Sie stimmte für Petras Plakat.

„Wenn beide Plakate gleich viele Stimmen haben", sagte Frau Ebenroth, „dann bekommen sie beide einen Preis."

So bekamen Gert, Manfred und Petra einen Tierschutzkalender mit vielen Bildern drin. Petra war vor Freude ganz außer sich. Sie ging herum und zeigte allen ihren Kalender und merkte gar nicht, dass Annemarie wütend war, weil sie nicht selber einen Kalender bekommen hatte.

Petra ist jetzt fast jeden Nachmittag bei Frau Ebenroth. Die hat zwei kleine Jungen. Petra spielt mit ihnen und macht dort auch ihre Hausaufgaben. Bei Ebenroths gibt's eine Großmutter, die hat Petra die Löcher an den Ellbogen gestopft. Petra stinkt auch kein bisschen mehr. Kürzlich hab ich mich mit Annemarie zerstritten, weil die so angibt mit all ihren Spielsachen und ihren Kleidern. Da bin ich mit Petra von der Schule heimgegangen. Sie hat die ganze Zeit von Frau Ebenroth erzählt. Als wir am Spielplatz vorbeikamen, haben wir dort eine Weile zusammen gewippt.

Ich weiß nicht, woran es liegt, dass ihr jetzt nicht mehr die Nase läuft. Vielleicht setze ich mich nach den Ferien neben sie.

Irina Korschunow

Was Olav erzählt

Seit ich in der dritten Klasse bin, haben wir eine neue Lehrerin, die heißt Fräulein Keller. Ich mag Fräulein Keller sehr gern. Bei ihr macht jede Stunde Spaß, sogar Rechnen. Sie braucht nie rumzubrüllen wie vorher die blöde Frau Melichar. Bei Fräulein Keller passen wir ganz von allein auf, die wollen wir nicht ärgern. Zu Fräulein Keller können wir alles sagen, was wir denken. Die sagt nie: „Sei still, das verstehst du nicht", oder „Halt den Mund, das ist nicht deine Sache." Sie erklärt uns genau, was wir wissen wollen, und vor den Osterferien hat sie mit uns ein Theaterstück gespielt. Keins mit Prinz und Prinzessin, sondern eins von einem Spielplatz. Auf dem sollen Garagen gebaut werden. Die Kinder wehren sich, gehen zum Bürgermeister und sagen, dass sie den Spielplatz behalten wollen und warum sie ihn brauchen. Das war lustig. Zum ersten Mal habe ich mich in den Ferien nicht geärgert, dass jeder Tag so schnell vorbei war. Ich bin ganz gern wieder zur Schule gegangen. Aber als die erste Stunde anfing, kam nicht Fräulein Keller in die Klasse, sondern der Rektor. „Eure Lehrerin ist krank", sagte er. „Ihr habt jetzt bei mir Deutsch."
Da waren wir alle traurig. Wir haben ihr einen Brief geschrieben und jeder hat ein Bild für sie gemalt.

Fräulein Keller war fast drei Wochen krank, und als sie dann endlich wieder zur Schule gekommen ist, hatte sie einen roten Kittel über ihre Hose gezogen. So einen weiten roten Kittel. Früher hatte sie immer Blusen oder Pullis angehabt. In diesem weiten Kittel kam sie mir richtig komisch vor, ganz anders als sonst. Die andern fanden das auch.

„Wie meine Schwester ein Kind gekriegt hat, hat sie auch solchen Kittel gehabt. Ganz genau solchen", sagte Angela Schreiber mit ihrer piepsigen Stimme.

„Quatsch", sagte Peter Schreiber. „Der war blau. Du kannst ja nicht gucken."

Angela Schreiber und Peter Schreiber sind Zwillinge, die zanken sich dauernd.

„Er war aber genauso weit", piepste Angela. „Für den Bauch."

„Vielleicht kriegt Fräulein Keller auch ein Kind", sagte Gunnar Meschke.

„Du spinnst ja", rief Gisi Behn. „Die ist ja gar nicht verheiratet."

„Deswegen kann sie doch ein Kind kriegen", sagte Gunnar Meschke. „Ich hab eine Cousine, die ist auch nicht verheiratet, die hat sogar zwei Kinder. Andreas und Karin."

Ich glaubte zuerst nicht, dass Fräulein Keller ein Kind kriegt. Ich konnte mir das gar nicht vorstellen. Die ist doch unsere Lehrerin, was sollte die mit einem Baby? Aber in der nächsten Stunde habe ich mir ihren Bauch genau angeguckt. Er war wirklich ein bisschen dick. Wenn sie schräg vor der Tafel stand, konnte man es sehen. Vielleicht stimmte es doch, das mit dem Kind.

Ich musste den ganzen Tag daran denken und beim Abendbrot hab ich es zu Hause erzählt. Meine Mutter wollte sich gerade Leberwurst auf ihre Semmel schmieren. Als ich sagte: „Fräulein Keller kriegt ein Kind", ließ sie ihr Messer auf den Tellerrand fallen. Klirr, machte es und ein Stück Porzellan brach ab.
„Verflixt!", schimpfte meine Mutter und gab dem Teller einen Schubs. Dann rief sie: „Das ist doch nicht möglich! Die ist doch gar nicht verheiratet!"
Sie sagte genau dasselbe wie Gisi Behn. Dabei hat sie mir selbst erzählt, dass jede Frau ein Kind kriegen kann, auch eine, die nicht verheiratet ist.
Meinem Vater kam meine Mutter wohl auch ein bisschen komisch vor. „Warum soll das denn unmöglich sein?", fragte er. „Ist euer Fräulein Keller ein verkleideter Mann?"
„Red nicht solchen Quatsch", sagte meine Mutter ärgerlich. „Ich meine, weil sie Lehrerin ist. Eine Lehrerin, die nicht verheiratet ist – und ein Kind …"
„Au weia, bist du spießig", sagte mein großer Bruder Stefan. „Wieso soll eine Lehrerin kein Kind kriegen, wenn sie will? Ist doch ihre Sache."
„Vielleicht hat sie die Pille vergessen", meinte mein Vater.
„Welche Pille?", fragte Biggie. Die ist fünf und noch nicht richtig aufgeklärt.
„Es gibt eine Pille, wenn man die nimmt, bekommt man kein Baby", sagte meine Mutter.
Und ich rief: „Fräulein Keller hat die Pille bestimmt nicht vergessen. Die vergisst nie was."
Aber später, im Bett, dachte ich: Vielleicht hat sie die Pille

doch vergessen. Sicher kriegt sie so ein Kind gar nicht gern. Da wird sie ja so dick. Und kann nicht mehr zu uns in die Schule kommen. Das will sie bestimmt nicht. Und überhaupt, vielleicht kriegt sie gar kein Kind.

Doch da irrte ich mich. Fräulein Keller kriegte ein Kind. Sie hatte jetzt jeden Tag solche Bauchkittel an und darunter wurde sie immer dicker.
Einmal in der Pause haben wir uns wieder darüber unterhalten.
„Meine Mutter sagt, das ist dumm von ihr, dass sie ein Kind kriegt", sagte Angela Schreiber. „Weil sie doch nicht verheiratet ist. Sie kriegt bestimmt Ärger mit dem Rektor und dem Schulrat und so. Die schmeißen sie raus."
„Vielleicht ist der Mann, von dem sie das Kind kriegt, mit einer anderen verheiratet", sagte Gunnar Meschke. „Das war der von meiner Cousine auch, darum konnte er sie nicht heiraten."
„Meine Mutter sagt, sie hätte es sich lieber wegmachen lassen sollen", sagte Angela Schreiber.
„Die ist doof, dass sie das nicht macht", sagte Peter Schreiber.
„Nicht so doof wie du", hab ich wütend gerufen.
„Was soll sie wegmachen?", fragte Gisi Behn.
„Das Kind", piepste Angela Schreiber. „Das kann doch wegoperiert werden, wenn man es nicht haben will. Das geht ganz einfach, sagt meine Mutter."
„Du spinnst ja", rief Gisi Behn. „Du weißt ja überhaupt

nichts. Meine Mutti sagt, Fräulein Keller ist bestimmt verheiratet, heimlich oder so, sonst würde sie kein Kind kriegen."

In der nächsten Stunde war Zeichnen. Wir sollten Fische malen, die im Wasser schwimmen. Aber ich konnte nicht malen, weil ich meinen Tuschkasten und meinen Pinsel vergessen hatte.
„Also, Olav!", sagte Fräulein Keller. „Das ist aber wirklich schlimm mit dir in der letzten Zeit. Dauernd vergisst du was."
Ich hatte immer noch eine Wut. Deshalb sagte ich: „Sie haben ja auch schon mal was vergessen."
„Was denn?", fragte Fräulein Keller.
„Die Pille", sagte ich, und als sie fragte, was ich damit meinte, sagte ich, dass sie doch ein Kind kriegt. Und bestimmt bloß, weil sie die Pille vergessen hätte.
Fräulein Keller sah mich ganz erschrocken an. Sie bekam auf jeder Backe einen dunkelroten Fleck. Dann wurde ihr ganzes Gesicht rot. „Wie kommst du denn auf die Idee, Olav?", fragte sie.
„Das hat mein Vater gesagt", sagte ich. „Weil Sie doch nicht verheiratet sind."
Fräulein Kellers Gesicht war immer noch rot. Sie drehte sich um, ging hinter ihren Tisch und setzte sich auf den Stuhl. Dort sitzt sie sonst nie. Eine Weile sagte sie gar nichts. Wir sagten auch nichts. Dann meldete sich Angela Schreiber.

„Meine Mutter meint, Sie sollten es sich lieber wegmachen lassen", sagte sie mit ihrer Piepsstimme. „Warum tun Sie das nicht?"

Jetzt war Fräulein Kellers Gesicht nicht mehr ganz so rot. Es sah beinahe wieder aus wie immer.

„Wollen wir uns darüber unterhalten?", fragte sie.

Wir sagten, dass wir das sehr gern wollten, und eine aus der Klasse, Andrea Weber heißt sie, meldete sich und sagte: „Mein Vater will einen Brief an den Herrn Rektor schreiben, dass Sie nicht mehr in die Schule kommen sollen. Er sagt, eine Lehrerin darf doch kein Kind kriegen, wenn sie nicht verheiratet ist. Er sagt, das ist ein schlechtes Beispiel. Aber ich möchte gern, dass Sie immer weiter in die Schule kommen. Und das Baby, das können Sie doch mitbringen. Hauptsache, Sie kommen."

Die Andrea Weber, die meldet sich sonst nie. Die schielt fürchterlich und die kichert immer so, und wir haben sie immer ein bisschen doof gefunden. Aber was sie zu Fräulein Keller gesagt hatte, war überhaupt nicht doof.

Ich rief ganz laut: „Ja!"

Die anderen riefen auch: „Ja! Ja!"

Fräulein Keller stand von ihrem Stuhl auf und stellte sich vor den Tisch. „Ihr seid richtig nett", sagte sie. „Und wenn ich könnte, würde ich das Baby bestimmt mitbringen. Und damit ihr Bescheid wisst: Ich habe die Pille nicht vergessen. Und wegmachen lasse ich das Baby auch nicht. Weil ich mich nämlich freue, dass ich ein Kind kriege."

Ich sagte: „Meine Mutter hat sich auch gefreut, wie unsere Biggie geboren wurde."

Da meldete sich Gisi Behn. „Stimmt es, dass Sie heimlich verheiratet sind?", fragte sie.

Fräulein Keller schüttelte den Kopf und sagte, das wäre nun wirklich ganz großer Unsinn. Wenn sie verheiratet wäre, dann könnten das alle wissen.

„Aber warum sind Sie denn nicht verheiratet?", fragte Berti Zeitler. „Wenn man ein Kind kriegt, braucht man doch einen Mann. Warum heiraten Sie den denn nicht? Meine Eltern sagen, das wäre viel besser. Eine Lehrerin sollte kein unehrliches Kind haben."

„Das heißt nicht unehrlich, das heißt unehelich, Berti", sagte Fräulein Keller. „Und manchmal ist es so, dass man den Mann nicht heiraten kann, den man lieb hat. Oder nicht heiraten will aus irgendeinem Grund. Aber ein Kind, das möchte man gern haben. Und da kann man sich genauso drauf freuen, als wenn man verheiratet ist."

In diesem Augenblick fiel Markus Makowski mit seinem Stuhl um. Das passiert öfter, weil er immer kippelt. Es krachte. Markus schrie „Aua!"

„Hast du dir wehgetan, Markus?", rief Fräulein Keller.

„Nicht so doll", sagte Markus, und Fräulein Keller sagte: „Setz dich hin und hör lieber auf zu kippeln."

„So", sagte sie, „ich finde, ich habe euch genug erzählt. Ihr wisst jetzt, dass ich ein Kind kriege und mich darauf freue. In etwa drei Monaten wird es geboren. Danach habe ich noch ein paar Wochen Extraurlaub und dann kann ich hoffentlich wiederkommen. Zufrieden?"

Danach haben wir unsere Fische gemalt. Ich konnte auch mitmalen, weil Fräulein Keller mir einen Pinsel gegeben hat. Es ist ein schönes Bild geworden, grünes Wasser mit roten Fischen, einem großen und zwei kleinen.
In der Pause sagte Gunnar Meschke: „Ich glaube, der Mann von Fräulein Keller ist verheiratet. Wie der von meiner Cousine."
„Lass ihn doch", sagte Peter Schreiber. „Hauptsache, sie kommt weiter in die Schule und wir kriegen nicht Frau Melchiar."
„Sie hat doch versprochen, dass sie wiederkommt", sagte Gisi Behn.
Ich musste an den Brief denken, den Andrea Webers Vater an den Rektor schreiben will. So ein blöder Kerl.
Mein Vater sagt, Fräulein Keller kann nicht rausgeschmissen werden, bloß weil sie ein Kind kriegt. Aber er sagt, die können so gemein zu ihr sein, dass sie von selbst geht.
Hoffentlich ist keiner gemein zu ihr.

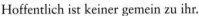

Achim Bröger

„In zehn Minuten gibt's Essen!"

Vor dem Fußgängerüberweg an der Kreuzung bleiben Werner und ich stehen. Autos drängeln sich dicht hintereinander an uns vorbei.

Meine Schultasche stelle ich neben mir auf dem Pflaster ab. Sie ist heute ziemlich schwer, schwerer als sonst, denn wir hatten in der zweiten Stunde Erdkunde, dafür müssen wir jedes Mal den Atlas mitschleppen und der wiegt alleine ein Pfund. Kein Wunder, wenn ich mir vorstelle, dass darin alle Flüsse, Berge, Meere, Städte und Länder eingepackt sind – oder wenigstens fast alle. Da unten in dieser Tasche neben meinen Füßen stecken sie. Komische Vorstellung. Hoffentlich laufen die Flüsse und Meere nicht aus, sonst würden das Lesebuch und alle anderen Bücher und Hefte, die ich mithabe, nass werden ... Jedenfalls ist die Tasche heute verdammt schwer.

Die Autos bleiben stehen. Das ist das Startzeichen für uns. Wir drängeln uns neben anderen Fußgängern an den Stoßstangen vorbei. Meine Mutter schimpft oft über diesen Schulweg. Eine Zumutung für Kinder ist das, meint sie, obwohl Werner und mich der Weg überhaupt nicht stört, auch die Autos nicht. Vielleicht kommt so etwas erst später, wenn man älter ist.

Da vorne beim Tabakgeschäft will ich meine Tasche in die

andere Hand wechseln. Das tue ich immer an dieser Stelle. Der Tabakladen ist meine Wechselmarke. Bis ich dort angekommen bin, hat das Leder des Taschengriffs mir einen roten Striemen in die Hand gedrückt.

An der nächsten Hausecke biegt Werner ab. Er geht nach rechts, ich nach links. Eben fällt mir auf, dass wir heute kaum was miteinander reden. Aber bestimmt nicht deswegen, weil wir uns gezankt hätten. Haben wir nämlich gar nicht, ... im Gegenteil!

Schade, dass er heute nicht gleich mit zu mir kommt oder ich mit zu ihm.

Er soll mit seiner Mutter einkaufen, irgendwelche Klamotten für ihn, deswegen klappt das nicht.

Jetzt biegt er ab und macht endlich den Mund auf.

„Tschüss, bis heute Nachmittag."

Eigentlich hätte ich unheimlich viel zu erzählen, es ist nämlich was ganz Tolles passiert. Aber ihm brauche ich das nicht zu sagen, der weiß es ja schon, ist sogar schuld daran, dass ich mich so freue.

Gleich bin ich zu Hause. Um diese Ecke muss ich gehen, einen Augenblick noch, dann sehe ich unser gelbes, neu gestrichenes Haus. Was heißt hier unser Haus? Es ist das Haus, in dem wir und noch viele andere Familien wohnen. Zuerst gucke ich immer, ob ich meine Mutter irgendwo hinter den Fensterscheiben sehen kann. Manchmal stelle ich mir vor, sie würde dort auf mich warten und mir entgegensehen. Das tut sie aber auch heute nicht. Früher, als ich in die erste Klasse ging, stand sie manchmal hinter dem Fenster unserer alten Wohnung und winkte mir zu, wenn sie mich sah.

Ich rannte dann das letzte Stück.

Wahrscheinlich steht meine Mutter in der Küche und bereitet das Mittagessen vor.

„Wahrscheinlich" klingt nicht sicher genug und ich bin ganz sicher, dass es so ist. Sie wird in der Küche sein. So ist es immer.

Ich muss ihr unbedingt erzählen, dass mir heute in der Schule eine irre Sache passiert ist. Seit heute habe ich nämlich einen Banknachbarn. Werner hat die Lehrerin gefragt, ob er sich neben mich setzen darf. Bisher hab ich allein da gesessen. Bin ja auch erst ein paar Wochen in dieser Klasse. Die Lehrerin war einverstanden. Mir wird ganz warm, wenn ich daran denke. Ich freue mich unheimlich darüber, denn ich mag Werner von allen Kindern in der Klasse am liebsten.

Der Aufzug ist seit gestern kaputt und wurde bisher nicht repariert. Schade, ich fahr gern damit, obwohl ich das eigentlich nicht soll.

Jetzt habe ich ganz vergessen, die Tasche in die andere Hand zu wechseln. Das werde ich auch nicht mehr tun, obwohl das Leder jetzt in der Hand brennt. Irgendwie bin ich ganz froh, dass ich von der Taschenschlepperei schon Hornhaut auf der Innenseite der Hand habe. Wenn man mit einer Nadel ein bisschen reinpiekt, spürt man gar nichts davon.

Zuerst sehe ich die Wohnungstür von unseren Nachbarn.

Bambinek heißen die. Wenn ich den Namen lese, finde ich ihn jedes Mal zum Kichern. Zur Familie Bambinek gehört der Junge, mit dem ich spielen soll, aber nicht kann, weil er und seine zwei Freunde aus dem Nachbarhaus nicht mit Mädchen spielen wollen. Felix, meinen Bruder, lassen sie mitmachen. Wenn ich daran denke, kann ich gar nicht mehr über den Namen kichern.
So ... und jetzt klingele ich. Meine Mutter ist zu Hause wie immer. Sie kommt über den Flur, gleich wird sie die Tür öffnen.
„Tag", sagt sie, weiter nichts. Sonst fragt sie immer, was gab's denn? Was macht die Schule? Dann erzähle ich, was in der Schule los war, und frage sie: Was gibt's denn heute zu Mittag? Wenn ich Glück habe, antwortet sie: Spaghetti mit Fleischsoße.
Aber heute sagt sie nur: „Tag." Dann dreht sie mir gleich den Rücken zu und geht in die Küche. Dabei will ich ihr doch erzählen, was ich in der Schule erlebt habe.
Ich lege meine Tasche in den Flur. Mensch, die Hand tut ziemlich weh. Wir sollten wirklich mal fragen, ob wir nicht wenigstens die Atlanten in der Schule lassen können.
Als ich auch in die Küche gehe, sehe ich wieder nur ihren Rücken. Was hat sie denn? Sie beugt sich über den Herd, gleich darauf über den Tisch, um Zwiebeln zu schneiden. Das geht alles blitzschnell bei ihr. Jetzt schneidet sie Kartoffeln, streut Salz ins Wasser. Sie braucht gar nicht zu sagen: In zehn Minuten gibt's Essen. Ihr Rücken macht mir das klar.
Dabei ist es mir ziemlich egal, ob es das Essen in zehn oder

zwanzig Minuten gibt. Sie sollte sich ruhig Zeit damit lassen. Aber sie meint wohl, dass ich verhungere, wenn das Essen nicht gleich auf dem Tisch steht.
Abends, wenn sie für Vater kocht, macht sie es genauso. Sie ist immer sehr pünktlich.
„In der Schule war heute was los", erzähle ich und will dann gleich weiterreden. Aber da sie in zehn Minuten – jetzt sind's wohl nur noch neun – das Essen fertig haben will, hört sie mir nicht zu. Sie sagt nur: „Tu mir einen Gefallen, deck den Tisch." Und dann: „In zehn Minuten gibt's Essen." Das weiß ich ja nun langsam schon.
Und dann decke ich den Tisch. Ich gehe ins Wohnzimmer, hole die Teller aus dem Schrank, und zwar die Sonntagsteller, weil mir heute danach zumute ist.
Meine Mutter muss sich die Finger am Dampftopf verbrannt haben. Sie flucht mächtig. Ich lasse die Bestecke liegen und renne in die Küche. „Blöder Topf", schimpft sie. „Du, in der Schule sitze ich jetzt neben ..." Aber ich merke deutlich, dass das wohl der falsche Augenblick war, damit anzufangen. Ihr Finger tut immer noch weh. Sie hält ihn unter fließendes Wasser.
„Hast du jetzt endlich den Tisch gedeckt?", fragt sie.
„Hmmm", murmele ich und verschwinde wieder im Wohnzimmer. Gleich darauf kommt sie hinter mir her, schimpft: „Wie oft soll ich dir eigentlich noch klarmachen, dass du deinen Ranzen nicht so in den Flur zu pfeffern hast? Hab ich dir das nicht schon hundertmal gesagt? Du sollst ihn an den Haken hängen. Himmelkreuzdonnerwetter!"
Den Fluch hat sie von meinem Vater. Ich höre ihn heute das

erste Mal von ihr. Und ich kann nichts dagegen machen, der Fluch klingt bei ihr komisch, und ich muss grinsen.
Zum Glück fängt Felix, mein kleiner Bruder, jetzt an zu brüllen. Mutter sieht mich entsetzt an, so, als hätte sie etwas ganz Wichtiges vergessen. Sie läuft ins Kinderzimmer. Nein, sie läuft nicht, sie stürzt fast ins Zimmer von Felix und Leo.
Meine Mutter ist wieder in der Küche. „Soll ich was reintragen?", frage ich. Ich bin wirklich nur noch mal zu ihr gekommen, um von meinem Nebenmann zu erzählen.
„Ja", antwortet sie, „nimm schon mal die Untersetzer mit ins Wohnzimmer."
„Du, ich wollte dir erzählen, dass ich jetzt einen Nachbarn ..."
„Später", sagt sie, „bitte, lass jetzt, die Kartoffeln sind fertig. Wenn du mir einen Gefallen tun willst, bring bitte den Mülleimer nach unten. In fünf Minuten gibt's Essen. Beeil dich und wasch danach deine Hände!"

Ich nehme den Mülleimer und gehe nach unten. Die Tür lasse ich möglichst laut zufallen, obwohl sie sich darüber ärgert. Ich werde mich nicht beeilen, kein bisschen. Am liebsten würde ich erst mal 'ne Stunde nicht wiederkommen.
Ich bin nur froh, dass es bei mir zu Hause nicht immer so ist. Und eines ist klar, dass ich neben Werner sitze, werde ich ihr heute nicht mehr erzählen. Mir ist die Lust dazu vergangen. Aber richtig ärgern kann ich mich auch nicht, nicht

mal darüber. Ich freu mich noch viel zu sehr, dass Werner einfach die Lehrerin gefragt und sich dann zu mir gesetzt hat. Ich wollte das nämlich schon lange tun, hab mich aber nie getraut.
So ... und jetzt trag ich den Mülleimer runter. Und ich erzähle es ihr doch noch, beim Mittagessen nämlich. Außerdem will ich von ihr wissen, was heute mit ihr los ist, denn sonst ist sie doch auch freundlicher.

Anja Tuckermann

Nina

Es ist nun mal so gekommen. Keiner mag mehr mit Nina reden, denn wir fühlen uns alle schlecht.
Der Tag gestern fing schon anders an als sonst. Mama hatte mir wie immer Anziehsachen hingelegt. Schon wieder diesen blauen Faltenrock. Bluse dazu. Strumpfhosen.
Schreien wollte ich: Du hast ja keine Ahnung, Mama. Du weißt nicht, was die anderen sagen. Da kommt wieder unsere kleine Omi, das sagen sie, Mama. Die neueste Mode von vorgestern. Der Knüller von vor zehn Jahren. Einen Geschmack wie 'ne Kuh. So reden sie. Und sie kriegen nie genug davon. Es wird ihnen nicht langweilig, mir den Rock zu heben.
Aber ich sagte nichts zu Mama, gestern. Nahm den Rock, die hellblaue Bluse, die graue Strumpfhose und schob alles unters Bett. Ganz nach hinten an die Wand. Dann holte ich die knallrote Cordhose aus dem Schrank, dazu ein schwarzes Sweatshirt. „Ich mache mich nicht länger zum Affen in der Schule. Ich ziehe an, was ich will", sagte ich beim Frühstück. „Basta."
Mama wurde rot im Gesicht, erst um die Augen, dann an den Wangen.
„Was erlaubst du dir? Wie ein Feuermelder willst du zur Schule? Nein. Wo hast du überhaupt diese Hose her?"
„Geliehen", sagte ich. „Von Kerstin."

Da tobte Mama, schlug auf den Tisch. Ihr Kaffee schwappte über, das freute mich. Was regt sie sich auch so auf.

„Du ziehst keine geliehenen Sachen an. Zieh sofort die Hose aus, sonst setzt es was. Die gibst du noch heute zurück und du gehst mit dem Rock zur Schule. Basta. Und merk dir eins: Ich sag hier basta. Und damit basta."

Sehr leise sagte ich: „Welchen Rock? Da liegt kein Rock."

Mama raste in mein Zimmer, suchte, warf meine Bettdecke zurück, das Kissen, sah in den Schrank, in die Kommode – kein Rock.

„Ich komme zu spät, ich muss los", rief ich, nahm meine Schulmappe und rannte aus dem Haus.

„Du Biest", hörte ich noch hinter mir, „na warte."

In jedem Schaufenster bewunderte ich mein Spiegelbild. Das letzte Stück beeilte ich mich sehr. Aber schon von weitem sah ich, wie die Schülerlotsen die Straße überquerten und zur Schule gingen. Sie waren meine Uhr. Wenn die Schülerlotsen noch am Straßenrand standen, brauchte ich nicht zu hetzen. Waren sie schon weg, auch nicht. Dann war ich sowieso zu spät. Heute schaffte ich es, mit Frau Schulze in die Klasse zu kommen. Vorbeiwitschen, Mappe abnehmen, hinsetzen, ganz still. Das galt nicht als verspätet. Meine Hose, mein Pulli, ich saß sehr gerade.

„Wo hast 'n die Hose her?", flüsterte Nina. „Is' ja abgefahrn."

Ich lächelte.

Erst als alle schwiegen, begann Frau Schulze mit dem Unterricht. „Heute singen wir."

Mir stand das Frühstück im Hals, als sie ihr Zensurenbuch aus der schweinsledernen Tasche angelte. Vorsingen. Schon wieder. Nach dem Alphabet. Beten, dass sie nicht durchkommt bis W.

„Heute fangen wir mal von hinten im Alphabet an", sagte Frau Schulze, „sonst kommen die Letzten wieder nicht dran."

Mein Herzschlag im Hals. Der Drang aufs Klo. Meine Beine verknoteten sich unter dem Tisch.

Andreas Zander musste anfangen. Im Stehen, wie immer. **Es war ein Harung jung und schlank, zwo, drei, vier ssstata tiralala.**

Welches Lied hat die wenigsten Strophen?

„Ines Wupper!"

Jetzt ich. Aufstehen, neben dem Tisch gerade stehen.

„Widewidewenne heißt meine Puthenne …"

„Halt, halt, halt, Ines. Heute singst du mal was anderes", sagte Frau Schulze. „Heute singst du: Ein Hase saß im tiefen Tal."

„Ein Hase saß im tiefen Tal, übte Segelflug wie Lilienthal."

Ich hörte meine Stimme wackeln. So ein langes Lied. Das längste. Ich kann die Wörter nicht.

Eine 4, weil ich den Text nicht auswendig wusste. Ist mir ja wurstpiepegal, Hauptsache vorbei.

In der großen Pause fragte Nina: „Was 'n mit dir los? Du bist ja so geil angezogen."

„Findst du? Ich zieh ab heute an, was ich will", sagte ich und strahlte.

„Bernd sieht dich immerzu an", sagte Kerstin.
„Das wird jetzt wohl endlich was mit den beiden", sagte Nina zu Kerstin.
„Der Bernd guckt seit Wochen nur sie an."
Nina war die Älteste in der Klasse. Sitzenbleiberin. Sie kannte sich aus mit Jungs. Wie man mit ihnen redet. Sie stand immer in der Jungsecke. Und bei Räuber und Gendarm jagte sie auf der Jungsseite. Im aufgemalten Kreis hockten die gefangenen Mädchen. Schon seit zwei Wochen erwischte mich Nina dauernd. Rief Bernd: „Hilf mir mal mit, Ines." Zu dritt oder viert nur konnten sie mich abschleppen. Bernd umklammerte mich. Ich wehrte mich. Er musste mich fest im Griff behalten. Freiküssen war Ninas Idee. Die Jungs kicherten, wir im Kreis auch.
„Los", sagte Nina. „Thomas küsst Kerstin." Sie schubste ihn in den Kreis. Seine Arme schlenkerten voran.
„Dann woll'n wir mal", sagte er mit rotem Kopf. „Dann wolln wir mal die Befreiung erledigen."
Kerstin hielt ihm ihre Wange hin. Er bückte sich, legte seinen Kuss drauf, drehte sich feixend zu den anderen um und schlakste davon. Kerstin verließ den Kreis.
„Also weiter", sagte Nina. „Bernd muss Ines küssen."
„Wenn's sein muss", sagte Bernd, „na gut."
Mir war heiß.
„Halt!" Nina sprach laut. „Auf den Mund."
Bernd und ich, wir spitzten den Mund, schmatzten die Lippen aufeinander, kurz und schnell. Alle lachten.

In der nächsten Stunde flüsterte Kerstin: „Frag ihn doch, ob du neben ihm sitzen kannst."
„Nee, ich trau mich nicht."
„Dann frag doch, ob du mit Thomas den Platz tauschen sollst. Damit Thomas neben mir sitzen kann. Dann müsstest du wegen mir neben Bernd sitzen."
Auf ein Stückchen Papier schrieb ich: Tauschen wir Plätze? Kerstin möchte neben dir sitzen. Ja oder nein?
Fünfmal falten, **An Thomas!** draufschreiben und: **Geheim!** Durch drei Reihen musste der Brief. Es gibt immer welche, die lesen unterm Tisch die Post auf Durchreise.
Ja war angekreuzt, dahinter stand: **Meinetwegen, wenn's sein muss.**
Macht es Bernd nichts aus, wenn Ines neben ihm sitzt?, schrieb Kerstin.
Soll sie von mir aus, antwortete Bernd.
In der nächsten Pause tauschten wir Plätze. Ich saß neben Bernd, Thomas neben Kerstin.

Ich klebte auf meinem Stuhl, der linke Ellenbogen, breit auf dem Tisch ausgestreckt, stieß an Bernds Arm. Von der Stelle breitete sich Hitze in mir aus, heizte meinen Körper. Ich hörte nicht, was der Lehrer vorn erzählte, sah nicht nach links oder rechts, sagte nichts, flüsterte nicht, schrieb nicht. Ellenbogen an Ellenbogen mit Bernd. Der Mathelehrer gab uns Aufgaben. Zu morgen. Vorgestern hatte er auch schon was zu morgen aufgegeben. Er ging aus dem Klassenzimmer, wollte ein Buch holen. Wir sollten mit den Aufgaben

anfangen. Kaum war er raus, wurden Stimmen laut. Zu viel. Morgen schreiben wir doch in Englisch ein Diktat.
„Zwei Hausaufgaben in einem Fach. Ich weigere mich", sagte ich. „Mach ich einfach nicht."
„Was der sich einbildet", sagte Bernd.
„Das kann man ja nicht schaffen", sagten andere, „da sitzen wir bis nachts."
Und Kerstin meinte: „Der denkt wohl, wir haben nur in Mathe was auf."
„Na püh", sagte Thomas.
Alle schimpften vor sich hin, bis wir Schritte hörten und erschraken.
„Was ist hier eigentlich los?", fragte der Lehrer. „Ihr sollt nicht quatschen." Mit dem Fuß auf den Boden klopfend. Mit diesem gefährlichen Blick. Als würde er gleich jemanden aufrufen, aus seiner schlechten Laune heraus eine Frage stellen, die niemand beantworten konnte. Und dann dem Gefragten mit der Faust auf den Kopf klopfen und sagen: Du musst mal ein paar Nüsse essen, die sind gut fürs Gehirn. Und die Stelle, an der seine Fingerknochen aufstießen, würde noch bis zum Abend wehtun. Er würde so grinsen vor Freude, grinsen, dass er wieder Köpfe klopfen kann. Jetzt grinste er genauso. Spießte uns auf mit seinem Blick, ließ uns zappeln.
„Was ist hier eigentlich los?"
Ich hatte immer schon Angst vor ihm. Wünschte ihm Unglück. Jetzt saß ich hölzern auf meinem Stuhl, rührte mich nicht. Niemand rührte sich. Dreißig gesenkte Köpfe zwischen hochgezogenen Schultern, starre Arme, Beine und

Blicke. Als Nina sich meldete, hörte ich niemanden mehr atmen.

„Ja, Nina, was hast du uns denn zu berichten?", fragte der Lehrer mit den nach unten grinsenden Mundwinkeln.

„Die meisten hier", sagte Nina mit fester Stimme, „sind dagegen, dass Sie so viel Hausaufgaben aufgeben. Wir haben auch in den anderen Fächern etwas auf, und morgen schreiben wir eine Arbeit in Englisch, dafür müssen wir auch üben. Ihre Aufgaben sind zu viel."

„Na, da wollen wir mal sehen, wer hier dagegen ist", sagte der Lehrer. Grinsend natürlich, die Warze auf der Wange verschwand in der Grinsefalte. Die Hände in die Hüften gestemmt. Breitbeinig. Ich fror. Sah mich um. Alle Muskeln gespannt, von den Zehen, den Waden, zu den Augenwinkeln, den Lidern, den Ohren. Der Lehrer kniff die Augen zusammen.

„Na? Wer hat hier was zu meckern?"

Seine Stimme dröhnte in unseren Köpfen. Meine Arme schmerzten. Ich müsste mich melden, aber meine Arme schmerzten, ich konnte keinen heben, sie waren plötzlich so schwer. Keiner, nicht Bernd, nicht Thomas, nicht Kerstin, niemand rührte sich. So ein Druck im Kopf, ich dachte, der Sauerstoff würde knapp, bis ich merkte, dass ich die Luft anhielt.

„Na also! Keiner hat hier was dagegen, Nina!", sagte der Lehrer, nahm die Kreide und drehte sich zur Tafel. Wir atmeten alle aus. Und vermieden es, nach hinten zu sehen, wo Nina saß. Es kribbelte in meinen Beinen, Armen. Die Glieder immer noch so kraftlos.

In der Pause spielten wir nicht, wir unterhielten uns auch nicht. Nur unsere Brote tauschten wir aus. Meine isst immer Kerstin, sie hat nie welche, und meine Mutter schmiert immer zu viel. Ich darf kein Brot mit zurück nach Hause bringen. Manche Kinder werfen ihre Stullen nach der Schule in den Müll, da verschenke ich meine lieber. Oder ich tausche mit den andern. Brot gegen Apfel oder Wurstbrot gegen Käsebrot. In dieser Pause sahen wir uns nicht in die Augen. Alle mieden Nina, mit ihr wollte keiner zu tun haben. Wenn nur einer sich gemeldet hätte, dann hätte ich auch meine Hand gehoben. Bestimmt hätten dann noch mehr mitgemacht. Vielleicht alle.

Seit gestern spielt niemand mit Nina.

Elfie Donnelly

Ich hab mich lieb

Diese Stunde war absolut und total langweilig. Erstens, weil Frau Flach sowieso die blödeste aller Lehrerinnen war. Und zweitens, weil es um die Rollenverteilung in *Frau Holle* ging. Elfie saß in der ersten Reihe, wie immer. Sie versuchte, Frau Flach mit frechen Blicken zu reizen. Auch wie immer. Und wie immer tat Frau Flach so, als würde sie nichts bemerken. Nur am Ende der Stunde schickte sie einen warnenden Blick in die erste Reihe. Das war eben so. Immer schon. Wenigstens seit dem Tag, an dem Frau Flach mit den Worten „Darauf könnt ihr Gift nehmen", eine Strafarbeit angedroht hatte und Elfie ein lautes „Gluck-gluck-gluck" hatte hören lassen und die passende Geste – Flasche an den Mund – ausgeführt hatte. Seither hatte es Elfie, nach Hildes und ihrer eigenen Meinung, bei Frau Flach verschissen. Pech für Frau Flach, dass Elfie in Deutsch einfach super war und überhaupt die Klassenbeste.

Gestern hatte die Frau Flach sich gerächt. Ganz heimtückisch hatte sie das gemacht. Sie war vor Elfie stehen geblieben, war mit ihrer Nase ganz nah an Elfies Nase herangegangen und hatte breit gegrinst. „Du, Elfie, weil du für so was ja Talent hast, spielst selbstverständlich die Pechmarie!"

In Elfie war alles eingefroren. Sie wollte diese dämliche Pechmarie nicht spielen. Schmutzige Kleider musste sie dazu anziehen und sich mit einer schwarzen Brühe übergießen lassen und lauter so ekliges Zeug.

„Die Rolle der Goldmarie vergebe ich morgen", hatte Frau Flach verkündet.

Morgen war heute. Und jetzt. Frau Flach hatte sich das Rollenverteilen bis nach dem Läuten aufgespart. Damit die Pause kürzer wurde. Solche gemeinen Sachen brachte die problemlos.

„Die Rolle der Goldmarie wäre da noch zu vergeben", sagte sie, blätterte in ihrem Buch und tat, als wäre sie völlig ratlos. Sie ließ den Blick durch die Reihen schweifen, hielt ab und zu inne, sah einem Kind in die Augen, das schon glaubte, sich Hoffnungen machen zu können, und ließ den Blick weiterwandern. Der Blick hielt an.

Elfie atmete tief durch. Sie hatte es schon vorher gewusst. Sogar geträumt hatte sie davon. Frau Flach stand vor Vroni. „Die Goldmarie spielt wohl am besten unsere Vroni", sagte Frau Flach.

Vroni, das blonde Gift, erhob sich und blickte stolz in die Runde. Über Elfies Kopf bildeten sich unsichtbare Gewitterwolken. Ihr wurde heiß. In Elfies Kopf drinnen liefen die Schimpfwörter Amok. Blöde Kuh, dachte sie. Arschgesicht, dachte sie auch. Das passte, aber nicht besonders. Pestfetzen. Das war es. „Pestfetzen", zischte Elfie.

Vroni und Frau Flach hörten es ganz deutlich.

„Was hast du gesagt?", fragte Frau Flach freundlich. Elfie stand auf. „Ich sagte: Pestfetzen", sagte Elfie.
In Frau Flachs Augen funkelte es. Elfie wusste, dass sie von ihr gehasst wurde, richtig gehasst. „Ich sagte Pestfetzen, weil ich Pestfetzen meinte."
„Ach", sagte Frau Flach. „Und wen hast du damit gemeint?"
„Ich meinte", sagte Elfie, „sowohl diesen blöden blonden Pestfetzen als auch meine Pestfetzen-Lehrerin", sagte Elfie und setzte sich.
Es war nicht das erste Mal, dass sie so zu Frau Flach sprach. Die anderen in der Klasse bewunderten Elfie wegen ihres Mutes. Sie aber kam sich gar nicht mutig vor. Es war eben so, sie musste solche Sachen einfach sagen, ob sie es wollte oder nicht, die kamen einfach so raus, da brauchte es nur einen kleinen Anlass dazu. Frau Flach war blass geworden. Sie wippte auf und ab mit ihren breiten Absätzen. Ihr fiel nichts ein, in ihrem Kopf war alles leer. Und Vroni, sogar Vroni, schickte Elfie einen bewundernden Blick, der aber nur ganz kurz dauerte. Dann streckte sie ihr die Zunge heraus. Die Klasse beruhigte sich.
„Pause", sagte Frau Flach. Sie drehte sich um und stand mit dem Rücken zur Klasse, während es scharrte und schrappte und trappelte und es endlich still war, weil alle draußen auf dem Gang waren.

Elfie stand allein herum. Sie holte tief Luft. Angeblich sollte so was ja beruhigend wirken, tat es aber nicht. Je mehr Luft sie in ihre Lungen pumpte, umso ärgerlicher wurde sie. Was standen die anderen denn so weit weg in kleinen Grüppchen beisammen und tuschelten und schenkten ihr ab und zu scheue Blicke? Nur Hilde war anders. Aber die fehlte heute.

Elfie hörte Vronis viel zu hohe blonde Stimme hinter sich, drehte sich um und lief davon. Ob das Lachen hinter ihr Elfie galt oder irgendetwas anderem, war nicht klar.

Elfie jedenfalls bezog es auf sich und schwor Rache, bittere Rache. Diese Pestfetzen.

„Es gibt Fisch und Chips", sagte Mutter strahlend, küsste Elfies zusammengezogene Stirnfalten und verabschiedete sich gleichzeitig. Elfie saß allein vor dem vollen, dampfenden Teller, starrte ins Essen hinein und wartete auf das Zufallen der Tür. Klonk.

Die Tränen brachen aus ihr heraus, die Tränen und die Wut, und Elfie nahm den Teller mit ihrem Lieblingsessen in die rechte Hand, raste, den Stuhl umwerfend, aufs geöffnete Fenster zu und schleuderte Chips, Fisch und Teller hinaus in den Garten.

Sie konnte den Aufprall nicht hören, der Garten lag zwei Stockwerke tiefer.

Elfie donnerte das Fenster zu, dass die Scheiben zitterten. Sie lief in ihr Zimmer, schmiss die Tür zu und sich selbst aufs Bett und beschloss, nie, nie, nie mehr unter Menschen zu gehen.

Klein, schwarzhaarig und mollig zu sein, war falsch. Groß, blond und blauäugig zu sein, war richtig.

Vroni war richtig.

Elfie war falsch.
Alle liebten Vroni. Elfie wurde gehasst und hasste zurück.

Sie probten. Elfie legte ihren ganzen Hass in die Rolle der Pechmarie hinein. Sie war großartig in dieser Rolle, das wusste sie. Angstvoll und mitgerissen sahen die anderen ihr zu, sogar Frau Flach war perplex über diese Naturgewalten, die aus Elfie hervorbrachen. Elfie schrie sich den Ärger aus dem Leib und weinte echte Tränen.
„Nicht ganz so übertreiben, Elfriede", sagte Frau Flach milde. „Mach es so wie unsere Goldmarie. Etwas mehr Sanftheit, etwas mehr … na, ich weiß nicht …"
Elfie spürte, wie es in ihrem Magen heiß wurde und wie die Rückenmuskeln sich spannten und die Hände zuckten, weil sich die Fäuste ballen wollten. Was hielt sie eigentlich davon zurück, wie eine Katze auf Frau Flach loszugehen, ihr das Gesicht zu zerkratzen, sie in den Bauch zu treten, sie auf den Boden zu werfen und zu besiegen? Was hielt sie davon ab, auf die blonde Goldmarie mit ihren spöttisch hochgezogenen Augenbrauen zuzuschnellen, ihr die glänzenden Zopfflechten büschelweise auszureißen und ihr die zarten Arme auf den Rücken und halswärts hochzudrehen?
Elfie weinte plötzlich herzzerreißend. Erst würgte es, dann lief es, dann schüttelte es sie. Die Klasse wurde leiser, immer leiser. Ganz still. Nur Elfies Schluchzen war zu hören. Niemand lachte. Vroni ließ ein nervöses Kichern hören und strich sich durch die Haare, diese vermaledeiten Goldhaare. Frau Flach erhob sich von ihrem Platz auf der ersten Bank

und ging unsicher mit leicht vorgestreckten Armen auf Elfie zu.

„Das ist doch alles kein Grund zum Weinen", sagte sie sehr hilflos, und als sie das sagte, stoppten Elfies Tränen, sie hob den Kopf, sah Frau Flach kurz an, schniefte und ging auf ihren Platz. Dort packte sie wortlos ihre Sachen zusammen, vermied, irgendjemanden mit ihren Blicken zu streifen, und verließ die Klasse. Bevor sie die Tür hinter sich schloss, wanderten ihre Augen noch einmal über die steif dastehenden Mitschülerinnen. Keine hielt sie zurück.

„Niemand hat mich lieb, niemand hat mich lieb, niemand hat mich lieb." Den ganzen Heimweg über sagte sie diese vier Worte monoton zum Rhythmus ihrer Schritte. Sie dröhnten in ihrem Kopf, die Schritte und die Worte, und sie dröhnten sich in ihr Herz hinein und in ihren Bauch, dort hinein, wo die Seele wohnt. Denn nur dort ist genug Platz für eine große Seele. Da war sich Elfie sicher.

Die Wohnung war leer. Natürlich, es war erst zehn, die Mutter kam um zwölf aus dem Büro, kochte schnell, ging dann wieder. Gegen fünf kam sie zurück, todmüde und immer ein kleines bisschen traurig.

Elfie legte sich aufs Bett. Sie war müde. Sie war jetzt immer so müde. Wenn sie schlief, war alles gut.

Sie schlief noch, als die Mutter kam. Sie überschlief das Abendessen und weiter in die Dunkelheit hinein. Elfie schlief auch noch am Morgen. Die Mutter wollte den Arzt holen. Da stand Elfie auf. Nein, Frühstück wollte sie keines.

Sie wollte überhaupt kein Essen mehr. Nie wieder essen. Erst würde sie dünn werden, so dünn wie die Goldmarie. Dann würde sie noch dünner werden, bis sie nur noch ein Strich war. Ein Strich, den man leicht ausradieren konnte. Aber wahrscheinlich wäre es ihnen allen ziemlich egal, vielleicht wäre die Mutter traurig, dass ihre Pechmarie nicht mehr am Leben wäre, aber sie war eben eine Pechmarie. Ein vaterloses Kind war sie, hässlich und dumm. Es würde ja auch eine Erleichterung für die Mutter sein. Sie brauchte nicht mehr so viel Geld zu verdienen und mehr Platz in der Wohnung wäre auch, vielleicht sogar für einen kleinen Hund anstelle der toten Elfie ...

„Die Frau Flach hat mich angerufen", sagte die Mutter. „Ich bleib heute zu Hause. Bei dir. Erzähl mir alles, ja?"
Elfie erzählte. Aber beim Erzählen hörte sich das alles nicht so schlimm an, lange nicht so hart, wie wenn sie es im Bauch fühlte. Sie wurde ganz unglücklich, weil ihr die richtigen Worte fehlten.

„Die Frau Flach hat gesagt, wenn du willst – und weil sie dich doch mag und weil du ihre Klassenbeste bist –, kannst du eine goldene Perücke haben und die Goldmarie spielen, und die Vroni, die nimmt gern die Pechmarie, sagt die Frau Flach, weil sie im Reden nicht so gut ist und außerdem lieber eine kürzere Rolle hätte", sagte die Mutter.

Die Elfie freute sich. Ein paar Minuten lang freute sie sich so stark, dass sie die Mutter fast erdrückt hätte vor Freude. Sie freute sich, dass die blöde Flach sie vielleicht doch ein bisschen gern hatte und die Vroni vielleicht ein bisschen Sympathie für sie empfand und dass die Mutter extra zu

Hause geblieben war und überhaupt. Sie freute sich aufs Frühstück und aß für drei und stopfte eine halbe Packung Cornflakes mit Milch und Zucker in ihren Bauch links neben der Seele und hatte sich selbst auf einmal ganz lieb.

Sie ging dann doch in die Schule. Da waren sie alle, und einige sahen sie nicht an, aus Verlegenheit, und eine, die Renate, legte sogar den Arm um sie und fragte, ob jetzt denn alles wieder gut sei, und die Flach lächelte voller Güte und die Vroni zog ausnahmsweise keine Augenbraue hoch, sondern tat, als sei überhaupt nichts passiert.
Sie probten das Stück noch einmal. Elfie fand sich selbst nicht so gut als Goldmarie, aber sie sagte nichts mehr dazu. Und Vroni als Pechmarie war auch schwach. War ja eigentlich egal. Denn tief drin im Bauch, neben den Cornflakes, da spürte Elfie, dass sich nicht viel geändert hatte. Das Problem saß genau dort, neben den Cornflakes, oder dazwischen. Die Traurigkeit und die Wut waren in ihr drin, und der Zorn auch, und niemand anderer konnte die Traurigkeit und die Wut und den Zorn verjagen als sie allein.
Jetzt gerade hatte sie sie verjagt. Wenn sie Glück hatte, blieben die drei ein bisschen weg.
„Ich hab mich lieb", sagte Elfie in sich hinein und zu ihrer Seele. Auf dem Nachhauseweg war das, und wieder sagte sie es monoton zum Rhythmus ihrer Schritte. „Ich hab mich lieb, ich hab mich lieb, ich hab mich lieb." Die Leute auf der Straße lächelten sie an. Sie wünschte sich auf einmal ganz heftig einen Hund und war sicher, sie würde ihn kriegen.

Karla Schneider

Der drittschönste Schultag des Jahres

Die drei schönsten Schultage im ganzen Jahr sind der Tag vor den großen Ferien, der Tag vor den Weihnachtsferien und Rosenmontag.
Und heute war einer von den dreien. Sammi konnte es nicht erwarten, sie riss das Badezimmerfenster auf und spähte auf die Straße. Leichter Raureif lag auf den Vorgartensträuchern und der Morgen war noch so rosa und frostig wie ein Erdbeereis.
Aus der Haustür von Nummer 68 kam gerade Frau Beygang mit einem kleinen, dick eingemummelten *Sheriff* an der Hand. Der *Sheriff* ballerte pausenlos mit seiner Zündplättchenpistole. Eine *Pippi Langstrumpf* hüpfte ihnen voraus. Auch die roten Zöpfe hüpften und die Kindergartentasche.
„He, Sammi, wie finnste mich?", brüllte *Pippi Langstrumpf*, als sie das große Mädchen am Fenster entdeckte. Ihr Atem kam in weißen Hauchwölkchen aus dem breit lachenden Mund, in dem zwei Zähne fehlten.
„Super!", rief Sammi zurück. „Noch viel besser als die im Fernsehen, ehrlich!"

Beim Frühstück war ihr der Magen wie zugeschnürt; es war schon zu viel Vorfreude drinnen. Vorfreude war guter Stress. Angst vor einer Klassenarbeit dagegen war gemeiner Stress und direkt schädlich. Heute aber fiel der Unterricht aus. Das gesamte Schulzentrum – Hauptschule, Realschule und Gymnasium – feierte die übliche Rosenmontagsfete.

Die beiden letzten Jahre hatte Sammi sich mal als *Ritter der Schwarzen Tulpe* verkleidet und mal als *Zorro*. Noch früher, in der Grundschule, war sie *d'Artagnan* gewesen, *Surcouf, der Pirat* und *Daniel Boone*. Für heute hatte sie sich von Opa Friedrich die Lederkappe mit den herunterhängenden Ohrenklappen geborgt, die alte Motorradbrille und seine ebenso alte Lederjacke mit dem Pelzfutter. Die tollkühnen Männer mit ihren fliegenden Kisten ... Mal sehen, ob jemand erkannte, als was sie ging.

Nachdem sie sich lange vor dem Spiegel im Badezimmer hin und her gedreht hatte, fand Sammi, dass noch etwas fehle. Sie zündete eine Kerze an und rußte sich den Finger voll. Den Ruß verschmierte sie unter ihrer Nase, damit es wie ein unrasierter Bart aussah.

Sie war schon an der Haustür, als sie noch einmal umkehrte. Aus dem Fach im Wohnzimmerschrank, wo die Mutter ihren Zigarettenvorrat aufbewahrte, stibitzte Sammi eine halb volle Schachtel „Ernte" und ein Feuerzeug.

Immer doller klopfte die schöne Aufregung oben im Hals, als Sammi in den Bus stieg. Der Platz gleich hinter dem Fah-

rer war ihr Lieblingsplatz. Heute war er leer. Sie sah aus dem Fenster und suchte nach kostümierten Kindern. Es gab nur wenige. Viel weniger als in anderen Jahren, fand Sammi. Vielleicht kamen sie erst am Nachmittag auf die Straße.
Na, jedenfalls die Mädels in ihrer Klasse hatten tagelang kein anderes Thema gehabt als die Rosenmontagsfete. Tania zum Beispiel war fast übergeschnappt. Von Netzstrumpfhosen hatte sie geschwärmt und von einem Paillettentop und von Tina-Turner-Perücken. Und erst Brigitte Gröber, die sich seit einem Jahr nur noch B.G. nannte, was man „Bidschi" aussprechen musste! Die hatte sogar im Supermarkt goldenen Lidschatten und ein Flüssig-Make-up geklaut. Alles für heute.
Nie würde Sammi sich in solchen Sachen wohl fühlen, nie im Leben! Zu ihrer Vorstellung von einer rundherum satten Faschingsfete gehörten nun mal Degenkämpfe, verwegenes Geschrei und schwarze Hüte. Und bis vor zwei Jahren war auch alles noch so gewesen, wie es sein sollte. Kein Junge, ob in der Klasse oder in ihrer Straße, wäre auf die Idee gekommen, Sammi nicht mitmachen zu lassen. Sie hatte dazugehört zu den wehenden Mänteln, den Schnurrbärten, den Federhüten und den geschwungenen Plastikschwertern.
Letztes Jahr hatte es die ersten versteckten Lacher in der Klasse gegeben und blöde Bemerkungen. Und auf der Straße hatte ein Junge, bestimmt einen Kopf kleiner als Sammi, höhnisch gerufen: „Die will 'n *Zorro* sein? Die ist doch 'ne Tussi!"

Seitdem zog Sammi immer nur Sweatshirts Größe L an, die sie bei ihrer Mutter auslieh. Außerdem hatte sie sich angewöhnt, die Schultern hängen zu lassen und leicht gebückt zu gehen.

Eine alte Frau kletterte die Bustreppe hoch und wollte auf den Invalidenplatz, obwohl noch genügend andere Plätze frei waren.

„Danke, mein Junge", sagte die alte Frau, als Sammi widerwillig aufstand.

Sammi grinste in sich hinein. Sie schob an ihrer Fliegerbrille herum, die dauernd in die Stirn rutschte. Das fünfzig Jahre alte Gummiband war ziemlich ausgeleiert. Diesmal war ihr Kostüm wirklich einwandfrei und niemand erkannte sie als Samantha Fichte. Sie war einer der tollkühnen Männer mit den fliegenden Kisten. So und nicht anders musste es sein an einem Rosenmontag, der ein Tag war wie ein Theaterstück, in dem man selbst mitspielte.

Noch bevor das Schulgebäude in Sicht kam, konnte Sammi es hören. Schon von der Bushaltestelle her. Es dröhnte und sang und lärmte von weitem wie ein voll belegter Badestrand und ein Orchester aus Trommeln und Brummkreiseln zusammen.

Mit ausgreifenden Schritten, wie es ihrem Kostüm als tollkühner Flieger entsprach, schlenderte Sammi über den Schulhof und durch die offen stehenden Flügeltüren in das Atrium hinein. Aus der Aula hämmerte Musik. Dort wurde getanzt wie jedes Jahr.

Sammi ging herum, schaute in alle Klassenzimmer und lief über alle Korridore. Sie versuchte herauszufinden, wer von den Schülern, die sie kannte, als was verkleidet war.

Die meisten Mädchen, stellte sie fest, hatten gar kein ordentliches Kostüm an. Nur so Kurzes und Enges und Ärmelloses und viel Glitzerpuder im Gesicht. Und die Augen hatten sie so geschminkt, dass sie fast alle wie Schauspielerinnen im Fernsehen aussahen.

Tania und B.G. kreischten wie die Papageien über irgendwas, das irgendjemand gesagt hatte. Sie schwitzten unter ihren Tina-Turner-Perücken in Pink und Lila und torkelten in hochhackigen Sandaletten. Als sie im Klassenzimmer verschwanden, trottete Sammi ihnen hinterher.

Überall auf den Bänken lagen Jacken und Schals und Pullover. Hingeworfene Plastiktüten bedeckten den Fußboden. Jemand hatte eine türkisblaue Luftschlange durch den Raum geschleudert, die jetzt einsam über dem Lehrerpult hing.

Tania und B.G. suchten ihre Beutel in dem Wirrwarr. Sie kramten kleine Spiegel hervor und machten ihre bunten Gesichter neu. Überrascht guckten sie, wer ihnen da nachkam.

„Ach, du bist das bloß", sagte B.G.

Und Tania rief: „Wie siehst du denn aus? Du bist ja ganz dreckig um den Mund rum. Hast du Kohle gefressen?"

Sammi gab keine Antwort. Sie fischte eine Zigarette aus der halb vollen Schachtel „Ernte" in der Brusttasche der Fliegerjacke. Fast hätte sie sich mit dem Feuerzeug die Wimpern versengt. Der Rauch brannte in den Augen. Sammi bekam einen Hustenanfall und drückte die Zigarette am Türrahmen aus. Dann steckte sie sie wieder zwischen die Lippen.

„Mensch, ist das öde hier", sagte sie, ohne die Zigarette aus dem Mund zu nehmen.

„Selber schuld", sagte Tania. „Wenn du dich anscheußelst wie ein Außerirdischer, darfst du dich nicht wundern, wenn keiner mit dir tanzt. Uns gefällt's!"

Dann tuschelte sie mit B.G. Kichern und Tuscheln, Tuscheln und Kichern.

Sammi machte „phh" und verdrückte sich wieder.

Natürlich ging es um *Liebe* – sie wusste Bescheid. Welcher Junge zu welchem Mädchen dies oder das gesagt hatte und aus welcher Klasse der oder jener Junge war. Immer bloß dieses Liebesgequatsche. Sie kannte das alles von den großen Pausen her. Wieso zogen Tania und B.G. sich solche Perücken über und machten sich goldene Gesichter, wenn sie sich dann benahmen wie an jedem gewöhnlichen Tag?

Sammi kehrte zur Aula zurück. Sie wippte im Takt der Musik. Die Lautsprecherboxen erinnerten sie an die Karnickelställe von Opa Friedrich. Sie schob die Brille hoch, die ihr schon wieder mal bis auf die Augenbrauen gerutscht war.

Sieh an – Süßholz war auch da. Er tanzte nacheinander mit allen seinen Schülerinnen. Sammi konnte ihn nicht ausstehen. Nicht bloß deswegen, weil Physik ihr schlechtestes Fach war. Einmal hatte Herr Sieholz sie an die Tafel gerufen. Sie sollte eine Schaltskizze erklären und stotterte nur

herum. Da war er ganz nah an sie herangetreten und hatte den Reißverschluss an ihrer Brusttasche immer so auf und zu gezogen, immer auf und zu.
"Na? Keine Ahnung? Wirklich gar keine?"
Am liebsten hätte Sammi ihm auf die Finger gehauen und "Pfoten weg, du Schleimer!" gebrüllt.
Das fehlte noch, dass sie heute mit Süßholz tanzen musste! Dann fiel es ihr wieder ein, dass sie ja einer von den tollkühnen Männern mit den fliegenden Kisten war, und fühlte sich sicher und ruhig. Trotzdem – zugucken, wie andere tanzten und sich schafften, konnte auch langweilig werden. Drüben im Turm, bei denen vom Gymnasium, war es bestimmt aufregender. Im Gymnasium gab es einen Folklore-Club und ein Schülerkabarett.

Sammi trödelte durch die langen Korridore zum Turm hinüber. Manche von den Größeren hatten vielleicht Kostüme an! Einer zum Beispiel ging als *Verkehrsunfall,* ganz mit Mullbinden zugewickelt und überall Flecken von roter Farbe – richtig eklig. Aber die *Miss Piggy* mit der rosa Klosettpapierrolle als Schnauze war echt gut. Absolute Stufe eins. Doch auch hier wurde überall nur getanzt und Cola gekippt und mit Knallern herumgeschmissen.
Die Zigarette in Sammis Mundwinkel war inzwischen aufgeweicht. Sie zog eine neue aus der Packung, konnte aber ihr Feuerzeug nicht finden. Sicher hatte sie es im Klassenzimmer liegen gelassen.
Hinter einer halb geschlossenen Tür hörte sie Stimmen und

schielte um die Ecke. Es war ein schmaler Raum voller Schränke und aufgerollter Landkarten. Vier Jungen standen da und rauchten: ein *Graf Dracula*, zwei *John Waynes* und ein *Tod*.

„He, habt ihr mal Feuer?", fragte Sammi von der Schwelle her. Der eine *John Wayne* hielt ihr wortlos die brennende Zigarette hin. Es war eine Selbstgedrehte. Sammi versuchte, ihre „Ernte" an die Glut zu pressen und dabei zu ziehen. Auf der Straße sah das immer so einfach aus, wenn man die Leute dabei beobachtete.

Der *Tod* zerrte ihr die Fliegerbrille und die Lederkappe vom Kopf und setzte sich beides auf den weißen Schädel. „Ich bin der *Geist Manfred von Richthofens*." Dazu machte er ein herandröhnendes Flugzeug nach, indem er gleichzeitig mit der Kehle brummte und mit den Lippen flötete.

Die drei anderen lachten laut. „Genau!", riefen sie. *„Snoopy als roter Baron!"*

„Gebt das her, ihr Affen", sagte Sammi finster und strich sich die Haare aus dem Gesicht. Die Zigarette blieb lässig in ihrem Mundwinkel, sie qualmte sogar. „Los, ich hab nicht den ganzen Tag Zeit."

„Nein? Wie schade." Der *Tod* quiekte vor Lachen. „Warum denn nicht? Sollen wir vielleicht helfen, den Propeller anzuwerfen?"

Sammi trat die Zigarette aus. Dann stürzte sie sich auf den immer noch lachenden *Tod* und begann wütend an seinem Bettlaken zu reißen. „Du Doofkopp, das Zeug ist bloß geborgt! Ihr macht es kaputt!"

„He, he, nicht so unfreundlich", sagte *Graf Dracula* und

rückte Sammi näher auf den Leib. „Was kriegen wir dafür?"
„Den Dreck unter meinem Fingernagel kannst du kriegen", antwortete Sammi giftig und gab auf. Ob sie drüben genug Verstärkung zusammenbekam, um sich ihr Eigentum zurückzuerobern? Sie ging zur Tür. Aber dort stand jetzt der größere *John Wayne*. Er hielt sie fest, als sie an ihm vorbei wollte, und sagte: „Moment, nicht so eilig."
Nacheinander, in aller Ruhe, machten die vier ihre Kippen aus und schnipsten sie hinter einen Schrank mit ausgestopften Mardern und Falken. Sammi sah sich eingekreist. Oben an ihrem Hals klopfte es wie ein Hammer.
„Na, toll! Wirklich toll! Vier gegen einen! Was wollt ihr eigentlich? Mich ausrauben? Hier, bitte schön – meine Zigaretten!"
Statt einer Antwort packte *Graf Dracula* Sammis Kinn und quetschte seinen Mund auf ihren Mund. Es war ein Gefühl, als ob sie mit dem Mund in lauter nasse, weiche Schnecken gedrückt würde. Dann schubste er sie zum Nächsten.
Graf Dracula, der *Tod* und die beiden *John Waynes* standen so dicht um Sammi herum, dass sie nicht einmal die Arme heben konnte, um zu boxen. Wollte der eine sie nicht gleich loslassen, zerrte schon der Nächste an Sammis Jacke und drehte sie zu sich herum. Sie taumelte zwischen ihnen hin und her.
Endlich hatten die Jungen genug von dem Spiel.
„Hier, *Snoopy* – mach'n Abflug!" Die Lederkappe wurde grob über Sammis Kopf gestülpt, die Brille oben drauf, sodass sie ihr über die Augen rutschte.

Wo war das Klo? Das Gymnasium musste doch irgendwo ein Klo haben! Sammi stürzte hinein. Sie schöpfte sich mit den hohlen Händen Wasser ins Gesicht, immer wieder, und scheuerte an ihrem Mund herum. Sie spuckte und gurgelte. Ging dieses Gefühl von kriechenden nassen Schnecken denn nie weg?

Vor dem Spiegel zog sich eine aus der Elften vorsichtig den Lidschatten nach. Eine andere hielt das Gesicht nach unten und bürstete sich die Haare gegen den Strich nach vorn. Dann schüttelte sie alles nach hinten und lockerte es mit den Fingern.

„Was war denn los?", fragte sie Sammi. „Hast du gekotzt?"
Sammi schüttelte den Kopf. Sie hätte jetzt gern ein bisschen geheult, aber sie wusste nicht recht, warum. Sie wusste nur, dass Rosenmontag aufgehört hatte, der drittschönste Schultag des Jahres zu sein.

Christa Zeuch

Philipps Zwickmühle

Philipp, der Kleine mit dem Bürstenschnitt und der Nickelbrille, lässt das Treppenhaus wackeln. So hastig poltert er hinunter. Draußen vor den Müllkästen wartet schon Petra. Sie wohnt im selben Haus und geht mit Philipp in die Klasse 3a. Den Schulweg machen sie jeden Tag gemeinsam, hin und zurück.

„Soll ich dir was verraten?" Philipp hüpft vor Petra wie ein Titschball und klappert mit seiner Geldbörse. „Ich habe das Geld zusammen. Heute kaufe ich den Metallbaukasten." Er strahlt wie ein Mainzelmännchen. Dann trabt er los.

„Was rennst du so!", stöhnt Petra. „Spielzeug-Wolff hat sowieso noch zu."

An Petra ist noch viel Babyspeck dran. Ihre kurzen Beine haben Mühe, mit Philipp Schritt zu halten.

Dass Wolff noch nicht geöffnet hat, weiß Philipp selber. Trotzdem, er muss unbedingt *vor* der Schule einen Blick ins Schaufenster werfen. Und sofort *nach* Schulschluss soll Petra erleben, wie man einen Laden stürmt.

Bei Wolff drückt Philipp die Stirn gegen das Schaufenster. Sein Brillengestell rückt er fester auf die Nase. Er kneift die Augen zusammen. Und jetzt wird ihm heiß vor Schreck:

Der blaue Kasten steht nicht mehr drin. An seiner Stelle grinsen zwei alberne Glatzkopfpuppen. Das musste ja so kommen ... Er hat gespart und gespart, bis ihm jemand seinen Traumbaukasten vor der Nase weggekauft hat.

Petra tröstet ihren Freund: „Die haben noch mehr auf Lager. Wetten?"

„Wetten, nicht?" Philipps Mundwinkel zucken, weil ihm die Enttäuschung in die Kehle gerutscht ist.

„Auch nicht schlimm", muntert Petra ihn auf. „Dann kaufst du dir eben das Segelschiff. Das findest du doch auch ganz toll."

Großzügig hält sie Philipp zwei Kaugummis unters Kinn.

Philipp dreht sich trotzig weg und sieht seinen Schuhspitzen zu, wie sie sich schwerfällig vorwärts schieben. Eine leere Coladose gerät ihnen in die Quere. Die kommt gerade recht. Im hohen Bogen landet sie im Rinnstein.

Mechanisch wie ein Roboter stapft Philipp ihr nach, linkes Bein auf der Bordsteinkante, rechtes unten auf der Straße. Autos brausen ihm entgegen. Immer härter werden die Fußtritte, die Philipp der Klapperbüchse verpasst. Sie trudelt scheppernd mitten auf die Fahrbahn. Philipp holt sie zurück. Er könnte sie auf den Mond schießen, so –

„Philipp!" Petra schreit entsetzt auf.

Autobremsen kreischen. Der Kleine fühlt sich am Arm von der Fahrbahn weggerissen. Jemand brüllt in sein Ohr: „Mensch, bist du lebensmüde!"

Schleudernd kommt neben Philipp ein roter Wagen zum Stehen. Den hat er glatt übersehen. Der Fahrer klettert langsam heraus, blass wie Bier mit Spucke.

„Junge, bist du in Ordnung? Mann, das hätte schief gehen können." Er zeigt auf die Dose. Das Auto hat sie platt gewalzt wie einen Pfannkuchen.
Philipp stiert den Autobesitzer groß an. Sein Herz trommelt, als wollte es ihm zu den Ohren heraus.
Irgendeiner hinter ihm rüttelt an seinen Schultern. „Na, komm schon weiter. Lebst ja noch."
Nun erst nimmt Philipp seinen Beschützer wahr. Ach, der ist das! Der Große aus der Orientierungsstufe, den sie alle bewundern, weil er das Fußball-Ass ist. Der geht in die Sechste, Philipp kennt ihn vom Schulhof.
Der Große setzt sich in Gang und spornt den Kleinen zu einem Dauerlauf an. Schließlich sind sie spät dran. Auch Petra, die mit aufgerissenem Mund an der nächsten Hauswand geklebt hat, gibt sich einen Ruck. Mit hoppelndem Ranzen schnauft sie hinter beiden her.

In der Pause kommt der Große gleich quer über den Schulhof gesprintet. „He, Stoppel", lacht er zu Philipp rüber. „Noch Pudding in den Knien?"
„Nee." Der Kleine schüttelt den Kopf. „Jetzt nicht mehr."
„Umso besser", stellt der Große fest. „Dann kannst du ja zugucken kommen. Wir spielen heute. Sportplatz Süd. Vier Uhr. Lust?"
„Eh, Kolli!"
Philipp hat keine Gelegenheit zu antworten. Andere Jungen kommen angeschossen und rempeln den Großen. Jetzt weiß Philipp seinen Namen.

Kolli lässt sich jagen wie ein Hase. Aber sie erwischen ihn nicht. Der bewegt sich schneller und wendiger als die alle zusammen.

Eigentlich ist Philipp am Nachmittag mit Petra verabredet. Aber Kollis Angebot ist verlockender. Erst auf dem Nachhauseweg rückt Philipp damit heraus: „Petra, du. Heute geht es doch nicht. Hab was anderes vor."

„Was denn? Kann ich da mit?" Jetzt nimmt Philipp von Petra einen Kaugummi an.

„Nee", antwortet er. „Ich geh zu Kolli." Angestrengt kaut er das Pfefferminzgummi aus. Er sieht Petra nicht an.

⬬

Am Nachmittag überredet Philipp seinen Vater zu einer Radtour. „Zum Sportplatz Süd", schlägt er vor. „Da gibt's heute ein Fußballspiel." Allein soll Philipp nämlich so weite Strecken noch nicht fahren.

Sein Vater brummelt: „Ich denke, du machst dir nichts aus Sport. Na gut, warum eigentlich nicht."

Später radeln Vater und Sohn durch die Siedlungsanlage, an den Schrebergärten vorbei, unter der Eisenbahnunterführung durch, bis zum Sportgelände.

Eine der Mannschaften spielt in roten, die Gegenmannschaft in grünen Trikots. Kolli gehört zu den Roten. Mit Geschrei und Gebrüll jagen die Roten gerade hinter dem Ball her. Alles spielt sich in einem Höllentempo ab. Beine verheddern sich, Staub wirbelt auf. Tooor!

„Guck dir den Langen an, wie der sich in den Ball legt", ruft Philipps Vater bewundernd. „Hast du das gesehen?"

Philipp hat doch keine Tomaten auf den Augen! Das Tor hat Kolli geschossen. Der Kleine muss in sich reinlachen. Er ist stolz auf den Großen, der jetzt stürmisch umringt wird, sich losreißt und sofort wieder ins Spielfeld jagt.

Gespannt folgen die Augen des Kleinen Kollis langen Beinen. Dass ein Fußballmatch so spannend sein kann, hätte Philipp im Leben nicht geglaubt.

„Das ist ein Sport!" Auch sein Vater ist begeistert. „Alles in Bewegung. Würde dir auch gut tun, Philipp. Musst ja nicht gleich ein Profi werden wie der Lange da. Der hat allerdings das Zeug dazu."

Jetzt sprudelt es aus Philipp heraus. „Das ist mein neuer Freund. Kolli! Der geht auf meine Schule."

„Nichts dagegen einzuwenden", nickt sein Vater. „Von dem kannst du lernen."

Sie warten an den Fahrradständern, bis auch die Mannschaften mit den grünen und roten Trikots das Sportfeld verlassen.

Philipp läuft Kolli entgegen.

„Warst richtig Klasse, ehrlich!", strahlt er und tanzt um den Großen herum wie ein aufgezogenes Tanzäffchen.

„Waff." Kolli stöhnt, wischt sich den Schweiß von der Stirn und schiebt den Tanzaffen beiseite. „Jetzt ab nach Hause, duschen. Und 'ne eiskalte Fanta."

„Wie lange spielst du schon?", erkundigt sich Philipps Vater.

„Ich? Drei Jahre."

Anerkennend pfeift der Vater durch die Zähne. Er fährt Philipp mit der Handfläche über die stoppelige Haarbürste.

„Glaubst du, der könnte das auch lernen? Ich meine, er ist ja Brillenträger."

„Hat doch damit nichts zu tun", lacht Kolli. „Warum nicht? Ich kann ihn ja mal mit zum Anfängertraining nehmen."

Und nun strampeln sie zu dritt zurück nach Hause.

Von jetzt an treffen sich Philipp und Kolli häufiger auf dem Schulweg. Meistens kommt der Große mit dem Rad und Philipp darf das Stück am Park entlang auf dem Gepäckträger mitfahren. Seine Freundin Petra lässt Philipp einfach hinterherjapsen. Auch das Spielzeuggeschäft kümmert ihn nicht mehr sonderlich. Radgefahren werden, sich am Großen festhalten, das ist ein gutes Gefühl.

Während der Pausen hält Philipp sich jetzt möglichst in der Nähe seines großen Freundes auf. Dass Philipp ihn bewundert, scheint Kolli zu gefallen. Er dreht mordsmäßig auf, wenn Philipp ihm beim Hasenschlagen zusieht. Nur etwas stört den Großen: Hinter Philipp kleckert meistens ein ganzer Rattenschwanz Drittklässler her.

„Was schleppst 'n immer das ganze Kleingemüse mit?", zischt Kolli eines Tages verächtlich. „Die sollen abhauen. Der Schulhof ist doch groß genug."

Aha, also ist Philipp in Kollis Augen kein Kleingemüse. Es schmeichelt ihm sehr. Trotzdem, irgendwie fühlt er sich in der Zwickmühle. Sonst hat er auf dem Schulhof mit Petra gespielt: Mausezeck oder Schlupfgeister fangen. Soll er jetzt vielleicht zu ihr sagen: Verschwinde, du Kleingemüse, komm mir nicht immer nachgedackelt? Mit Petra ist er doch immer gern zusammen.

Philipps Zwickmühle zwickt in den nächsten Tagen noch schlimmer. Kolli hat nämlich nachgedacht, wie man Kleingemüse schnellstens abschütteln kann: Man muss es ärgern. Und bald passiert es. Philipp treibt sich wieder bei den größeren Jungen aus der Orientierungsstufe herum. Und natürlich rückt auch Petra nach.
Urplötzlich springt Kolli vor das Mädchen, führt teuflische Verrenkungen auf und krächzt: „Hallo Stinkmöpschen! Lass mal kosten, wie du schmeckst." Er streckt seinen roten Waschlappen heraus und schlabbert Petra die ganze Backe nass.
„Hiiiii!", kreischt er. „Ist die sauer."
Augenblicklich hopsen noch andere Jungen um Petra. Einer singt: **„Rollmops in der Dose sa-haß u-hund stank, macht sich in die Hose, was für ein Gestank!"**
Mit ängstlich aufgerissenen Augen verfolgt Petra, wie sich der Kreis um sie immer enger zieht.
„Lasst mich raus!", heult sie los.
Philipp schaut zu. Auch er reißt die Augen auf, hält den Atem an. Doch er rührt sich nicht von der Stelle, bis die Hofaufsicht die Jungen auseinander treibt.
Petra wischt Tränen und Triefnase in ihren Ärmel.
„Kannst ruhig blöde glotzen!", blökt sie Philipp an. „So 'n tollen Freund hast du also! So 'n Mistkackblödmann! Ich gratulier dir auch schön!"

Sie lässt Philipp stehen und verschwindet in einer anderen Ecke des Schulhofs.

Den ganzen weiteren Unterrichtsvormittag schleicht Philipp um Petra wie der Kater um den heißen Brei. Wie sie das bloß schafft, so zu tun, als sei er durchsichtig. Als sei er nichts als Staub!

Es macht Philipp eine Menge aus, dass Petra allein nach Hause gehen will, ohne ihren Freund, der ja nun keiner mehr ist. Philipp trödelt in sicherem Abstand hinter ihr her. Mädchen sind sowieso doof, versucht er sich einzureden. Mausezeck auch und Schlupfgeister und alles.

Jetzt hat er erst recht Grund, zu seinem neuen Freund zu gehen, wann immer er Lust verspürt. Das hat sie nun davon, die Petra!

Am nächsten Morgen lehnt Philipp gleich in der ersten Pause an der Hauswand des Schulgebäudes, genau dort, wo der Große mit seinen Klassenkameraden tobt.

Kolli ruft kurz: „Hallo, Stoppel! Wie isses heute mit Fußball? Halb sechs."

„Klar, ich komme!", tönt Philipp, obwohl er noch gar nicht so sicher ist, ob er wirklich jemals Fußball spielen will.

Der Große hechtet zwei Hasen nach, quer durch den Sandkasten, über Holztische und Bänke. Bald hat er einen nach dem anderen abgeschlagen. Und dann ist er Hase. Kolli schlägt raffinierte Haken. Er trickst seine Verfolger aus. Das läuft so spannend ab wie auf dem Fußballfeld. Der Kleine muss lachen über die witzigen Sprünge, die sein

Freund macht. So eifrig verfolgt Philipp das Spiel, dass jetzt auch er hinter Kolli hergaloppiert und schreit: „Schneller! Los, Kolli!"

Unvermittelt macht der Große eine Kehrtwendung und schießt auf Philipp zu. Er hält sich fest am Kleinen, dreht ihn und benutzt ihn als abwehrenden Schild. Genauso plötzlich lässt er los und rast weiter.

Philipp taumelt. Er stürzt zu Boden. Dumpf schlägt sein Kopf auf der Kante des Sandkastens auf. Beine sieht er über sich, stampfende Schuhsohlen. Er wird getreten. Dann ist für einen Augenblick alles um ihn herum einfach weg.

Als der Kleine die Augen aufschlägt, beugt sich Frau Merle, seine Klassenlehrerin, über ihn. Die Pausenklingel schellt. Aus allen Winkeln stieben Kinder zum Schulgebäude.

„Was ist passiert?", fragt Frau Merle besorgt. Sie hilft Philipp auf die Beine. Verschwommen sieht er, dass er von Mitschülern umringt ist.

„Meine Brille!" Er tastet erschrocken an den Augen herum. Frau Merle hält ihm das zerbrochene Gestell hin, das nicht mehr zu gebrauchen ist.

Sie führt den Kleinen ins Lehrerzimmer. „Die anderen haben gesagt, jemand hätte dich geschubst. Wer war das?" Philipp erinnert sich: Kolli hat ihn umgerissen. Doch er bringt keinen Laut heraus, weil er jetzt heulen muss.

Die nächste Woche über darf Philipp nicht zur Schule: Verdacht auf leichte Gehirnerschütterung. Seine Mutter war mit ihm beim Arzt. Es geht ihm wirklich schlecht. Nicht so

sehr wegen der Beule am Hinterkopf, die kann Philipp aushalten. Nein, wegen des Großen. Immer wieder muss er an ihn denken. Mit Absicht hat Kolli ihn nicht umgerannt, bestimmt nicht. Aber hinterher, wo ist er da geblieben? Hat er dabeigestanden und zugeguckt, wie Frau Merle Philipp die kaputte Brille hingehalten hat? Oder hat sich Kolli sogar schon vorher verdrückt ...
Diese Gedanken lassen dem Kleinen keine Ruhe.
Mit Magenkneifen macht Philipp sich am Montagmorgen wieder auf den Weg zur Schule, ohne Petra. Die ist schon weg. Nicht *ein Mal* hat sie ihn besucht, kein einziges Mal angerufen. Philipp wählt einen Umweg, damit er nicht bei Spielzeug-Wolff vorbei muss. Er will nicht auch noch daran erinnert werden, dass höchstwahrscheinlich alle Metallbaukästen ausverkauft sind.
An der Schule hält er sich zwei, drei Minuten lang hinterm Zaun verborgen. Die Brille ist wieder in Ordnung, er sieht alles scharf. Sein Blick überfliegt den Schulhof. Er entdeckt den Großen, nah beim Schulhoftor. Ausnahmsweise steht der mal allein in der Gegend. An Kolli muss Philipp vorbei, so oder so. Das macht ihm Herzklopfen. Zwei Klassenkameraden begrüßen Philipp. Jetzt kann er nicht länger hinterm Zaun rumstehen.
Der Kleine presst die Lippen aufeinander, stößt sich vom Zaun ab und marschiert rasch durchs Tor. Nicht zu Kolli rübersehen ... Wird der sich rühren? Wird er Philipp ansprechen, irgendetwas sagen, was die Sache mit dem Sturz wieder gutmacht? Es ist nicht einfach, sich das Hingucken zu verkneifen.

Ganz kurz nur dreht Philipp sich nach Kolli um. Der winkt und grinst: „Na, wieder okay, Stoppel? Vergiss nicht: Heute Training, halb sechs."
Philipps Zähne beginnen leise zu knirschen, seine Backenknochen mahlen. „Nee danke! Keine Lust!" Ohne Kolli eines weiteren Blickes zu würdigen, schiebt Philipp sich in den Hof. Mit den Tränen steigt auch Zorn in ihm hoch. Er weiß jetzt: Kolli ist für ihn erledigt, ein für alle Mal. Auch wenn das wehtut. Auch wenn ihn das in der Brust drückt wie ein Stein.
In seiner Klasse freuen sich alle, dass Philipp wieder gesund ist. Sie bewundern seine Beule. Die hätten sie mal vor einer Woche sehen sollen! Da war sie noch viel größer. Nur Petra hält sich heraus.
In der Zwischenzeit haben die Kinder Laternen gebastelt. Morgen Abend ist es schon so weit: Die ganze Schule nimmt am Martinsumzug teil. Alle Laternen haben die gleiche Form: kleine Häuschen mit vielen bunten Fenstern, hinter denen man Schatten von Leuten sehen kann.
„Bevor wir die Stöcke anbringen, sind das unsere Tischlaternen", sagt Frau Merle. „Ich habe Teelichte für euch mitgebracht. In der Frühstückspause zünden wir sie an und machen's uns ganz gemütlich."
Auf Philipps Tisch steht keine Laterne. Er hat ja gefehlt. Und morgen, zum Laternenfest, wird Philipp auch keine neue Laterne mitbringen. Er wird die alte aus dem Keller nehmen müssen, die verbeulte.
Als es zur Pause klingelt, packen alle ihre Brote aus und Frau Merle verteilt die Lichte.

„Philipp?", fragt sie. „Hast du nichts zu essen mit?"
Lustlos öffnet Philipp seine Butterbrotdose. Er verspürt keinen Appetit.
„Philipp", sagt Frau Merle noch einmal. „Komm doch mal her zu mir. Ich habe etwas für dich."
Erstaunt erhebt sich der Kleine und einen Augenblick lang hören alle auf zu schwatzen und sehen auf die Lehrerin. Sie reicht Philipp eine fertige Laterne.
„Brauchst jetzt nur noch einen Stock. Kannst ja den alten vom letzten Jahr benutzen. Hast du den aufbewahrt?"
Philipp bestaunt die Laterne. „Wer hat die gemacht?"
„Petra!", rufen die anderen Kinder durcheinander. „Sie hat zwei gemacht. Eine für sich, eine für dich. Weil du doch krank warst."
Petra tut, als höre sie nichts. Philipp linst verstohlen zu ihr hin. Nach einer Weile guckt sie auch.
„Danke", bringt Philipp heraus, aber nicht besonders laut. Dann gucken sie sich noch mal an und ihre Augen lachen.
Auf dem Nachhauseweg fragt Philipp: „Kommst du grad noch mit zu Wolff?"
Petra trottet ganz gemütlich durch den Park. Philipp trottet neben ihr her.
„Na gut", antwortet sie. „Wenn du willst. Aber wenn sie wirklich keinen mehr haben?"
„Dann können sie einen bestellen." Philipp ist überrascht, dass ihm eine so tröstliche Antwort eingefallen ist. Na klar, dann muss er eben noch eine Weile auf den blauen Metallbaukasten warten! Und das ist doch wirklich nur ein Klacks.

Klaus Kordon

Klassenkeile

"Weißt du sicher, dass du das Geld in der Federtasche hattest?", fragt Herr Meinecke.
Renate nickt. "Ich weiß es ganz genau. Es war ein Zehnmarkschein." Sie wischt sich die Tränen fort.
Herr Meinecke ist ratlos. Er lässt den Blick durch die Klasse wandern, als erwarte er Hilfe von den Jungen und Mädchen.
Jetzt sieht er mich an!, denkt Clara und wird rot. So ergeht es ihr jedes Mal, wenn in der Klasse etwas passiert ist. Sie denkt, die anderen könnten glauben, dass sie dahinter steckt. Und weil sie weiß, dass sie rot wird, bemüht sie sich, nicht rot zu werden – und wird erst recht rot.
Herrn Meineckes Blick ruht auf Clara. Ihr rotes Gesicht hat ihn stutzig gemacht. Clara schlägt die Augen nieder und spürt, wie ihr noch heißer wird.
"Es ist besser, derjenige, der es getan hat, meldet sich freiwillig", sagt Herr Meinecke. "Falls er sich vor den anderen zu sehr schämt, kann er ja in der Pause zu mir kommen."
"Die Ente ist ganz rot", sagt da auf einmal Bernd. "Bestimmt war sie es."
Clara ist es, als setze ihr Herz aus. Das war es, was sie die ganze Zeit befürchtete! Seit sie vor zwei Jahren neu in die Klasse kam, Michael sie ansah und fragte: "Was ist denn das für eine hässliche Ente?" heißt sie Ente. Die ganze Klasse ruft sie so …

Einen Augenblick lang ist es still in der Klasse, keiner weiß, was er sagen soll. Auch Herr Meinecke nicht. Dann bricht ein Sturm los, alle rufen durcheinander, bis Herr Meinecke die Hand hebt: „Moment mal! Erstens sollt ihr die Clara nicht Ente nennen, sie lebt ja nicht im Wasser." – Er lächelt, es sollte ein Scherz sein, aber niemand lacht. – „Und zweitens: Wie kannst du so etwas sagen?" Herr Meinecke wendet sich Bernd zu. „Du kannst doch die Clara nicht einfach verdächtigen."

Bernd pustet sich das feuerrote Haar aus der Stirn. „Aber sie ist ja ganz rot geworden", verteidigt er sich. „Soll sie es doch sagen, wenn sie es nicht war."

Alle, auch Herr Meinecke, sehen Clara an, aber Clara bekommt den Mund nicht auf. Sie will reden, will etwas sagen, aber es geht nicht.

Moni, die hinter Clara sitzt, stößt ihr in den Rücken: „Los, gib der Reni die zehn Mark zurück!"

Clara legt den Kopf auf den Tisch und weint.

„Sie war es", ruft Michael von hinten. „Warum heult sie sonst?"

Das Pausenzeichen. Herr Meinecke nimmt seine Hefte und Bücher, blickt noch einmal in die Klasse und dabei wie zufällig Clara an. „Mein Angebot bleibt bestehen", sagt er. „Wer mir etwas zu sagen hat, kann ins Lehrerzimmer kommen." Und damit verlässt er den Raum.

Kaum ist Herr Meinecke draußen, setzt Geschrei ein. Die Mädchen und Jungen umringen Clara und reden auf sie ein.

Clara zieht den Kopf ein, bis sie es nicht mehr aushält. Sie springt auf, stößt die anderen beiseite und läuft aus der Klasse.

Einige der Jungen verfolgen Clara. Sie flüchtet sich in die Mädchentoilette, hockt sich auf den Klodeckel und weint weiter. Aber es ist ein wütendes Weinen geworden: Die Klasse ist ungerecht und Herr Meinecke hätte nicht einfach so verschwinden dürfen, wo er doch wusste, was die Klasse von ihr dachte. Aber vielleicht mag er sie auch nicht. Es gibt ja niemanden, der sie mag.

Clara versucht, sich so zu sehen, wie die anderen sie sehen: Sie ist ziemlich dick und deshalb ein wenig schwerfällig. Sie hat einen Augenfehler und trägt eine Brille. Ihre Stirn ist hoch und rund, die Ponyfrisur ändert da auch nicht viel. Sie ist wirklich nicht schön.

Aber muss sie denn schön sein? Was ist Schlechtes daran, wenn sie nicht schön ist? Und außerdem: Der Bernd mit seinem roten Haar, den weißen Augenwimpern und dem Gesicht voller Sommersprossen ist auch nicht „schön", aber niemand wirft ihm das vor; er ist sogar der Anführer der Jungen.

Dürfen Jungen hässlich sein? Clara denkt darüber nach, aber sie kommt zu keinem Ergebnis; sie weiß nur, dass sie es ist, die die anderen nicht leiden können. Und dass ihr deshalb bald alles keinen Spaß mehr macht.

Die Klingel! Die letzte Stunde beginnt.
Clara geht zum Waschbecken, spült sich die Tränenspuren

aus dem Gesicht und geht in die Klasse zurück. Fräulein Bergner, die Deutschlehrerin, ist noch nicht in der Klasse. Clara schlägt ein feindseliges Schweigen entgegen. Nur Michael sagt etwas. „Die ist keine Ente", sagt er, „die ist eine Elster." Einige lachen erlöst, die andern schweigen weiter.

Dann kommt Fräulein Bergner und spricht über den Unterschied von Fabeln, Sagen und Märchen. Clara hört nicht zu, der größte Teil der Jungen und Mädchen hört nicht zu. Es schwelt in der Klasse, Briefchen fliegen hin und her und es wird getuschelt.

Clara hofft, dass die Stunde nie vorübergeht. Sie hat Angst vor dem, was danach geschieht. Aber dann läutet es, und das mit der unaufmerksamen Klasse unzufriedene Fräulein Bergner sagt noch schnell die Hausaufgaben an, bevor es den Raum verlässt.

Clara schreibt sehr langsam, und noch langsamer legt sie ihre Hefte und Bücher zusammen und schiebt sie in die Tasche. Auch auf dem Flur lässt sie sich Zeit. Umständlich zieht sie ihre Jacke an, die als einzige übrig geblieben ist. Sie will, dass die anderen weg sind, wenn sie die Schule verlässt. Doch als sie aus dem Schultor tritt, sind die anderen nicht weg; sie stehen da und sehen ihr mit verkniffenen Gesichtern entgegen.

„Deine letzte Chance", sagt Michael. Und Bernd droht: „Gib Reni die zehn Mark zurück, oder es gibt Klassenkeile."

„Ich habe Renis Geld nicht!" Endlich kann Clara sich verteidigen. Sie kann sogar schreien.

„Du lügst", sagt Bernd. Und dann schlägt er Clara ins Gesicht.
Einen Augenblick ist nicht nur Clara wie gelähmt, auch die anderen stehen betroffen da. Bernd grinst verlegen, lässt aber nicht von Clara ab. „Rück das Geld raus, Ente!", ruft er, um den Schlag nachträglich zu rechtfertigen.

Clara läuft los. Die anderen stehen noch einen Augenblick herum, dann verfolgen sie sie. Immer schneller werden sie, bis sie Clara erreicht haben. Sie umringen sie und wieder ist es Bernd, der als Erster zuschlägt. Doch diesmal stoßen und schubsen auch die anderen Clara. Wie gehetzt, als hätten sie keine Zeit zu verlieren, drängen sie sich an sie und stoßen sie herum. Clara hält sich die Mappe vor das Gesicht und rührt sich nicht.
„Wollt ihr wohl aufhören!" Eine Frau zieht Bernd, Michael und Moni, die es am schlimmsten treiben, von Clara weg. „Ihr solltet euch was schämen!", sagt sie.
Die Jungen und Mädchen lassen von Clara ab, bleiben aber mit erhitzten Gesichtern stehen. „Die ist eine Diebin", sagt Michael. Und Moni zeigt auf Reni, die nicht mitgeschlagen hat: „Sie hat ihr zehn Mark gestohlen."
„Deshalb dürft ihr sie trotzdem nicht schlagen", schimpft die Frau, bevor sie weitergeht. „Sagt euren Eltern Bescheid, die werden schon wissen, was zu tun ist."
Clara lässt die Mappe sinken und geht weiter. Sie läuft nicht mehr, sie geht langsam. Es ist ihr egal, ob die anderen sie noch einmal einholen oder nicht. Erst an der Straßen-

ecke, an der ihr Weg sie nach rechts führt, schaut sie sich einmal kurz um: Es ist ihr niemand gefolgt.
Clara bleibt an der Ecke stehen. Soll sie nach Hause gehen? Die Mutter wird fragen, was geschehen ist, und wenn sie es weiß, wird sie wieder sagen: Es liegt an dir. Du musst dich bemühen, Freunde zu finden. Du allein bist schuld, wenn die anderen dich nicht mögen. Die Mutter ist auch nicht schön, aber sie versteht es, sich zurechtzumachen. Sie zieht sich gut an und steht jeden Morgen eine halbe Stunde im Bad und schminkt sich weg, was ihr nicht gefällt. Diese Kunst, die sie meisterhaft beherrscht, nennt sie das „Geheimnis ihres Erfolges". Und sie hat ja auch Erfolg. Alle Leute mögen sie, sind gern bei ihr zu Gast und laden sie ein. Ob sie sich später auch schminkt, um Erfolg zu haben? Clara weiß es nicht, kann es sich aber nicht vorstellen. Wenn die Mutter sich schminkt, ist es, als verstecke sie etwas vor den anderen; etwas, was aber trotzdem da ist. Das ist, als ob man lügt.
Clara geht nicht nach Hause. Erst nur langsam, dann immer schneller werdend, wendet sie sich nach links. Am Marktplatz ist ein Kino, das bringt schon mittags den ersten Film.

Der Vorhang aus gelbem Samt schließt sich, das Licht flammt auf, leise Musik ertönt. Clara steht auf, zieht ihre Jacke an, nimmt die Mappe und verlässt den Kinosaal.
Draußen ist es dunkel, es ist bereits später Nachmittag. Schneeflocken wirbeln durch die Luft.

Der erste Schnee in diesem Jahr. Gestern noch hätte sie sich darüber gefreut, heute freut sie sich nicht. Sie steht vor dem Kino und weiß nicht, wohin. Sie hat Hunger, aber kein Geld, um sich etwas zu kaufen. Sie hat ihr ganzes Geld für die beiden Filme ausgegeben, die sie gesehen hat. Aber von den Filmen hat sie nicht viel mitbekommen, nur dass der eine ein Western und der andere ein Kriminalfilm war.
Ihr wird kalt. Sie verlässt den Platz vor dem Kino und geht die Einkaufsstraße entlang. In den Schaufenstern ist schon Weihnachten, es glitzert und glänzt und preist an.
An normalen Tagen müsste sie aufpassen, die Mutter nicht zu treffen. Heute aber wird die Mutter nicht einkaufen sein, sie wird zu Hause sitzen und sich Sorgen machen. Aber wenn sie zurück ist, wird die Mutter die Sorgen vergessen, dann wird sie schimpfen und wieder ihr an allem die Schuld geben.
In einem Schaufenster ist eine Puppenparade aufgebaut: große Puppen, mittlere Puppen, kleine Puppen; alle um einen Puppenwagen herum. Clara bleibt stehen. Als sie noch mit Puppen spielte, hatte sie sich oft verkleidet; eine Prinzessin hatte sie sein wollen. Und die Mutter hatte gesagt: „Jawohl, du bist unser Schneewittchen!"
„Warst du noch gar nicht zu Hause?"
Clara fährt herum: Bernd steht hinter ihr. Erst will sie weglaufen, aber dann bleibt sie stehen. Bernd ist allein, und wenn er allein ist, ist er ganz anders. Sie schüttelt stumm den Kopf.
Bernd tut, als wolle er pfeifen, aber er bringt keinen Ton heraus.

„Geh doch weiter", sagt Clara. Vor diesem Bernd hat sie keine Angst.

„Wenn du willst!" Bernd zuckt die Achseln, geht aber nicht.

„Das mit Renis Geld", sagt er, „das war ein Irrtum."

Ein Irrtum?

„Sie hat den Zehnmarkschein wieder gefunden."

„Wo war er denn?", entfährt es Clara, obwohl sie das eigentlich gar nicht so sehr interessiert.

„Na, wo schon?", grinst Bernd. „Zu Hause! Sie hatte ihn mitnehmen wollen, aber dann vergessen. In der Schule hat sie gedacht, sie hätte ihn in die Federtasche gesteckt. Das ist mir auch schon passiert."

So war das also! Und nur weil Reni sich geirrt hatte ... Clara ist es, als müsste sie gleich wieder losheulen. „Ihr seid gemein", sagt sie.

Bernd wehrt sich nicht. „Reni war schon bei deiner Mutter", sagt er. „Sie wollte sich bei dir entschuldigen, aber du warst nicht zu Hause."

„Na klar war ich nicht zu Hause!", ruft Clara. „Meine Mutter hätte mir doch angemerkt, dass was los war."

„Hätte deine Mutter dir auch nicht geglaubt?"

„Geglaubt schon", gibt Clara zu. „Aber dass ihr mir nicht geglaubt habt, daran hätte sie mir die Schuld gegeben."

Bernd wird ganz verlegen. „Wir dachten, du hättest das Geld genommen, weil ... Wir waren blöd ... Hat es sehr wehgetan?"

Clara schüttelt den Kopf. Bernd meint ja nur die Schläge.

Im Wohnzimmer brennt Licht. Clara kann es von unten her sehen, aber sie geht noch nicht nach oben; sie steht mit Bernd vor dem Haus und schweigt.

„Wir haben beschlossen, nicht mehr Ente zu dir zu sagen", sagt Bernd leise.

„Ach, das könnt ihr ruhig", erwidert Clara. Dann verbessert sie sich: „Oder vielleicht lieber doch nicht."

Bernd steht direkt unter der Laterne, Clara kann sehen, dass er wieder grinst, und wird mutig. „Warum verspotten die anderen dich eigentlich nicht?", fragt sie. „Ich meine … wegen deiner roten Haare."

„Das haben sie mal versucht, Feuermelder haben sie zu mir gesagt. Aber sie haben es schnell wieder sein lassen."

„Und warum?"

„Ich hab sie verhauen."

„Im Prügeln bist du stark, was?"

Bernds Grinsen erlischt. „Früher hab ich es nur getan, um mich zu verteidigen."

„Und jetzt?"

„Die wollen das doch so! Vor den Starken haben sie Angst, die lachen sie nicht aus, nur auf den Schwachen hacken sie herum."

„Du doch auch", sagt Clara.

Bernd lehnt sich an die Laterne, schiebt die Hände in die Taschen und schweigt.

Clara begreift: Bernd ist gar nicht so stark, er tut nur so, weil er Angst hat. Sie muss lachen. „Wenn die anderen uns jetzt sehen würden! Die Ente und der Feuermelder, würden sie sagen."

„Quatsch!" Bernd stößt sich von der Laterne ab und geht ein paar Schritte von Clara fort. Dann dreht er sich noch einmal um: „Die sollen sich selber ansehen, so schön sind sie auch nicht."

Gudrun Pausewang

Rache

Sie waren seit dem ersten Schuljahr Freundinnen gewesen. Sie hatten sich gleich am ersten Schultag nebeneinander gesetzt, und seitdem waren sie immer zusammen geblieben, die Marga und die Stefanie, bis jetzt in der vierten Klasse. Marga hatte das ganze Gesicht voller Sommersprossen und Stefanie hatte X-Beine. Aber das störte sie nicht. Sie mochten sich einfach. Dass Stefanie eine sehr gute Schülerin war, machte Marga nicht unsicher, und dass Marga immer mindestens einen Fünfer im Zeugnis hatte, brachte Stefanie nicht dazu, ihr die Freundschaft zu kündigen. Marga konnte Rad schlagen, Stefanie nicht. Aber Stefanie konnte Flöte spielen und Marga nicht. Sicher hätten sie auch alle Nachmittage daheim miteinander gespielt, aber zwischen Stefanies und Margas Zuhause lag ein halbes Stadtviertel. *Die Unzertrennlichen* wurden sie von der Klassenlehrerin, Frau Grabowski, genannt.

Aber an einem unglückseligen zehnten Mai, ausgerechnet an einem Tag, an dem Frau Grabowski auf eine Tagung gefahren war, wurde das plötzlich anders. Und es begann aus einem ganz und gar unwichtigen Zwischenfall:

In der Zeichenstunde bei Herrn Lodner malten alle Kinder mit Wasserfarben. Sie mussten scharf aufpassen, dass die Farben nicht ineinander liefen. Stefanies Bild wurde besonders schön, ein Blumenbild für den Muttertag, es war schon fast fertig. Herr Lodner hatte es schon hochgehalten und herumgezeigt und gelobt. Wirklich, Stefanie musste selber zugeben, dass es ihr gut gelungen war. Sie glühte vor Stolz. Nur noch ein paar Blätter an einem etwas kahlen Stängel – aber da passierte Marga das Missgeschick, mit dem alles anfing: Sie stieß aus Versehen gegen den Wasserbecher, er kippte um und das Wasser ergoss sich über Stefanies Bild. Stefanie schrie auf. Ihr schönes Bild! Unwiederbringlich verloren, nicht mehr zu retten – die ganze Arbeit umsonst! Marga war so bestürzt, dass sie keinen Ton herausbrachte. Die ganze Klasse starrte erschrocken auf Stefanie. Die begann jetzt zu weinen.

„Na na", sagte Herr Lodner, „es ist zwar schade um das schöne Bild, aber es ist ja immerhin kein Beinbruch. Du malst eben ein neues, nicht wahr? Vielleicht wird es noch schöner."

Aber Stefanie malte kein neues Bild. Bis zum Ende der Stunde blieb sie steif und stumm auf ihrem Platz sitzen, während Marga mit Schwamm und Lappen den Tisch trockenwischte. Marga ließ das Bild abtropfen und legte es dann zögernd vor Stefanie auf den Tisch. Den Rest der Stunde starrte Stefanie mit gesenktem Kopf darauf und sprach kein Wort mit Marga.

In der Pause war ein Gedränge im Treppenhaus. Stefanie war zuerst auf dem Schulhof. Als Marga zu ihr hinlief, rief Stefanie ihr entgegen: „Verschwinde, du Bildkaputtmacherin!"

Marga sah sie verblüfft an, dann bekam sie ein hartes Gesicht und sagte: „Na gut, dann nicht, du beleidigte Leberwurst. Ich finde genug andere zum Spielen."

„Andere?", rief Stefanie. „Wer will denn schon mit dir spielen, du Sommersprossenfratze!"

Marga drehte sich blitzschnell um und schnitt wirklich eine Fratze. „Und du mit deinen X-Beinen?", rief sie. „Du kannst ja nicht einmal Radschlagen!"

„Und du nicht flöten!", schrie Stefanie wutentbrannt. „Du kannst ja überhaupt nichts außer Rad schlagen, und wozu taugt denn schon dein dummes Radschlagen?"

„Du Angeberin!", kreischte Marga. „Du Alleswisserin! Mit dir kann man ja gar nicht vernünftig spielen!"

„Und mit dir auch nicht!", kreischte Stefanie zurück. „Man muss sich ja mit dir genieren!"

„Vorhin hat's mir Leid getan, dass ich den Becher umgestoßen hab", brüllte Marga Stefanie ins Gesicht, „aber jetzt bin ich direkt zufrieden mit mir, dass ich's getan hab, jawohl, damit du's weißt!"

Eine ganze Runde hatte sich bei diesem Geschrei um die beiden versammelt und hörte interessiert zu.

„Gib's ihr, Stefanie!", rief jemand.

„Mach sie fertig, Marga!", rief eine andere Stimme.

Aber Fräulein Straßner, die Hofaufsicht hatte, kam und scheuchte den Schwarm auseinander.

In der nächsten Stunde hatte die vierte Klasse Vertretungsunterricht bei Fräulein Straßner. Diese Lehrerin war schon alt und hatte Mühe, mit der lebhaften Klasse fertig zu werden. Und so wagte Stefanie, Marga so zu stoßen, dass sich Marga einen dicken dunklen Tintenstrich quer über die Heftseite machte.

Marga wurde so wütend, dass sie aufschrie.

„Das hat Stefanie doch sicher nicht mit Absicht getan", tröstete sie Fräulein Straßner.

„Doch", rief Stefanie und stand auf, „ich hab's mit Absicht getan. Ich hab mich gerächt, weil sie mir mein Wasserfarbenbild verdorben hat."

„Pfui", sagte Fräulein Straßner. „Das hätte ich nicht von dir erwartet. Setz dich."

Stefanie setzte sich, aber ihr Stuhl war nicht mehr dort, wo sie ihn hingeschoben hatte. Marga hatte ihn weggezogen, und nun landete sie hart auf dem Fußboden. Die ganze Klasse brach in Gelächter aus und Marga lachte am lautesten.

„Pfui, pfui!", rief Fräulein Straßner. „Das ist ja abscheulich!" Und sie setzte die beiden Mädchen auseinander. Marga blieb, wo sie war, Stefanie kam auf den Platz eines Jungen, der wegen Krankheit fehlte.

Aber in der nächsten Pause kehrte Stefanie wieder auf ihren alten Platz zurück. Frau Becker, die Handarbeitslehrerin, wusste ja nicht, dass Stefanie versetzt worden war. In der nächsten Stunde wurde gestickt, alle Mädchen mussten nacheinander zu Frau Becker herauskommen und ihre Stickerei vorzeigen, auch Stefanie. Sie nahm sich sehr in

Acht, als sie auf ihren Platz zurückkam und sich setzte. Sie hielt den Stuhl fest. Ein paar Mädchen beobachteten sie und kicherten. Stefanie war es nicht gewohnt, dass jemand über sie kicherte. Sie biss sich auf die Unterlippe. Ihre Augen funkelten. Auch Marga wurde aufgerufen und musste nach vorn zu Frau Becker kommen. Frau Becker lobte ihren Hexenstich und ihren Kreuzstich. Marga war es nicht gewohnt, gelobt zu werden. Stolz kehrte sie auf ihren Platz zurück und vergaß, sich in Acht zu nehmen.

So merkte sie nicht, dass Stefanie ihr die Stickschere mit der Spitze nach oben unterhielt, als sie sich setzte. Die Schere bohrte sich tief durch die Jeanshose in den Oberschenkel. Marga fuhr hoch, wurde kreidebleich und schrie wie am Spieß. Da kam auch schon Blut durch die Hose gesickert. Frau Becker rannte und rief den Hausmeister, der brachte Marga ins Krankenhaus, wo ihre Wunde gereinigt und verbunden wurde.

Am nächsten Tag, als Frau Grabowski wieder da war, fehlte Marga. Frau Grabowski ließ sich die ganze Geschichte haargenau erzählen. Stefanie saß mit gesenktem Kopf da und wagte nicht aufzusehen.

„Was hast du dazu zu sagen, Stefanie?", fragte Frau Grabowski.

„Es tut mir Leid", hauchte Stefanie. „Aber sie hat angefangen."

„Aber du hast weitergemacht", sagte Frau Grabowski. „Mir scheint, ihr habt beide eine Menge versäumt. Marga hat versäumt, sich sofort bei dir zu entschuldigen. Und du hast versäumt, ihr zu verzeihen. Und alle beide habt ihr versäumt, euch eure Rachegedanken aus dem Kopf zu schlagen."

Dann wandte sich Frau Grabowski an die ganze Klasse. „Und ihr?", fragte sie. „Schämt ihr euch nicht?"

„Wir?", riefen die Kinder verblüfft. „Wir haben doch keine Schuld!"

„Da irrt ihr euch aber gewaltig", sagte Frau Grabowski. „Habt ihr auf dem Schulhof die beiden Kampfhähne nicht noch angefeuert? Habt ihr nicht gekichert über Stefanies Wut? Habt ihr euch nicht nur amüsiert, statt zu versuchen, die beiden wieder zu versöhnen?"

Die ganze Klasse schwieg betroffen.

„Jetzt wisst ihr, was Rache heißt und was dabei herauskommt", sagte Frau Grabowski. „Ich erwarte, dass ihr das nächste Mal, wenn sich wieder jemand an jemandem rächen will, gleich dafür sorgt, dass es nicht so weit kommt wie gestern. Und was Marga betrifft, so schlage ich vor, dass ihr euch heute Nachmittag trefft und alle zusammen zu ihr geht und sagt, dass es euch Leid tut."

„Wir könnten Geld sammeln für einen Blumenstrauß", rief ein Kind.

„Keine schlechte Idee", sagte Frau Grabowski.

„Und ich", sagte Stefanie, „bringe ihr eine Flöte mit. Die kaufe ich von meinem gesparten Geld. Sie wollte nämlich auch so gern Flöte spielen lernen."

„Grüßt sie von mir", sagte Frau Grabowski.

Uwe-Michael Gutzschhahn
Das Geschenk

1.

Andrea wusste mit einem Blick: Wenn Norbert den roten Pritschenlaster mit dem kleinen Esso-Tank auf der Ladefläche sehen würde, wäre er hin und weg. Norbert sammelte wie ein Besessener Tankzüge. Sieben Sattelschlepper mit unterschiedlichen Zugmaschinen und fünf Tankwagen mit Anhänger gehörten schon zu seinem Fuhrpark. Und alle hatten das gleiche Firmenzeichen auf dem Tank.

Das Zeichen war wichtig. Ohne Esso-Aufkleber war ein Tankwagen für ihn nichts wert. Norberts großes Vorbild war der Meiner im Industriegebiet. Meiner, der mit Treibstoff und Heizöl handelte, fuhr ausschließlich Esso.

Andrea war zwar sofort aufgefallen, dass der Kleinlaster mit dem Tank auf der Pritsche nicht weiß wie die anderen Tankzüge in Norberts Fuhrpark war. Aber das Esso-Zeichen klebte deutlich sichtbar auf dem Wagen.

Trotzdem überlegte sie einen Moment, ob sie beim Meiner im Industriegebiet je einen *roten* Kleinlaster gesehen hatte. Andrea war sich nicht sicher. Aber nach kurzem Überlegen entschied sie sich einfach für ja. Und damit war klar: Norbert fehlte ein Pritschenwagen mit kleinem Tank auf der Ladefläche.

Wo es so einen Wagen wohl zu kaufen gab? In einem der

Spielwarenläden in der Stadt jedenfalls nicht. Da wäre er ihr bestimmt aufgefallen.

Andrea hatte große Lust, den Wagen in die Hand zu nehmen und aus der Nähe zu betrachten. Irgendwie sah er ja doch etwas anders aus als Norberts übrige Tankflotte. Aber an allen Ecken und Enden des Saals standen Schilder mit dem Hinweis: **NICHT BERÜHREN!** Unverschämt viele Schilder. Fast als ob sie die Ausstellungsobjekte wären. Sie sprangen Andrea überall ins Auge. Typisch Schule. Das Wichtigste waren die großen Warntafeln.

Immer vor den Weihnachtsferien gab es diese Ausstellungen. Beim letzten Mal war die Foto-AG dran gewesen. Jetzt zeigte die Eisenbahn-AG, was sie zu bieten hatte. Jedes Jahr die gleiche Zeremonie: den kleinen Musiksaal ausräumen, die Ausstellung aufbauen, dann große Eröffnung mit Ansprache des Vertrauenslehrers, danach freier Zugang für alle Schüler. Und jeder war aufgefordert, lautstark begeistert zu sein. Auch eine Jury wurde gewählt, um die besten Arbeiten zu prämieren. Und zum Schluss vergab der Direktor in der Aula Preise und Urkunden.

Andrea wusste, sie würde nie in der Schule vorzeigen, was sie in ihrer Freizeit machte. Da konnten die Lehrer sie noch so drängen. Musterschülerin hin oder her, ihre Freizeit verbrachte sie lieber allein. Oder manchmal mit Norbert, wenn sie gemeinsam Rad fuhren, am Industriegelände vorbei und hinter den Tankkesseln vom Meiner weiter zum alten Kanal. Auf jeden Fall war das besser als in einer AG. Noch einmal warf Andrea einen Blick über die verschiedenen Modellbahn-Anlagen, an denen sie vorbeigeschlendert war. Interessant war wirklich nur die große Hafenanlage mit den zwei riesigen Containerschiffen und den auf Schienen fahrenden Elektrokränen am Kai, die mit ihren Armen maßstabsgetreu nachgebildete Container aus den offenen Ladeluken der Frachter hievten. Aber eigentlich waren es nicht die fünf Kräne, die Andrea so fesselten.

In der Nähe dieses mit Gleisanschluss und großem Eisenbahnbetrieb versehenen Kais gab es auch eine Diesel-Bunkerstation zum Betanken der Schiffe. Alles perfekt mit Schläuchen direkt zu dem vorderen Frachter hinüber. Völlig verkehrt war nur, dass auf dem Gleis hinter der Station willkürlich Tankwaggons in allen möglichen Farben und mit allen nur denkbaren Markenzeichen aufgereiht standen. So was hatten Andrea und Norbert beim Meiner im Industriegebiet nie erlebt. Norbert hatte ihr erklärt, dass ein Händler wie Meiner immer nur eine Marke vertritt.

Und auf der anderen Seite der Bunkerstation stand der rote Pritschenwagen mit dem kleinen Esso-Tank auf der Ladefläche. Der passte nun gar nicht dort hin. Und außerdem war der Tank ja viel zu klein, um Treibstoff für Containerschiffe zu transportieren.

Wer so wenig von seiner Sache verstand, sollte die Finger von einer so schönen Bunkerstation lassen, dachte Andrea und stellte sich vor, wie ideal sie zu Norberts Fuhrpark passen würde. Nur noch ein Esso-Schild aufgeklebt, und Andrea hatte endlich das ideale Geburtstagsgeschenk für ihren kleinen Bruder.

Norbert tat ihr Leid. Immer war er angeschmiert. Ausgerechnet drei Tage vor Weihnachten musste er Geburtstag haben. Wer hat denn da Geld, um ein richtiges Geburtstagsgeschenk zu kaufen?

Aber das mit der Diesel-Bunkeranlage war natürlich nur so eine Idee. Die war ja viel zu teuer zum Kaufen.

Andrea dachte an Norbert und dass sie ihm noch nie zum Geburtstag *und* zu Weihnachten was Richtiges geschenkt hatte. Ein Weihnachtsgeschenk für Mama, eins für Papa und eins für Norbert – danach war sowohl ihr Einfallsreichtum als auch ihr Dezember-Taschengeld erschöpft. Dieses Jahr war das kein bisschen anders. Seit Tagen Ebbe in allen Hosentaschen. Von der gähnenden Leere im Portmonee ganz zu schweigen. Und nach einem Einfall, was man für nichts kriegen könnte, um seinen Bruder glücklich zu machen, fahndete sie schon seit Wochen erfolglos.

Man hätte die Bunkerstation natürlich klauen können. Aber wie versteckt man so eine große Anlage vor den Blicken der anderen? Blödsinniger Gedanke. Wenn die Bunkerstation fehlte, das wäre sofort aufgefallen.

Aber der rote Kleinlaster? Andrea betrachtete ihn aufs Neue. Wie der in Norberts Fuhrpark fehlte! Und hier stand er völlig verkehrt. Er passte überhaupt nicht hin. Wenn man es genau nahm, störte er richtig. Vielleicht würde das auch die Jury merken, die die beste Modellbahn-Anlage prämieren sollte. Wenn Norbert in der Jury säße, wär ihm das gleich aufgefallen. Und dann würde es Minuspunkte geben. Und den ersten Preis würde die Hafenanlage deswegen nie bekommen.

Andrea sah sich um. Sie war nur ein ganz kleines bisschen nervös. Wenn sie jetzt zugriff, würde es kein Mensch mer-

ken. Und unter ihrem Pullover war Platz für drei rote Tankwagen. Wozu trug sie denn Pullover, die zwei Nummern zu groß waren!
Ob es jemandem auffallen würde, wenn nachher der Pritschenwagen mit dem Tank auf der Ladefläche nicht mehr an seinem Platz stand? Ach was, kein Mensch würde ihn vermissen. Alle würden einzig und allein darauf achten, wie die fünf Elektrokräne Container aus den Frachtern hoben.

2.

Wie immer bestand Norberts Geburtstag nur aus einer kleinen morgendlichen Frühstücksaktion. Mama stellte eine Kerze auf den Küchentisch und kochte Kakao statt Instantkaba.
Papa saß schon an seinem Platz, wenn Norbert zur Tür hereinkam. Aber er legte die übliche Zeitung ausnahmsweise gleich weg und stand sogar auf. Dann sagten Mama und Papa: „Herzlichen Glückwunsch, mein Junge!", wünschten ihm viel Erfolg für das neue Lebensjahr, und Mama meinte schließlich: „Na, da wollen wir mal jeder sein Geschenk für dich holen. Viel ist es natürlich nicht so vor Weihnachten."
Und die beiden ließen Norbert allein in der Küche zurück.
Andrea war diesmal spät dran und schloss sich ihren Eltern gerade in dem Moment an, als sie wieder zu Norbert hinein wollten. Also kamen sie wie Caspar, Melchior, Balthasar mit ihrem Geschenk vorm Bauch ins Zimmer, Andrea als Letzte.
Wie immer überreichten Mama und Papa ihre Geschenke in Weihnachtspapier. Nur Andrea hatte diesmal rechtzeitig

daran gedacht und in allen Schubladen des Hauses nach anderem Geschenkpapier gekramt. Zum Glück war ihr plötzlich das Smiley-Papier in die Hände gefallen. Der Lachkopp, so rund wie die Sonne, war gut. Bestimmt würde Norbert genauso strahlen, wenn er sein Geschenk ausgepackt hatte.

Andrea interessierte sich gar nicht dafür, was Mama und Papa schenkten. Sie wartete nur fieberhaft darauf, was Norbert zu dem roten Pritschenlaster mit dem Esso-Tank auf der Ladefläche sagen würde.

Norbert rupfte die gelbe Schleife mit aller Gewalt herunter. Andrea war sich nicht sicher, ob er überhaupt merkte, dass ihr Geschenk nicht wieder so ein verfrühtes Weihnachtspäckchen war, das dem Weihnachtsmann vom Schlitten hüpfte. Er riss das Papier mit den Smiley-Gesichtern einfach entzwei. Und dann öffnete er die graue Pappschachtel, die Andrea auch noch gefunden und in die der rote Laster haargenau reingepasst hatte.

Im ersten Moment sagte Norbert nichts.

Onne etwas zu tun oder zu sagen, starrte er den Inhalt der Schachtel an.

Dann nahm er ihn mit spitzen Fingern heraus.

Und dann sagte Norbert immer noch nichts.

Immer noch ohne etwas zu tun oder zu sagen, starrte er den roten Pritschenlaster mit dem Esso-Tank auf der Ladefläche an.

Dann endlich sagte er halblaut zu Andrea: „Kommt mir bekannt vor." Und sah sie an, aber ganz anders, als der Smiley auf dem Geschenkpapier.

Mehr sagte er nicht. Er stand auf, stellte den Pritschenwagen auf dem Kühlschrank ab und setzte sich wieder an den Tisch. Von den anderen Geschenken hatte Mama ihn schon befreit.

Alle saßen auf ihren Stühlen, nur Andrea stand verloren herum. Sie war ganz steif in allen Gliedern geworden.

Kein Sterbenswörtchen hatte Norbert zu dem Kleinlaster gesagt. Kein Danke. Kein Super. Kein Spitze. Nichts.

Und jetzt trank er seinen Geburtstagskakao, als wäre es ganz normaler Instantkaba.

Selbst Mama fragte irgendwann, ob Norbert die Geschenke denn nicht gefielen.

„Doch, doch, sehr schön", antwortete er flüchtig und musterte Andrea aus schmalen Chinesenschlitzen.

Sie ahnte, dass hinter den fast geschlossenen Lidern ein unheimliches Wissen lag.

Aber sie sagte nichts. Sie war auch unfähig zu essen oder zu trinken. Der Geburtstagskakao, von dem sie einen Becher abbekommen hatte, setzte Haut an. Je länger er stand, desto ekliger wurde der Gedanke, von ihm zu trinken.

Mama fragte: „Habt ihr was?"

Norbert schwieg. Andrea schüttelte den Kopf mit gesenktem Blick.

„Ich muss los", meinte Papa.

Und Mama sagte zu Norbert: „Über Mittag koch ich Spaghetti mit Soße, ja?"

Spaghetti mit Soße war Norberts Leibgericht.

Er antwortete: „Hm." Sonst sagte er nichts.

Mama lachte noch einmal unsicher. Dann folgte sie Papa,

der schon vorausgegangen war, um den Wagen aus der Garage zu holen.

Die Haustür fiel ins Schloss. Norbert und Andrea waren allein.

Sie schwiegen.

Ohne etwas zu tun oder zu sagen, starrte jeder vor sich hin und wartete ab.

Es war nicht zum Aushalten. Aber Andrea schaffte es nicht, einfach hinauszugehen.

Aus dem Wohnzimmer schlug die Uhr halb acht. Wenn sie rechtzeitig zur Schule kommen wollten, mussten sie jetzt aufstehen.

Andrea fragte leise: „Was ist?"

„Nichts, oder?", gab Norbert zur Antwort.

„Gehst du heute nicht?"

„Und du?"

Andrea gab keine Antwort. Aber jetzt merkte sie, wie Norbert sie ansah. Das war noch schlimmer. Plötzlich hatte sie Angst. Angst vor ihrem Bruder, der gerade erst neun geworden war. Andrea war elf, fast elfeinhalb.

„Red schon", sagte sie.

„Gekauft hast du den Tanklaster nicht."

Jetzt wusste sie, dass Norbert Bescheid wusste. Die Gewissheit war fast erleichternd.

„Nee, hat der Weihnachtsmann vor der Tür verloren."

„Ich weiß, wo du den Laster her hast."

In dem Moment fiel es Andrea wie Schuppen von den Augen. War sie blöd gewesen! Norbert, der in die gleiche Schule ging, war bestimmt auch in der Ausstellung gewesen. Und wahrscheinlich vor ihr. Dass ihm jeder Esso-Wagen aufgefallen war, dafür konnte man die Hand ins Feuer legen.

„So einen Laster kriegst du nämlich gar nicht mehr", sagte Norbert. „Ist 'n Hanomag. Asbach uralt. Der wird längst nicht mehr gebaut."

„Na und?"

„Im Spielwarenladen kriegst du ihn jedenfalls nicht."

Andrea schwieg.

„Und rote Esso-Wagen gibt es sowieso nicht mehr."

Andrea zuckte die Schultern. Alles war kaputt.

Norbert riss plötzlich seine Schwester aus ihren Gedanken: „Hast du schon oft geklaut?"

3.

Jetzt hatte Norbert leichtes Spiel. Voll und ganz hatte er seine große Schwester in der Hand. Und Andrea konnte nichts als abwarten.

Sie dachte daran, wie sie ihm immer als Musterbeispiel vorgehalten worden war. Von den Lehrern. Von Mama und Papa.

Und jetzt hatte sie geklaut.

Es brauchte nur irgendjemand mal wieder anzufangen: „Guck dir Andrea an. Nimm dir ein Beispiel an deiner Schwester." Dann würde Norbert klarstellen, was Sache war.

Jeden Tag konnte das passieren. Vor Weihnachten. Nach Weihnachten. Andrea wusste nicht, was ihr lieber war: dass es sofort herauskam und alle wußten, was sie Schlimmes getan hatte, oder dass Norbert sie wochenlang schmoren ließ.

Zwei Tage, dann waren Weihnachtsferien. Aber was für Weihnachtsferien? Einen solchen Namen hatten die nächsten Wochen gar nicht verdient. Keine Minute würde Andrea Ruhe haben. Und zwar so lange, bis Norbert herausließ, was er allein wusste. Und dann? Ob es danach je wieder wurde wie früher? Andrea glaubte nicht dran. Wer will schon was zu tun haben mit einer, die klaut?

Mama würde bestimmt mal sonntags bei Tisch sagen: „Norbert, jetzt sitz doch anständig am Tisch. Andrea hockt ja auch nicht wie ein Affe auf ihrem Stuhl."

Nicht *wie* ein Affe. Aber sie war ein Affe. Ein ganz blöder Affe sogar. Ein Affe, der anderen heimlich was wegnahm. Ein Affe, der klaut.

Sie hatte es wirklich verdient, dass Norbert sie verpfiff. Absolut verdient. Davon war Andrea felsenfest überzeugt.

Und genauso hatte sie verdient, dass sie mindestens hundert Nächte lang nicht schlafen konnte, wenn es Norbert eben einfiel, alles genau so lange für sich zu behalten.

Langsam glaubte sie, dass es noch viel schlimmer war, wenn Norbert mit dem Verpfeifen wartete. Ihr graute vor nachts. Heulen würde sie. Jede Nacht heulen, von spät bis früh. Und zittern vor Angst, was passierte, wenn endlich alles herauskam.

Papa stand ihr vor Augen, wie er immer wieder sagte: „Nicht mal, wenn man arm ist, hat man das Recht, einen anderen zu bestehlen."

Als ob sie das nicht selbst wüsste.

Warum hatte sie nur nicht früher darüber nachgedacht, was das hieß, einfach einen Tanklaster auf der Ausstellung mitgehen zu lassen? Überhaupt keine Gedanken hatte sie sich gemacht. Nicht mal, dass Norbert den Wagen schon vor ihr entdeckt haben könnte und also wusste, woher sie ihn hatte, nicht mal das hatte sie bedacht. Und deshalb war sie auch ein ganz blöder Affe.

Eine Freude hatte sie Norbert zum Geburtstag machen wollen. Eine Überraschung. Mit der schönsten Geburtstagsidee, die ihr je gekommen war.

Schöne Idee war das gewesen.

Andrea merkte plötzlich, dass sie schon mindestens zehn Minuten nicht mehr im Unterricht aufgepasst hatte. Wie denn auch, wenn einem solche Gedanken im Kopf rumgingen? Aber Frau Beining konnte sie vielleicht gerade jetzt, in diesem Moment aufrufen. Sie guckte schon so. Und dann? Alle in der Klasse würden sofort was merken, wenn sie keine Antwort gab. Wo sie doch sonst so eine aufmerksame Schülerin war.

Und Frau Beining würde auch was merken, weil Andrea ja sowieso schon zu spät zum Unterricht gekommen war. Das passierte sonst auch nie. Also würde Frau Beining jetzt nachhaken, was mit ihr los war. Und dann? Was sollte sie antworten? Sie konnte doch nicht die Wahrheit sagen, dass sie geklaut hatte. Aber Frau Beining anschweigen ging auch nicht, weil sie noch nie ihre Lehrerin einfach angeschwiegen hatte.

Andreas Gedanken drehten sich immer schneller im Kreis. Es war unmöglich, da rauszukommen. Am liebsten hätte sie

auf der Stelle losgeheult. Aber das ging schon wieder nicht, weil Andrea noch nie in der Klasse geheult hatte.
Alles, was sie tat oder nicht tat, führte nur dazu, dass die anderen merkten, mit ihr stimmte was nicht. Und dann würden sie anfangen zu fragen. Aber Andrea konnte doch unmöglich antworten, weil alle Antworten hätten lauten müssen: Ich habe geklaut.

4.
„Ich will wissen, wieso?", schnauzte Norbert erregt.
Es war der Tag vor Heiligabend. Die Weihnachtsferien – oder was sich so nannte – hatten begonnen. Andrea und Norbert saßen am Küchentisch. Mama und Papa waren noch arbeiten.
„Wieso, wieso! Ist nicht mehr zu ändern!", heulte Andrea.
„Hör auf zu heulen. Das hilft auch nicht", sagte Norbert ein bisschen ruhiger.
„Hab's eben gemacht!", schniefte sie. „Kannst du lange fragen, wieso!"
„Okay", gab Norbert nach und redete weiter, als wär er Andreas älterer Bruder: „Einverstanden. Aber behalten kann ich ihn auf keinen Fall."
Andrea fing wieder an loszuheulen.
„Jetzt hör doch auf", bat er. „Es ist nicht, weil ich geklaute Sachen nicht will. Im Normalfall wär's mir egal. Aber es ist kein Normalfall. Den Laster müsste ich immer vor meinen Freunden verstecken, verstehst du. Immer wenn jemand kommt, müsste ich aufpassen, dass er nicht irgendwo rumsteht. Das halt ich nicht durch. Irgendwann vergess ich's.

Und dann? Einer aus meiner Klasse weiß bestimmt, dass der Esso-Wagen vom Hafenmodell weg ist. Martin vielleicht oder Udo. Die haben mich doch gleich auf den Tankwagen aufmerksam gemacht, als wir in der Ausstellung waren. Und plötzlich ist genau dieser Tankwagen verschwunden. Das ist schon verdächtig genug. Stell dir vor, jetzt *finden* Martin und Udo den Wagen plötzlich bei mir. Ich schwör dir, dann bin ich geliefert. Für die wär ich glatt bis in alle Ewigkeit gestorben. Arme Schülersau beklauen geht nicht. Ist bei denen nicht drin, verstehst du das?"
Andrea fing schon wieder an loszuheulen. „Dann sag *du* doch, was ich machen soll!"
Norbert atmete einmal tief durch. „Wir bringen ihn zurück."
Andreas Schluchzer verstummten schlagartig. Und eine lange Pause entstand.
„Ich weiß, wo der Doppmann, der die Hafenanlage gebaut hat, wohnt", redete Norbert endlich weiter. „Da fahren wir hin. Müssen ja nicht klingeln. Reicht doch, wenn wir ihm ein Päckchen vor die Tür legen. Hat eben der Weihnachtsmann verloren."
Andrea sah Norbert mit starren Augen an.
„Was hast du?", fragte er, als er ihren Blick bemerkte. „Warum sagst du denn nichts?"
„Kommst du …", schluckte Andrea, „… kommst du ehrlich mit?"
Norbert grinste. „Klar. Ich kann dich doch nicht allein losziehen lassen. Wer weiß, was du sonst wieder mitgehen lässt."

Andreas Augen waren noch immer ziemlich feucht. Aber trotzdem quetschte sich jetzt ein ganz kleines Lachen aus ihren Mundwinkeln. Norbert sah ihre Lippen zittern.
„Los, hol die Pappschachtel", sagte er. „Wir fahren sofort. Sonst kommen wir als Weihnachtsmann noch zu spät."
Andrea raste aus der Küche in ihr Zimmer und war in der nächsten Sekunde mit der Schachtel zurück.
Norbert holte den roten Pritschenlaster vom Kühlschrank und legte ihn vorsichtig in die Verpackung.
„Warte", sagte Andrea. „Wir brauchen noch Weihnachtspapier. Sonst merkt er doch gar nicht, dass das ein Päckchen vom Weihnachtsmann ist."

Herbert Friedmann

Vogelgezwitscher

"Diese selten blöde Kuh", grummelte Jasmin vor sich hin. Sie meinte ihre Lehrerin, die die Kinder mal wieder mit Hausaufgaben belästigt hatte. Dabei lachte die Sonne vom ansichtskartenblauen Himmel. Im Schwimmbad wäre es jetzt viel amüsanter gewesen, als durch den Stadtpark zu stolzieren. "Diese doofe Frau Schlingbein", sagte Jasmin noch eine Spur zorniger.

Sie packte den Kassettenrekorder aus ihrem Rucksack, steckte das Mikrofon in die Buchse, drückte die Aufnahmetaste. Eine seltsame Idee von Frau Schlingbein – Vogelstimmen aufnehmen …! Jasmin schaute sich ratlos um. Auf dem Rasen aalten sich die Menschen in der Sonne. Im Teich schwamm ein einsamer Schwan. Auf einmal lachte Jasmin laut. Sie stellte den Rekorder auf einer Bank ab und schlug vor Freude einen Purzelbaum, so begeistert war sie von ihrer Idee. Sie flitzte quer über die Wiese, blieb vor einer Reihe Ahornbäume stehen, die den Park umzäunten. Zum Glück war sie eine gute Turnerin. Es kostete sie keine große Mühe, auf einen der Bäume zu klettern. Sie platzierte das Kassettengerät auf einem breiten Ast, versteckte das Mikrofon zwischen Zweigen.

"So, ihr Völgein, jetzt zwitschert mal schön. Ciao …"

Im Freibad vergaß sie bald den Rekorder und die Vogelstimmen. Erst als sie am Abendbrottisch saß, erinnerte sie sich wieder an die Hausaufgabe. Ehe die Eltern sie ausfragen konnten, war sie schon aus der Wohnung. Der Abend dämmerte. Der Wind machte die Bäume flüstern. Die Angst machte Jasmin Beine. Vogelfederleicht holte sie den Rekorder aus dem Geäst und sauste nach Hause.
Die Eltern empfingen sie mit Vorwürfen.
Jasmin murmelte eine Entschuldigung, setzte sich an den Tisch und ließ das Band zurückspulen. „Ich musste doch für die Schlingbein Vogelstimmen aufnehmen."
Die Mutter runzelte die Stirn. Vogelgezwitscher war es wirklich nicht, was sie hörten.

„Es geht ganz leicht", sagte eine Krächzstimme. **„Nach Ladenschluss warten wir am Hinterausgang. Der Filialleiter bringt das Geld meistens persönlich zur Bank, und wir ..."** Ein fieses Lachen dröhnte aus dem Lautsprecher, dann zischte jemand: **„Morgen Abend ... Schubertstraße ... Hinterausgang."**

„Mensch ...!", entfuhr es Jasmin.
Ihr Vater telefonierte mit der Polizei, aber der Beamte glaubte ihm nicht, und sie mussten Kassette und Rekorder zur Wache bringen. Am nächsten Abend wartete die Polizei auf die beiden Ganoven.
Der Leiter des Supermarktes schenkte Jasmin einen Einkaufsgutschein. Und Frau Schlingbein war auch freigebig: Sie brummte Jasmin eine Strafarbeit auf, weil sie die Hausaufgaben nicht gemacht hatte.

Isolde Heyne

Sonnenblumen

Erst am dritten Tag traute sich Christian, sie zu fragen. Er blieb beim Einsteigen in den Schulbus zurück, bis er genau wusste, wohin sich Katrin gesetzt hatte. Der Platz neben ihr würde frei sein, da war er ganz sicher. In all den Wochen, die seit den Sommerferien vergangen waren, hatte sich nie jemand zu Katrin gesetzt. Sie erschrak, als Christian es diesmal tat.

„Wo hast du denn die ganze Zeit gesteckt?", fragte er. „Früh bist du im Bus, mittags auch. Aber dazwischen? Warum bist du nicht in der Schule?" Christian redete hastig und leise. Er war aufgeregt.

Katrin rückte von ihm ab in die Fensterecke. Sie schaute zum Fenster hinaus. Als der Bus schon fuhr, drehte Katrin ihm wieder das Gesicht zu. „Warum willst du das wissen?", fragte sie. „Hat jemand nach mir gefragt?"

Christian sah, dass Katrin geweint hatte. Nicht jetzt, sie hatte wohl in den Stunden, die sie nicht in der Schule war, geheult. Die Spuren waren noch deutlich in ihrem Gesicht zu sehen.

„Frau Klingbeil hat gefragt, ob jemand weiß, was mit dir los ist", sagte er.

„Und? Hat es jemand sagen können?" Katrin war abweisend. Sie versuchte auch, ihre Füße unter dem Sitz zu verstecken.

Christian bemerkte aber dadurch, dass ihre Schuhe schmutzig waren, so als sei sie durch feuchte Erde gelaufen. An den Schuhen klebten noch ein paar Blätter.
„Sei froh, dass niemand was sagen konnte", meinte Christian. „Sie haben nicht mal sagen können, dass du früh und mittags da bist, aber nicht ..."
Katrin unterbrach ihn. „Sie nehmen einfach keine Notiz von mir", sagte sie. „Das war von Anfang an so, seit ich im September zu euch gekommen bin. Ihr seid genauso wie eure Betonschule!"
„Ich habe versucht, mit dir zu reden. Gleich am ersten Tag. Aber du hast mich nur angeschaut und bist davongelaufen. So hast du es mit allen gemacht. Da brauchst du dich nicht zu wundern, wenn sie sich nicht um dich kümmern." Christian suchte in seiner Tasche herum, um das Mädchen nicht anschauen zu müssen. Er hatte es sich leichter vorgestellt, mit ihr zu reden.
„Und warum willst du dich um mich kümmern?", fragte Katrin.
Jetzt hätte Christian ganz gern am Fenster gesessen und hinausgeschaut. Die Antwort fiel ihm nicht leicht. „Weil ich dich mag", sagte er dann ganz einfach.
Als Katrin an ihrer Haltestelle aus dem Schulbus stieg, folgte Christian ihr, obwohl er noch eine Haltestelle hätte weiterfahren müssen. „Wohnst du da?", fragte er. Er zeigte auf die Häuserblocks, die die Straße säumten. Wohnungen für viele Menschen, dicht an dicht. Die Balkons wirkten jetzt im November kahl und verlassen. Im Sommer hingen sicher von den Blumenkästen Fuchsien und Geranien in die

graue Eintönigkeit der Häuser. Vielleicht gab es auch runde Sonnenschirme, die die Fassaden mit bunten Tupfen übersäten. Aber jetzt?

Wortlos ging Katrin auf einen dieser Häuserblocks zu. Vor dem Eingang blieb sie stehen. Sie zeigte auf das Klingelbrett. „Hast du schon mal gezählt, wie viele Leute hier wohnen? Und jeder hat nur so ein winziges Schildchen, auf dem der Name steht. Manche trauen sich gar nicht, ihren Namen draufzuschreiben."

„Du bist nicht glücklich, was?", fragte Christian. „Musstet ihr hierher ziehen? Wie war's denn dort, wo du bisher gewohnt hast?"

„Du fragst zu viel", wies ihn Katrin ab. „Wenn du nur neugierig bist, dann lass das Fragen sein. Willst du wirklich alles wissen? Dann brauchst du viel Zeit."

„Ich will alles wissen", sagte Christian. „Und ich habe Zeit."

In den folgenden Tagen ging Katrin wieder zur Schule. Sie brachte einen Brief ihrer Mutter an die Klassenlehrerin, Frau Klingbeil, mit. Christian sah, dass es nicht nur eine kurze Entschuldigung für die versäumten drei Unterrichtstage war. Frau Klingbeil las den Brief sehr nachdenklich und nahm ihn dann in der Pause mit ins Lehrerzimmer.

Christian blieb in der Pause an Katrins Seite. „Ich habe Zeit", sagte er und wiederholte damit sein Angebot vom Tag vorher. „Also, wenn du willst, dann red. Wenn nicht, warte ich, bis du reden willst."

Sie standen auf dem Schulhof inmitten der anderen. Katrin schaute auf ihre Schuhe, die diesmal ohne Lehm und Blätter waren. „Es ist alles so traurig hier", sagte sie. „Bist du immer an dieser Schule gewesen? Immer zwischen den Betonmauern?"

„Erst in einer anderen", sagte Christian, „aber die sah genauso aus." Jetzt erst fiel ihm auf, wie eintönig alles wirkte. In den Jahren hatte er sich einfach daran gewöhnt. Der riesige Schulkomplex musste auf jemanden, der das alles nicht gewöhnt war, abweisend und einschüchternd sein.

„Bist du in eine Schule gegangen, die anders war?"

„Ja. Und nicht nur die Schule. Alles war anders." Mehr sagte Katrin an diesem Tag nicht.

Aber nach und nach erfuhr Christian ihre Geschichte: Katrins Vater war lange arbeitslos gewesen, weil es in dem kleinen Ort keine Beschäftigung mehr für ihn gab. Endlich hatte er, nach unzähligen Bewerbungen, eine Stelle gefunden. „Er ist die ersten Monate jedes Wochenende nach Hause gekommen, mehr als vierhundert Kilometer. Sonntags musste er schon am Nachmittag wieder wegfahren. Da haben sich meine Eltern entschlossen umzuziehen. Aber es gab nur diese Wohnung – und diese Schule. Alles Beton."

„Man gewöhnt sich dran", meinte Christian. „Wirst sehen, in einem Jahr lachst du über das alles."

„Darüber kann man nicht lachen", sagte Katrin ernst. Und sie erzählte ihm von da, wo sie bis vor wenigen Wochen zu Hause gewesen war. „Wir hatten ein kleines Haus und einen großen Garten. Zur Schule konnte ich zu Fuß gehen. Wir hatten viele Bäume im Schulhof und am Zaun standen

jedes Jahr Sonnenblumen. Viele Sonnenblumen. Mit den Kernen haben wir im Winter die Vögel gefüttert ..."
Christian sah sich seit diesem Gespräch seine Schule genauer an. Bäume wuchsen nur spärlich, sie hatten auch wenig Platz für ihre Wurzeln auf dem gepflasterten Schulhof. Ein paar niedrige Koniferen kümmerten vor sich hin, pflegeleichte immergrüne Bodendecker wuchsen in Betonkübeln. Aber die dienten mehr als Abfallbehälter. Schön war das alles wirklich nicht. Aber wie sollte man das ändern? Die Schule war riesig, Grundschule, Hauptschule und Realschule, alles in einem Komplex.
Katrin wurde immer stiller und immer blasser. Aber sie kam nun regelmäßig zum Unterricht. Christian beobachtete, dass sie in ihren Gedanken weit weg war. „Du gewöhnst dich ein, bestimmt!"
„Ich will mich nicht eingewöhnen", war ihre Antwort. „Ich will nicht so werden wie ihr. Wer sieht denn das alles noch? Ihr lauft jeden Tag daran vorbei und tut nichts."
„Soll ich vielleicht Sonnenblumen in die Betonkübel pflanzen?", fragte Christian wütend, weil seine Bemühungen, sie fröhlich zu stimmen, vergeblich waren. Er fühlte sich angegriffen.
Katrin sagte nur: „Warum nicht."

An dem Montagmorgen, als die erste gelbe Sonnenblume auf der Betonmauer entdeckt wurde, hatte es geschneit. Dort, wo die Blume auf die Wand gesprayt worden war, gab es jedoch keine Fußspuren. Riesig wuchs ein grüner

Stiel mit Blättern aus dem Schnee die Mauer empor. Der Blütenkorb leuchtete wie eine Sonne.

An diesem Montag schienen alle auf dem Schulhof die Pause fröhlicher zu genießen, obwohl der Hausmeister dem Sprayer ärgste Strafe angedroht hatte. Aber wer es gewesen war, bekam er nicht heraus. Katrin sah Christian eigentümlich an. „Warst du das?", fragte sie.

„Sollte ich?", war seine Gegenfrage. Aber er bekam darauf keine Antwort.

Fast täglich kam eine Sonnenblume hinzu. Zu Weihnachten war es schon ein Sonnenblumenwald, der da von den ehemals grauen Betonwänden goldgelb und leuchtend grün strahlte. Es schienen sich auch mehrere junge Künstler zu beteiligen, denn von Spray über bunte Kreiden bis zu Plakatfarben reichten die Materialien. Und der, der den blauen Himmel und die Wolken darüber gemalt hatte, war bestimmt nicht ohne Leiter bis dort hinauf gekommen.

In der Lehrerkonferenz musste es ziemlich turbulent zugegangen sein, denn die Mehrzahl der Lehrerinnen und Lehrer hatte sich geweigert, einer Säuberungsaktion zuzustimmen.

Katrin und Christian zählten jeden Tag den Zuwachs an Sonnenblumen. „Du hast damit angefangen", sagte Katrin einmal. „Jetzt spüren es so viele, dass man sich an so etwas einfach nicht gewöhnen darf."

„Aber sie sind nur Farbkleckse auf grauem Beton", wandte Christian ein. „Im Frühjahr müssen wir mehr unternehmen. Das darf nicht alles sein."

Katrin lachte.

Christian sah sie das allererste Mal richtig lachen.
„Ach, bist du herrlich unbescheiden! Mit dir macht sogar diese Betonschule Spaß."
„Betonschule?", fragte Christian zurück. „Meinst du nicht, dass an diesen Wänden auch Efeu hochklettern könnte?"
„Du hast ja Ideen! Wie konntest du es mit so viel Fantasie so lange in diesem öden Betonkasten aushalten?"
Christian wurde ein bisschen rot, als er antwortete: „Da habe ich dich noch nicht gekannt."

Diese Geschichte ist schon einige Jahre alt. Katrin und Christian haben die Schule längst abgeschlossen. Aus dem hässlichen Betonbau ist inzwischen nicht etwa eine schöne Schule aus Klinkersteinen geworden. Aber dort, wo noch ganz schwach die gelbe und grüne und blaue Farbe der Sonnenblumenmalereien zu sehen ist, ranken nun Klettergewächse an den Mauern hoch. Der Hausmeister achtet sorgsam darauf, dass die Pflanzen immer einen Halt finden. Und Sonnenblumen gibt es in jedem Jahr, wo immer auch ein Platz dafür ist. Echte Sonnenblumen.

Beate Paul

Langeweile im Märchenwald

Vor der Schule stand ein großer weißer Reisebus mit roten Streifen. In dem Bus saßen die Kinder der Klasse 5b. Das heißt, zwei Kinder fehlten, Inga und Nina. Die beiden gingen den Weg zur Schule immer gemeinsam.

„Wir warten noch zehn Minuten", sagte Frau Busche, die Klassenlehrerin. „Wenn die zwei dann nicht da sind, fahren wir trotzdem." Und Herr Richter nickte. Herr Richter war der Sportlehrer und kam mit auf den Ausflug, weil auf Schulausflügen immer zwei Lehrer mitfahren müssen.

Nina und Inga sind klug, dachte Christian, der sich schlecht gelaunt in seinen Sitz drückte. Ich hätte auch zu spät kommen sollen. Dann wäre der Bus weg gewesen, und weg ist weg. Ich hätte dann hinterher natürlich so getan, als wäre ich schrecklich enttäuscht gewesen, aber ich hätte nicht mitfahren müssen.

Wenn einer nämlich keine Lust auf diesen Schulausflug hatte, dann war es Christian. Schulausflug – schön und gut, aber mussten sie ausgerechnet in den Märchenwald fahren? Märchenwald!, dachte Christian verächtlich. Einen Ausflug in den Märchenwald hatte er schon gemacht, als er noch im Kindergarten war! Jetzt war er fast elf.

Frau Busche sah auf die Uhr und gab dem Busfahrer ein

Zeichen. Der startete den Motor und der Bus begann zu vibrieren.

Gerade als er losfahren wollte, kam Nina angerannt. Zischend öffneten sich die Türen und Nina kletterte keuchend in den Bus.

„'tschuldigung", japste sie, „aber Inga ist krank."

„Das tut mir Leid", sagte Frau Busche. „Aber setz dich jetzt schnell hin, damit wir fahren können."

Nina ließ sich, immer noch ganz außer Atem, auf den freien Platz neben Christian plumpsen.

„Ingas Mutter hätte auch eher bei uns anrufen können", schimpfte sie. „Ich habe stundenlang auf Inga gewartet."

„Was hat sie denn?", fragte Christian. Nina zuckte mit den Achseln.

„Irgendwelche Pocken und Fieber. Vielleicht die Windpocken. Hab ich auch schon gehabt."

„Hat's die gut!", seufzte Christian.

Nina grinste. „Wenigstens braucht sie die nächste Deutscharbeit nicht mitzuschreiben."

„Welche Deutscharbeit?", fragte Christian entgeistert.

„Na die, die Frau Busche bestimmt in der nächsten Deutschstunde schreiben lässt: ‚Unser Schulausflug'. Oder hast du schon einmal einen Schulausflug gemacht, ohne dass du hinterher einen Aufsatz darüber schreiben musstest? Ich nicht!"

„Du lieber Himmel! Was sollen wir denn über diesen Schulausflug schreiben? Märchenwald ist doch echt langweilig!"

„Stinklangweilig", nickte Nina. „Ich war da schon mal mit meiner Tante und meiner kleinen Cousine. Aber wenigstens bleibt uns heute die Schlaftablette erspart", sagte sie mit einem satten Gähnen.

„Die Schlaftablette" nannten sie Herrn Schmade. Er machte den langweiligsten Unterricht von der Welt und ausgerechnet bei ihm hätten sie heute zwei Stunden, nämlich Geschichte und Religion, gehabt.

„Zwei Stunden Schlaftablette sind tödlich", stimmte Christian Nina zu.

„Ich überleb's auch immer nur knapp", lachte sie.

Zum ersten Mal fiel Christian heute auf, dass der Schulausflug auch einen Vorteil hatte und dass Nina wirklich nett zu sein schien. Er begann sie zu mögen. Und wenn der Ausflug nicht nur langweilig für ihn wurde, so lag das an ihr.

Der Märchenwald war wirklich nicht sehr interessant. Daran änderte der Mann, der die Klasse am Eingang in Empfang nahm, auch nichts. Er führte die Kinder in einen Raum, wo sie einen Film sahen, der zeigte, wie die Puppen für den Märchenwald gebaut wurden und wie die Mechanik funktionierte, die es möglich machte, dass die Figuren sich bewegen und sprechen konnten. Wenn man eine Münze in einen der Automaten warf, die vor den Märchenszenen aufgestellt waren, wurden der Mechanismus für die Bewegungen und ein Tonband in Gang gesetzt. Christian lernte nichts, was er nicht schon gewusst hätte. Außerdem war der Film ziemlich alt. Die Leute darin hatten jedenfalls komische Frisuren und altmodische Kleider an.

Nach dem Film bekam jeder für seinen Weg durch den Märchenwald eine Hand voll Münzen geschenkt, die sie aber kaum alle aufbrauchen konnten, da an fast jedem zweiten Automaten ein Schild mit der Aufschrift „defekt" hing.
„Der Film muss wirklich uralt gewesen sein", sagte Nina und zeigte auf Hänsel und Gretel. Die beiden sahen ziemlich schmutzig aus. Überall blätterte die Farbe ab und Hänsel hatte nur noch eine halbe Nase und Gretel hatte eine Macke am Kinn. Im Film hatten die zwei noch ganz sauber, bunt und heil ausgesehen. So wie Hänsel und Gretel war es allen Märchenfiguren ergangen. Rapunzel fehlte, denn sie war in der Reparaturwerkstatt, weil ihr Zopf gerissen war. Das hatte der Mann am Eingang schon gesagt.
Christian hörte, wie auch Frau Busche zu Herrn Richter sagte: „Ganz schön heruntergekommen hier."
Er opferte eine Münze für Rumpelstilzchen. Rumpelstilzchen war die einzige Figur, die auch die Beine bewegen konnte. Die anderen konnten nur mit den Armen rudern und mit dem Kopf wackeln. Aber das Tonband war kaputt, und eine Mickymausstimme quäkte hastig:

„Hatte backich, maggen braich, ibbermoggen halle ich da Kenniginirr Kinn. Achwigutt, dass nimmann wass, dassich Rummppellsillzchen hass."

Nina lachte. Und weil das Tonband viel schneller abgelaufen war, als Rumpelstilzchen tanzen konnte, wiederholte sie die Worte mit der gleichen quäkenden Stimme.

Sie gingen weiter. Ein verwitterter Zwerg am Wegrand streckte den linken Arm aus und wies den Weg zu Schneewittchen. Dieses Mal warf Nina eine Münze ein. Auch hier war das Tonband nicht mehr ganz in Ordnung. Es leierte. Im Lautsprecher knackte und krachte es und eine dunkle, tiefe Stimme sagte ganz langsam:

„Wör hot vohn möinöm Töllörchön gögössön?"

Nina lachte sich fast kaputt und warf sofort eine weitere Münze ein.
Aber auf die Dauer waren selbst leiernde Tonbänder langweilig. Um die Münzen loszuwerden, warfen Christian und Nina sie in die Automaten, an denen kein Schild hing, blieben aber kaum noch vor den Kästen mit den Märchenszenen stehen. Sie gingen lustlos durch den Wald, und Christian dachte, dass er nun auch genauso gut die Schlaftablette ertragen könnte. Aber da stieß Nina ihn plötzlich an, als sie wieder zu dem Zwerg mit dem ausgestreckten Arm kamen.
Sie kicherte: „Es wäre doch lustig, wenn man die Tonbänder austauschen würde."
„Mmh", machte Christian und zuckte mit den Achseln.
„Ja, stell dir vor, du würdest bei Schneewittchen eine Münze einwerfen und der Zwerg würde sagen: ,Rapunzel, lass dein Haar herunter!'"
„Wieso?... Ach so!", sagte Christian und grinste. Und nun überlegten sie, wie sie die Tonbänder alle austauschen würden und wie die Leute dumm guckten, wenn die Hexe zu

Hänsel sagen würde: „Großmutter, was hast du für große Ohren?" Sie mischten in Gedanken alle Märchen wild durcheinander und amüsierten sich bei der Vorstellung, was für ein Staunen sie mit ihrem Streich auslösen würden. Und so bekamen sie die Zeit im Märchenwald doch noch herum.

Als sie wieder im Bus saßen, sagte Frau Busche: „Ich habe eine gute und eine schlechte Nachricht für euch. Die gute ist, dass wir keine Klassenarbeit über den Schulausflug schreiben werden."
Die Klasse klatschte laut Beifall.
„Die schlechte", fuhr die Lehrerin fort, „ist die, dass ihr dafür zu Hause einen Aufsatz über den Märchenwald schreiben werdet."
„Och" und „Manno, wie doof" wurde jetzt gemurmelt, aber Frau Busche lachte.
„So schwer kann das nicht sein! Schreibt, was euch zu diesem Wald einfällt, schreibt, was ihr wollt, aber schreibt etwas, was ich einsammeln kann."
„Da können wir auch gleich eine Klassenarbeit schreiben", raunte Nina Christian zu. Frau Busche hörte das, denn sie wanderte zwischen den Sitzen im Bus hin und her.
„Wenn du meinst, Nina", sagte sie. „Aber wenn ihr den Aufsatz zu Hause schreibt, habt ihr eine ganze Woche Zeit, bis zum nächsten Donnerstag."
„Das ist ja wenigstens etwas", seufzte Christian. Aber er hatte keinen blassen Schimmer, was er in diesem Aufsatz

schreiben sollte. Ob Frau Busche sich wohl mit einem Satz begnügen würde: „Im Märchenwald ist es langweilig?" Er fragte Nina.
„Ich fürchte nicht", lachte sie. „Aber dir wird bestimmt etwas einfallen."

Aber ihm fiel nichts ein. Wenigstens nichts bis zum Sonntag. Es regnete, Christian hatte Langeweile. Und als er so missmutig in seinem Zimmer saß und nicht wusste, was er machen sollte, fiel ihm der Schulausflug wieder ein. Natürlich musste er auch an Nina und ihre Idee denken, die Tonbänder auszutauschen. Und dabei kam ihm eine Idee.
Er holte sich einen Schreibblock und einen Stift. Jetzt wollte er seinen Aufsatz schreiben. Seine Eltern staunten nicht schlecht, dass Christian ausgerechnet an einem Sonntag Hausaufgaben machen wollte, aber er wusste: Wenn er jetzt nicht schreiben würde, würde er es gar nicht mehr tun.
Säuberlich malte er mit großen Buchstaben die Überschrift auf das Papier:

„Der Aufstand im Märchenwald"

Er überlegte kurz, aber dann schrieb und schrieb er. Ohne zu stocken, beschrieb er Blatt um Blatt:

Am letzten Donnerstag machten wir einen Schulausflug in den Märchenwald. Wenn man das Wort „Märchenwald" hört, kann man annehmen, dass es sich dabei um einen

Wald handeln muss, in dem wundersame Dinge geschehen. Tatsächlich ist das aber erst mal ein ganz normaler Wald, nur dass hier auf kleinen Bühnen Märchenfiguren aus Holz aufgestellt sind. Am Eingang zum Märchenwald kann man Münzen kaufen. Wenn man die in die Automaten wirft, die vor den Märchenbühnen stehen, so beginnen die Figuren, sich zu bewegen und zu sprechen.

Kleinen Kindern macht das sicherlich viel Spaß, aber für mich war das nun wirklich nichts Besonderes; und für Nina auch nicht. Nina und ich gingen nämlich gemeinsam durch den Märchenwald. Als wir an der Bühne mit „Schneewittchen" angelangt waren, sagte sie:

„Die Zwerge da sehen ja ganz schön traurig aus." Sie hatte Recht. Überall blätterte die Farbe von den Figuren ab, oder sie war verblasst. Und einige Zwerge hatten Macken im Gesicht und an den Armen und Beinen.

„Ich kann mir kaum vorstellen, dass die noch richtig funktionieren", sagte ich und Nina schlug mir vor, es doch einmal auszuprobieren. Wir hatten jeder fünf Münzen geschenkt bekommen. Ich hätte mir bestimmt keine gekauft, denn schließlich kenne ich alle Märchen – wenigstens die, die im Märchenwald gezeigt werden. Nun warf ich also die erste meiner Münzen in den Schlitz des Automaten, und sofort begann ein Zwerg, sich zu bewegen, und er fragte:

„Wer hat von meinem Tellerchen gegessen?"

„Funktioniert", sagte ich zu Nina. „Komm, lass uns gehen. Ist doch langweilig!"

„Soso", sagte jemand. Nina und ich blickten uns um, aber es war niemand zu sehen.

„Du findest das also langweilig", hörte ich die Stimme wieder. Verdutzt guckten wir uns an. Da fiel mein Blick auf einen Zwerg, der mit dem Kopf wackelte. Und irgendwie hatte ich das Gefühl, dass er uns etwas böse ansah.
„Du hältst dich wohl für besonders schlau, wie?"
„Er spricht!", rief ich entsetzt aus.
„Natürlich spreche ich, du dummer Kerl! Warum hast du sonst eine Münze eingeworfen, wenn du nicht willst, dass ich spreche?"
„Jaja, äh ...", stotterte ich. Nina kam mir zu Hilfe.
„Das ist so", versuchte sie zu erklären, „wir wollten nur wissen, ob ihr noch funktioniert. Aber wir kennen das Märchen schon und da macht es keinen Spaß ..." Weiter kam sie nicht, denn der Zwerg fiel ihr ins Wort.
„Keinen Spaß! Keinen Spaß!", zeterte er. „Glaubst du, du einfältiges Mädchen, uns macht es Spaß, hier bei Wind und Wetter zu stehen? Bildest du dir etwa ein, wir wüssten nicht längst, dass Schneewittchen von seinem Tellerchen gegessen und aus meinem Becherchen getrunken hat? Und glaubst du, es macht uns Spaß, Schneewittchen stets und ständig leblos auf dem Fußboden liegend zu finden, nur weil sie schon wieder auf ihre böse Stiefmutter reingefallen ist, obwohl sie doch genau weiß, dass der Apfel vergiftet ist?"
„Was soll ich denn tun?", hörten wir eine zaghafte Stimme. Schneewittchen setzte sich in dem Zwergenbett auf. „Ich muss den Apfel doch essen! So steht es im Märchen."
„Ja, ist ja schon gut", sagte der Zwerg, in dessen Bett Schneewittchen saß. „Aber diese Kinder wollen das nicht einsehen."

„Wann geht es denn endlich weiter? Ich stehe mir hier die Beine in den Bauch", zeterte jetzt die Stiefmutter, die vor der Tür auf ihren Auftritt wartete.
Nina war ganz blass geworden. Aber jetzt erstarrten und verstummten alle Figuren. Auf dem Waldweg tauchten nämlich Jens und Alexander auf. Jens warf eine Münze in den Automaten links neben uns, der vor der Bühne mit der Stiefmutter und dem Zauberspiegel stand. Sofort fragte die Stiefmutter:
„Spieglein, Spieglein an der Wand, wer ist die Schönste im ganzen Land?" Aber der Spiegel antwortete nicht. Die Stiefmutter fragte ungeduldig noch einmal:
„Spieglein, Spieglein an der Wand, wer ist die Schönste im ganzen Land?" Doch der Spiegel schwieg.
„Auch kaputt", maulte Jens, und er und Alexander zogen achselzuckend weiter. Als sie außer Hörweite waren, begann die Stiefmutter zu schimpfen.
„Du mieser kleiner Spiegel! Warum sagst du blödes Ding denn nichts?"
„Die Zwerge haben ganz Recht. Ich habe auch keine Lust mehr zu diesem blöden Spiel. Außerdem bin ich dann wieder schuld, wenn du Schneewittchen mit einem Gürtel die Luft abschnürst oder ihr einen vergifteten Kamm ins Haar steckst und sie schließlich mit dem Apfel einschläferst."
Die Zwerge kicherten.
„Das ist die Höhe", empörte sich die Stiefmutter. „Du willst ein Zauberspiegel sein? Ein Feigling bist du! Jawohl, ein kleiner, feiger, dummer, blinder Spiegel bist du. Aber warte! Zerschlagen werde ich dich!"

„Das bringt Unglück", warnte der Spiegel lachend.

„Unglück, ha!", kreischte die Stiefmutter. „Was heißt denn Unglück? Ist das kein Unglück, dass ich immer nur die ‚böse' Stiefmutter genannt werde? Dass ich an meinem Ende in glühenden Schuhen tanzen muss? Was willst du mir da noch für Unglück bringen, du Schlaumeier?"

„Mh, da hast du nun auch wieder Recht", räumte der Spiegel ein. „Aber dann muss es dir doch sogar ganz lieb sein, wenn ich nichts sage. Das heißt, ich könnte natürlich auch lügen und sagen, dass du die Schönste bist. Dann hätte das Elend auch sein Ende."

„Ein Zauberspiegel kann nicht lügen!", platzte Nina heraus. Es war das erste Mal, dass sie sich in den Streit der Märchenfiguren einmischte.

„So dumm ist das Mädchen gar nicht", lachte jemand. „Das geht wirklich nicht!"

Aus den Büschen trat der Prinz hervor, den wir die ganze Zeit gar nicht beachtet hatten. Er führte ein braunes Pferd am Zügel und sah sehr stattlich aus. Wie ein richtiger Prinz eben. Er hatte das gesagt, und er erklärte uns jetzt auch, warum der Spiegel die Wahrheit sagen musste.

„Wenn die Stiefmutter Schneewittchen nicht vergiftet, kann ich sie nicht retten. Und wenn ich sie nicht rette, kann ich sie nicht heiraten. Aber ich will Schneewittchen heiraten."

„Das ist ja nun wirklich absoluter Blödsinn!" Schneewittchen war aus dem Bett gestiegen und strich sich energisch das Kleid glatt. „Wie rettest du mich denn schon? Das ist doch reiner Zufall, dass dein Pferd meinen Sarg über den Stein zieht und mir das Apfelstück aus dem Mund fällt.

Wenn das nicht sogar bloß pure Ungeschicklichkeit von dir ist, will ich nicht Schneewittchen heißen."

„Also, das ist doch …" Dem Prinzen blieb vor lauter Staunen der Mund sperrangelweit offen stehen.

„Nun, nun", beschwichtigte Schneewittchen ihn. „Ich bin ja ganz dankbar dafür, dass du so ein schlechter Reiter bist. Das ist ja mein Glück, nicht wahr. Aber von so einer richtigen Rettung kann man doch wirklich nicht sprechen!"

„Soll das heißen …, ich meine, meinst du, dass du nicht …", stammelte der Prinz und sah unglücklich drein.

„Quatsch, Quatsch", lachte Schneewittchen vergnügt, was den Prinzen nur noch unglücklicher gucken ließ. „Ich finde bloß eine Rettung höchst überflüssig, um zu heiraten. Mein Vater hat meine Stiefmutter schließlich auch nicht gerettet, bevor er sie geheiratet hat, nicht wahr? Und ich will auch nicht gerettet werden. Ich will erst gar nicht vergiftet werden."

„Brauchst den Apfel ja nicht zu essen", sagte die Stiefmutter schnippisch.

„Ich glaube, das werde ich in Zukunft auch nicht. Ich kann Äpfel schon nicht mehr sehen."

„Mir soll's recht sein", brummte der Zwerg, der uns so ausgeschimpft hatte. „Ich bin alt. Meine Nerven halten tote Schneewittchen nicht mehr lange aus."

„Haha! Ausgerechnet unser braves Schneewittchen will Zicken machen", lachte die Stiefmutter spöttisch.

„Ja!" Schneewittchen stampfte trotzig mit dem Fuß auf. „Ich habe mir das genau überlegt, während ihr gestritten habt. Die Kinder haben Recht: Wir sind langweilig für sie, weil sie genau wissen, was wir sagen und tun werden. Und uns ist das genauso langweilig."

„Aber du kannst unser Märchen doch nicht einfach auf den Kopf stellen", sagte der Prinz bestürzt. „Du hast doch eben noch selbst gesagt, du musst den Apfel essen, weil es im Märchen so steht."

„Das war eben. Jetzt habe ich darüber nachgedacht."

„Aber wir sind hier im Märchenwald und haben doch auch unsere Pflichten", wandte der Prinz ein.

„Papperlapapp", fuhr ihm der alte Zwerg über den Mund. „Schneewittchen hat Recht. Und wo sie Recht hat, hat sie Recht. Wir sind hier im Märchenwald, sicher, aber was ist das für ein Märchenwald, in dem immer genau geschieht, was die Menschen erwarten, nur weil es irgendein Mensch mal so aufgeschrieben hat? Von jetzt an machen wir unsere eigenen Märchen!"

„Einverstanden, wenn ich dafür nicht in glühenden Schuhen tanzen muss", sagte die Stiefmutter amüsiert.

„Das liegt ganz bei dir", antwortete der Prinz. „Aber ich mache nur mit, wenn Schneewittchen mich heiratet."

„Das wiederum, lieber Prinz, liegt ganz bei dir", lachte Schneewittchen.

Und der Zwerg schickte einen Vogel, der zu seinen Füßen nach Würmern pickte, zu den anderen Märchen, um die Botschaft vom Aufstand im Märchenwald zu überbringen. Als dann Svenja und Kathrin aus unserer Klasse zu Schneewittchen kamen, wunderten sie sich nicht schlecht. Nachdem sie eine Münze in den ersten Automaten geworfen hatten, fragte die Stiefmutter zunächst wie gewohnt: *„Spieg-*

lein, Spieglein an der Wand, wer ist die Schönste im ganzen Land?"

Und der Spiegel antwortete artig: *„Königin, Ihr seid die Schönste hier. Aber Schneewittchen bei den sieben Zwergen hinter den sieben Bergen ist noch viel schöner als Ihr."*

Daraufhin wurde die Königin aber nicht zornig, sondern sagte nur: „Das ist gut so, denn sie hat noch keinen Mann. Aber, Spieglein, das ist nicht genug. Sage mir rasch, ist sie auch klug?"

Und der Spiegel gab Auskunft: *„Dumm, Königin, wird sie nicht sein, auf vergiftete Äpfel fällt sie nicht herein."*

„Das glaube ich erst, wenn ich es sehe", sagte die Stiefmutter. „Ich will das mal prüfen."

Svenja und Kathrin glaubten wohl, ihren Ohren nicht zu trauen. Sie sahen ungläubig erst die Stiefmutter und dann uns an. Nina warf eine Münze in den Automaten für die Zwerge.

„Schaut mal!", rief der erste Zwerg. „Schneewittchen ist wohl wieder da. Sie hat von meinem Tellerchen gegessen."

„Ja, aber wo mag sie stecken?", fragte der zweite.

„In meinem Bett jedenfalls nicht", sagte der dritte.

„Hahaha!", lachte Schneewittchen dumpf. „Ich habe mich im Schrank versteckt."

Svenja rieb sich die Augen und Kathrin pulte in ihren Ohren. Als dann die Stiefmutter mit dem vergifteten Apfel kam und Schneewittchen sagte: „Gute Frau, du hältst dich für schlau, aber dass du meine Stiefmutter bist, weiß ich genau", verloren die beiden die Fassung und stürzten davon. Die Zwerge wollten sich schief lachen. Nur der Prinz maulte, weil er keine Chance mehr hatte, Schneewittchen zu heiraten. Aber die tröstete ihn und gab ihm einen Kuss. Auch die anderen Märchenfiguren bereiteten unserer Klasse noch einige Überraschungen.

Als Rotkäppchen das Haus der Großmutter betrat und den Wolf im Bett entdeckte, sagte sie: „Aha, du hast also schon wieder meine Großmutter gefressen. Na warte!" Sie holte sofort den Jäger. Und während Rotkäppchen den Wolf mit dem Gewehr des Jägers in Schach hielt, stellte der Jäger den Wolf so lange auf den Kopf, bis er die Großmutter freiwillig ganz und heil wieder ausspuckte. Und damit er Rotkäppchen nicht auf dem Nachhauseweg fressen würde, gab sie ihm über die Hälfte des Kuchens, den sie eigentlich der Großmutter mitgebracht hatte.

Und Rumpelstilzchen tanzte ums Feuer und sang: „Hahaha, die Königin habe ich tüchtig erschreckt! Ich habe sie ein bisschen geneckt. Ich back nicht, ich brau nicht und ich hol auch nicht ihr Kind. Ich bin ja nur ein schelmischer Wicht, heiß Stimpelrulzchen! Glaubt es oder glaubt es nicht! Hahaha!"

Ja, da war ein großes Staunen im Märchenwald. Und auch die Erwachsenen – und gerade die – wollten gar nicht glauben, was sie da sahen und hörten, und murmelten nur immer wieder: „Das geht doch ganz anders!"

Und als unsere Klasse dann wieder im Bus saß, um zur Schule zurückzufahren, waren alle ziemlich verwirrt. Nur Nina und ich, wir wunderten uns nicht, denn wir wissen ja: Ein Märchenwald ist eben nicht einfach ein normaler Wald mit ein paar Märchenfiguren darin.

Karlhans Frank

Meine märchenhafte Schule

Ich gehe gerne in die Schule. Schon der Schulweg gefällt mir. Da muss ich ein Stück durch den Märchenwald. Meistens begegnet mir unter einem der ersten Bäume ein kleines graues Männlein, dem gebe ich sofort mein Schulbrot und dafür darf ich mir etwas wünschen. Nur wenige Schritte weiter treffe ich dann meine Klassenkameradin Aschenputtel, die sich von einer schlanken Birke täglich ein neues Schulkleid schüttelt. Aschenputtel ist das schickste Mädchen in unserer Schule. Mal trägt sie ein goldenes Minikleid, mal silberne Jeans, im Winter hin und wieder einen Pullover, der mit Edelsteinen bestickt ist.

Mit Aschenputtel gehe ich dann gemeinsam weiter und bald sehen wir um ein Feuerlein ein Kerlchen tanzen, hören seine knarrende Stimme: *„Ach, wie gut, dass niemand weiß, dass ich ..."* Und wir grüßen dann freundlich: „Guten Morgen, Rumpelstilzchen."

Vom Pfefferkuchenhäuschen brechen wir uns für die Pause einige Lebkuchen ab, und so macht es mir überhaupt nichts aus, dass ich mein Schulbrot verschenkt habe.

Manchmal überholt uns kurz hinterm Glasberg ein Prinz auf seinem schneeweißen Pferd und nimmt uns ein Stück mit. Oder wir treffen den Hans im Glück und tauschen irgendetwas mit ihm. So habe ich vorgestern vom Hans einen niedlichen gestiefelten Kater für einen Kieselstein bekommen.

Kieselsteine liegen ziemlich viele auf dem Weg, weil der Hänsel ständig damit herumstreut. Er kommt immer zusammen mit seiner Schwester Gretel, die in unserer Schule eine der Besten im Kochen ist. Vor allem Hexenbraten kann sie vorzüglich.

Ja, und dann kommen wir vor der Gebrüder-Grimm-Schule an und wir haben vorher schon Wetten abgeschlossen, wie sie dieses Mal aussieht. Unser Schuldirektor heißt nämlich Fischer und er hat eine sehr habgierige Frau, die nie etwas dazulernt. Und Herr Schuldirektor Fischer ist mit dem Butt befreundet, weil er ihn einmal gefangen und wieder freigelassen hat. Jetzt schickt ihn seine Frau jeden Morgen in aller Herrgottsfrühe an den See und da muss er sich immer ein neues Schulhaus wünschen. Deshalb ist unsere Schule mal ein Pisspott, mal ein solides Haus, mal ein Schloss, mal ein prächtiger Palast, dann wieder ein Pisspott.

Auf dem Schulhof muss man natürlich aufpassen, damit man nicht aus Versehen auf einen der Zwerge tritt oder einem Riesen unter den Schuh gerät, aber ansonsten geht es da sehr lustig zu. Da sind zum Beispiel die Sechse, die schon durch die ganze Welt gekommen sind. Sie gehen das neunte Mal ins neunte Schuljahr und sind auch uns Kleineren gegenüber sehr hilfsbereit. Der Starke nimmt manchmal das ganze Schulhaus mit allen Schülern, doch ohne Lehrer, auf den Rücken und trägt es weg. Wenn er sich dazu die Siebenmeilenstiefel leiht, müssen die Lehrer stundenlang laufen, bis sie die Schule wieder finden und mit dem Unterricht anfangen können. Oder wenn ein Schüler etwas zu Hause vergessen hat, dann läuft der Läufer, um es zu holen, und er ist in Sekundenschnelle wieder da. Oder der Bläser pustet Gegenwind für die Lehrer, die dann viel zu spät kommen. Oder der mit dem Hütchen – erinnert Ihr euch an den? Wenn er's Hütchen gerade auf seinen Kopf setzt, kommt ein solcher Frost, dass die Kühlschränke mit den Türen klappern und an den Bäumen Eis am Stiel wächst – also der hängt sein Hütchen ganz aufs linke Ohr und schon haben wir hitzefrei.

Aber solche Sachen machen wir nur ganz selten, weil auch der Unterricht ungeheuren Spaß macht.
Meistens fängt der Unterricht damit an, dass die Lehrerin oder der Lehrer verzweifelt nach der Kreide sucht. Die hat über Nacht der Kollege Wolf gefressen.
Herr Wolf gibt bei uns Rechnen. Er fragt beispielsweise: „Wenn ich sieben Geißlein fresse, wie viele habe ich dann im Bauch?" Die richtige Antwort heißt natürlich sechs, aber wenn ein Schüler sagt: „Keins, sondern neun Wackersteine", dann ärgert sich der Lehrer Wolf und sieht rot – nämlich das Mützchen von Rotkäppchen.
„Warum ziehst du wenigstens beim Unterricht nicht das blöde Käppchen aus?", brüllt er los.
„Weil es mir meine Omi gemacht hat", antwortet freundlich das Rotkäppchen, denn das Rotkäppchen tut immer arg artig, hat es aber faustdick hinter den Ohren (vielleicht setzt es deshalb das Käppchen nie ab).

Wütend knurrt daraufhin Lehrer Wolf: „Lass deine Omi aus dem Spiel. Sie ist wahrlich kein Vorbild für kleine Mädchen. Sie säuft Wein!"

„Und warum hast du so ein großes Maul?", fragt ihn anschließend Rotkäppchen, kullert dabei kokett mit den Augen.

„Damit ...", schnauft Lehrer Wolf. Es verschlägt ihm die Sprache, es kommen nur noch schrille Kiekser und Wolken von Kreidestaub aus seinem Mund und wir Kinder müssen lachen, als ob uns eine Ziege unter den Fußsohlen leckt.

Aber ich bin richtig gut in der Schule. Ich verrate euch, woher das kommt. Mein bester Freund ist nämlich Daumesdick. Und der sitzt in meinem Ohr und sagt mir alles vor. Daumesdick ist sehr klug.

In den Pausen haben wir immer Disco, aber natürlich mit einer richtigen Liveband. Da spielen nämlich die Bremer Stadtmusikanten, dass die ganze Schule wackelt und Schneewittchens Glassarg Sprünge kriegt.

Natürlich gibt es auch nicht ganz so lustige Situationen in unserer Schule. Einmal wären wir fast im süßen Brei erstickt, weil unsere Kochlehrerin vergessen hat, „Töpfchen steh" zu sagen. Und wir haben auch einige sehr strenge Lehrkräfte, etwa den Herrn Teufel. Jedenfalls hat uns seine Großmutter geholfen, den Knüppel aus dem Sack zu verstecken.

Aber alle Kinder freuen sich auf das Fach Schneien bei Frau Holle – da machen wir hauptsächlich Kissenschlachten – und auf Turnen bei Fräulein Rapunzel. Die lässt dann immer ihr Haar herab und wir können daran hochklettern.

Ein bisschen albern ist eine meiner Mitschülerinnen, die ständig Frösche mit in die Schule bringt und diese grünen Glitscheviecher knutscht und küsst. Und auch meine Banknachbarin Sterntaler, die immer in einem ganz kurzen Hemdchen mit nichts drunter in die Schule kommt, geht mir manchmal ein bisschen auf die Nerven. Aber der Fundevogel ist sehr verknallt in sie.
Darüber ist das Lenchen arg sauer und hat sich den Jo Ringel zum Freund ausgesucht. Deshalb wiederum sitzt die Jo Rinde (die richtig Johanna Rinde heißt) dauernd in der Ecke und heult. Sie hat schon mehrere Krüge voll geheult, und weil ihre Tränen kullerrunde Diamanten sind, spielen wir damit auf dem Schulhof Murmeln.

Wir haben natürlich auch eine ganze Menge wunderschöne Prinzen und Prinzessinnen, die sich bei jeder Gelegenheit vor dem großen Wandspiegel im Sanitätsraum knubbeln und im Chor fragen: **"Spieglein, Spieglein an der Wand, wer ist der oder die oder das Schönste im ganzen Land?"** Der Spiegel antwortet meistens: **"Der Elefant im Morgenland ist schöner als der Hildebrand und lauter als ein Musikant und süßer als ein Nusskrokant und teurer noch als Flaschenpfand und bunter als des Frühlings Band und härter als des Berges Wand und runder als des Tellers Rand, das ist der ganzen Welt bekannt."** Daraufhin heulen die wunderschönen Prinzen und Prinzessinnen verzweifelt, raufen sich die Haare, zerreißen ihre seidenen Hemden und werden deshalb zu Hause von ihren Eltern ausgeschimpft.

Und wie an jeder Schule haben wir auch einige Giftzwerge und dumme, aber rauflustige Riesen. Hat der Lehrer Schneider Hofaufsicht, wenn sich gerade wieder so ein paar Riesenbengel in die Haare geraten sind, dann gibt es was zum Lachen. Dann hüpft nämlich der Lehrer Schneider um die Zankgockel herum, wedelt mit einem nassen Lappen und kreischt: „Auseinander! Auseinander! Ich habe sieben mit einem Streich getroffen, da werde ich doch wohl mit solchen lausigen Lümmeln fertig werden!"

Früher hatten wir auch einen Lehrer, der sich immer das Hemd auszog, um uns das Fürchten zu lehren. Aber der kommt nicht mehr, seit unser Wildschwein mit ihm Fangen spielen wollte.

Tiere gibt es nämlich auch eine Menge in unserer Schule: Schwäne, Raben, Zaunkönige, Greife, Läuschen, Flöhchen, Schlangen, Eber, Hähnchen, Hühnchen, Kühe, Rehe, Hirsche, Pferde, Enten, Esel, Hunde, Füchse, Hasen, Igel (die immer schon da sind), Kröten, Einhörner ... – der Doktor Allwissend, der bei uns Rechtschreiben gibt, kann sie gar nicht alle buchstabieren.

Der Doktor Allwissend ärgert sich übrigens täglich neu über meine Mitschülerin Dreiäuglein, weil er sie trotz allen Aufpassens nie beim Mogeln ertappen kann. Dreiäuglein ist Klassenbeste im Abschreiben.

Ist die Schule aus, dann kriegen die Schüler, die den ganzen Schultag über richtig getickt haben, eine Uhrkunde vom siebten Geißlein, ehe die Busse kommen. Mit den Bussen werden die Fahrschüler heimgebracht, denn einige wohnen hinter den sieben Bergen oder in einem fernen, fernen Land oder gar am Ende der Welt.

Aschenputtel und ich gehen zu Fuß nach Hause. Auch Dornröschen hat den gleichen Schulweg, wenn es nicht wieder hinter irgendeiner Rosenhecke schläft und davon träumt, wie es von einem Prinzen geküsst wird.

Nicolai Mensching
Der Haustiertag

„Am nächsten Donnerstag dürft ihr alle eure Haustiere mitbringen." Diesen Satz konnte ich die ganze Woche nicht vergessen. Von Tag zu Tag wurde ich aufgeregter. Am Abend vor dem Donnerstag konnte ich gar nicht einschlafen und am Donnerstagmorgen wachte ich statt um halb sieben schon um fünf Uhr auf. Als meine Mutter um halb sieben in mein Zimmer kam, war sie sehr erstaunt.
„Ach, du bist schon auf? Sonst muss ich dich immer aus dem Bett schmeißen, und heute? Da hättest du ja eigentlich mich wecken und Frühstück machen können."
Aber ich hörte ihr gar nicht zu. „Wo ist King Kong?", fragte ich. King Kong, das war mein Haustier. Es war ein ganz besonderes Tier. Kaum ein anderes Kind hatte so ein tolles Haustier. King Kong ist ein kleines Kätzchen, genau gesagt: eine Perserkatze. Mein Vater hat sie mir einmal von einer Geschäftsreise mitgebracht. Sie sieht nicht aus wie eine normale Hauskatze. Sie hat sehr langes Haar und ist schneeweiß. Sie wirkt etwas gemütlich, aber das ist sie nicht, im Gegenteil. Sie ist sehr verspielt. Am liebsten schnappt sie sich das Wollknäuel meiner Oma, wenn sie strickt. Das ärgert meine Oma immer sehr, weil sie hinterher alles wieder

entwirren darf. Aber wenn meine Oma King Kong ein Wollknäuel hinwirft, das sie nicht mehr braucht, rührt King Kong es nicht an. Es macht ihr am meisten Spaß, wenn meine Oma sich ärgert. Die sagt immer, dass King Kong eine blöde Katze ist, aber das meint sie nicht so, denn King Kong mag jeder.
„King Kong wartet schon auf dich", sagte meine Mutter. Ich sprang aus dem Bett, zog mich an und lief in die Küche. Schon im Flur hörte ich meine Oma fluchen. Als ich reinkam, sah ich, dass King Kong schon wieder das Wollknäuel erwischt hatte. Meine Oma stand tatenlos dabei.
„Hoffentlich nimmst du das dumme Tier bald mit in die Schule, damit ich es wenigstens für ein paar Stunden los bin und endlich den Pullover fertig stricken kann."
Ich nahm King Kong hoch und entfernte ein Wollfädchen, das sich um ihr linkes Hinterbein gelegt hatte. Dann tat ich ihr etwas Futter in den Napf. Mit großem Appetit aß sie ihr Frühstück. Ich hatte keinen Hunger, denn ich war immer noch so aufgeregt, dass ich keinen Bissen runterbekam. Als King Kong fertig war, holte ich ihr Körbchen, in dem man sie transportieren kann. Nur mit großer Kunst war King Kong dazu zu überreden, in das Körbchen zu gehen, denn sie hasst es, eingesperrt zu sein. Deswegen maunzte sie auch kläglich, als sie endlich drinsaß. Nun wurde es aber Zeit loszugehen. Ich nahm nur schnell noch eine Dose Futter, ihr Näpfchen und eine Leine, an der man sie ausführen konnte, und packte alles in eine Tasche. Dann ging ich los.
„Pass gut auf, und lass sie nicht außerhalb der Klasse laufen", rief mir meine Mutter hinterher.

„So etwas würde ich nie tun", rief ich zurück.

Auf dem Weg zur Schule traf ich meinen Freund Andi. Er hatte auch sein Tier mitgebracht. Es war ein großer Schäferhund und hieß Stöpsel. Andi war sehr stolz auf seinen Hund, weil der so gut gehorchte.

„Sitz!", sagte Andi zu Stöpsel, als wir an eine Ampel kamen. Und Stöpsel setzte sich. „Toll, was?", fragte Andi. Ich nickte nur.

Das schien Andi nicht zu genügen. Also gab er weitere Befehle an Stöpsel. „Leg dich hin und bleib hier liegen, bis ich dich rufe."

Dann wurde die Ampel grün und wir gingen rüber. Stöpsel blieb liegen.

Als wir drüben angekommen waren, rief Andi ihn und Stöpsel rannte zu uns.

Triumphierend schaute Andi mich an. „Toll, was?"

Diesmal sagte ich: „Ja, sehr schön."

„Tja", meinte Andi, „so was kann deine Katze nicht."

Gerade wollte ich dem Angeber eine passende Antwort geben, als wir Patrizia trafen. Sie hatte ihren Wellensittich dabei. Jetzt sagte auch Andi nichts mehr, denn vor Patrizia wollte er sich nicht blamieren mit seiner Angeberei. Patrizia ist hübsch und alle finden sie toll.

„Hallo, Christoph, hallo, Andi", sagte sie zu uns. „Freut ihr euch auch so auf die Schule?"

„Klar", sagten wir.

„Ich finde es eine echt tolle Idee", meinte sie, „dass wir alle unsere Tiere mitbringen dürfen. Mein Hansi ist auch schon ganz aufgeregt."

Hansi, das war ihr Wellensittich. Er war gelb und konnte ein paar Worte sagen: Hallo, Hansi, Cora und Telefon.
„Guck mal", sagte ich zu Andi. „Das kann dein Hund nicht."
Ehe Andi antworten konnte, waren wir schon bei der Schule. Als wir in die Klasse kamen, war sie bereits voller Tiere. Sie machten einen Riesenspektakel. King Kong durfte nun auch endlich das verhasste Körbchen verlassen.
Dann kam die Lehrerin. Auch sie hatte ein Tier mitgebracht: eine kleine Schlange. Alle Mädchen fingen sofort an zu kreischen.
„Aber die ist doch völlig harmlos", sagte Frau Behrends.
Otto, der blöde Bernhardiner von Klaus, fing vor Schreck an zu bellen.
Auch King Kong erschrak. Sie zog ganz stark an ihrer Leine.
Nun bellte Otto Stöpsel an, der sofort zurückbellte.
Es dauerte eine Weile, bis sich die beiden Hunde wieder beruhigt hatten.
Da begann Frau Behrends mit dem Unterricht.
„Wie ich sehe, habt ihr alle eure Tiere mitgebracht", sagte sie. „Nun wollen wir mal alle einzeln vorstellen. Andi fängt an."
„Ähm", sagte Andi, „das ist mein Hund Stöpsel."
„Stöpsel?", fragte die Lehrerin und lachte. „Warum heißt er denn Stöpsel?"
„Tja ähm – Stöpsel – ähm – weiß ich auch nicht. Stöpsel passte einfach zu ihm", meinte Andi verlegen.
„Ah ja", sagte Frau Behrends.

Nun stellten auch alle anderen Kinder ihre Tiere vor. Ich kam als Letzter an die Reihe.

„Und was ist das für ein Tier? Und wie heißt es?"

„Das ist eine Perserkatze", sagte ich, „und sie heißt King Kong."

Auch diesmal lachte Frau Behrends und fragte mich, warum ausgerechnet King Kong. Aber auch ich wusste keine gute Antwort.

„Ihr seid ja alle sehr fantasievoll", sagte Frau Behrends. „Nun will ich euch mal mein Tier vorstellen. Das ist Tim, und Tim ist eine Vipernatter. Das dunkle Zickzackband auf ihrem Rücken erinnert etwas an unsere Kreuzotter. Aber sie ist für Menschen völlig ungefährlich. Ich habe einen Freund, der einen Zoo leitet. Der hat mir Tim für heute ausgeliehen."

„Ist Tim giftig?", fragte die doofe Dorothee, die nur ein langweiliges Kaninchen mitgebracht hatte.

„Nein, natürlich nicht", sagte Frau Behrends. „Sonst hätte ich Tim bestimmt nicht mitgebracht. Jetzt darf jeder mal nach vorn kommen und Tim angucken, und wenn jemand ganz mutig ist, auch mal anfassen."

Die Mädchen trauten sich nicht. Nur wir Jungs gingen nach vorn. Für uns war es Ehrensache, dass jeder die Schlange einmal berührte, sozusagen als Mutprobe. Das gefiel Tim überhaupt nicht, und deswegen fauchte er Klaus an, als der ihn gerade berühren wollte. Der wich erschrocken zurück. Alle lachten. Klaus fand das gar nicht komisch und war sauer.

Danach erzählte Frau Behrends noch einiges über Tim, der

sich nach überstandener Aufregung genüsslich zusammengerollt hatte und schlief. Nach einer halben Stunde hatte Frau Behrends alles über Tim und andere Schlangen gesagt und meinte, dass wir nun unsere Tiere gegenseitig angucken könnten.

Alle wollten King Kong haben und streicheln. Ich schaute mir in der Zeit mal die anderen Tiere an. Gerade wollte ich Stöpsel streicheln, als Patrizia anfing zu schreien.

King Kong war ihr vom Arm gesprungen und hatte sich auf Hansis Käfig gesetzt. Der flatterte wie wild im Käfig umher und piepste und kreischte.

Das regte nun wieder Stöpsel und Otto auf. Sie liefen beide auf Hansis Käfig zu und bellten.

King Kong saß noch immer auf dem Käfig, aber er hatte sich jetzt auch erschrocken und schaute angstvoll hin und her.

Keines der Tiere gehorchte, keines war wegzubewegen.

„Hol mal den Hausmeister", sagte Frau Behrends zu der doofen Dorothee. Die stand auf und ging zur Tür. „Und mach die Tür hinter dir zu!", rief Frau Behrends noch, aber es war schon zu spät. In einem Satz war King Kong vom Käfig runter und zur Tür hinaus. Otto und Stöpsel hinterher. „Stöpsel!", rief Andi, „Platz! Sitz!" Aber der hörte nicht.

King Kong rannte durch den Gang vor unserer Klasse in den Flur vor der Aula, Stöpsel und Otto immer noch hinterher.

Jetzt kam auch Frau Behrends mit dem Rest unserer Klasse und dann waren die Tiere verschwunden. Wir wussten nicht, wohin sie gelaufen waren. Wir fragten Herrn Blasig, den Hausmeister, dessen Fenster direkt zum Flur hinaus geht. Der etwas rundliche Herr Blasig ist sehr langsam und er verstand gar nicht, worum es ging.

„Tiere?", fragte er. „Wieso Tiere? Hier gibt es doch gar keine Tiere."

Erst nachdem wir ihm alles ganz umständlich erklärt hatten, fing er an zu verstehen. Aber er hatte nichts mitgekriegt und wusste auch nicht, was wir jetzt machen sollten. „Wenn ich die Feuerwehr rufe, das kommt dann teuer für die mit den Tieren", meinte er. Nein, Feuerwehr wollten wir nicht. Also rannten wir weiter und verteilten uns. Ich rannte mit Andi die Treppe rauf und durch den Gang vor den Oberstufenklassen. Da saß ein Junge, der gerade aus seiner Klasse rausgeflogen war. Den fragten wir, ob er eine Katze oder zwei Hunde oder am besten alle drei gesehen hätte. Doch der meinte nur „nein" und dass wir ihn nicht nerven sollten. „Bist wohl sauer, weil du rausgeflogen bist", sagte Andi frech. Aber der Junge fand das gar nicht komisch und sagte, dass er uns eine reinhauen würde, wenn wir nicht verschwänden.

Am liebsten hätte ich noch was gesagt, aber wir hatten keine Zeit mehr, denn wir mussten King Kong und die Hunde finden, eh etwas geschah. Also liefen wir weiter, durch den Schulgarten, über den Schulhof, durch den Park und wieder ins Schulgebäude zurück. Dort warteten die anderen schon auf uns. „Und? Was gefunden?", fragten wir alle gleichzeitig. Also hatte keiner was gesehen.

„Lasst uns erst mal in die Klasse zurückgehen. Dort sehen

wir weiter", meinte Frau Behrends. „Wir können ja ein paar Plakate malen mit einer Suchmeldung und einer Beschreibung der Tiere, und die können wir überall aufhängen." Sehr überzeugt schien sie aber auch nicht von ihrem Vorschlag zu sein. Bedrückt gingen wir in die Klasse zurück.

Als wir reinkamen, trauten wir unseren Augen nicht. Da lagen King Kong, Otto und Stöpsel einträchtig und wie die besten Freunde nebeneinander und schauten überrascht auf, als wir alle zugleich lachten und jubelten. Auch Frau Behrends war sichtlich erleichtert. Ich würde nur gern mal wissen, wie die drei Tiere sich geeinigt hatten, aber das werde ich wohl nie erfahren.

Als ich nach Hause kam, sagte ich meiner Mutter vorsichtshalber nichts davon, sonst hätte sie bestimmt gesagt, dass ich King Kong nie wieder mitnehmen dürfe. King Kong war sehr müde und legte sich sofort in sein Körbchen und schlief. Diese Gelegenheit nutzte meine Oma, um den Pullover fertig zu stricken.

Autorenverzeichnis

Renate Ahrens-Kramer, geb. 1955, lebt in Hamburg. Freie Schriftstellerin und Übersetzerin. Geschichten für Kinder, Prosa und Lyrik für Erwachsene.

Renate Axt, geb. 1934, lebt in Darmstadt. Freie Schriftstellerin. Romane, Erzählungen, Gedichte und Theaterstücke für Kinder und Erwachsene.

Lassen Beiner (Pseudonym), geb. 1949, lebt in Berlin. Freier Schriftsteller. Gedichtbände, ein Prosabuch und Hörspiele für Erwachsene.

Achim Bröger, geb. 1944, lebt in Sereetz bei Lübeck. Kinder- und Jugendbuchautor. Romane, Erzählungen, Sachbücher, Hörspiele und Fernsehfilme, Bilderbücher (zusammen mit Gisela Kalow).

Elfie Donnelly, geb. 1950, lebt auf Mallorca. Kinderbuchautorin. Romane, Erzählungen, Hörspiele und Fernsehfilme.

Willi Fährmann, geb. 1929, lebt in Xanten. Freier Schriftsteller. Romane und Erzählungen für Kinder und Jugendliche.

Karlhans Frank, geb. 1937. Freier Schriftsteller. Romane, Erzählungen und Gedichte für Kinder, Jugendliche und Erwachsene.

Herbert Friedmann, geb. 1951, lebt in Darmstadt. Freier Schriftsteller. Romane, Satiren, Theaterstücke für Kinder, Jugendliche und Erwachsene.

Ursula Fuchs, geb. 1933, lebt in Darmstadt. Freie Schriftstellerin. Romane und Erzählungen für Kinder.

Gabriele M. Göbel, geb. 1945, lebt in Bonn. Schreibt Hörspiele, Erzählungen und Romane für Kinder und Jugendliche.

Uwe-Michael Gutzschhahn, geb. 1952, lebt in München. Verlagslektor, Übersetzer und Schriftsteller. Mehrere Gedichtbände sowie Kinder- und Jugendbücher.

Peter Härtling, geb. 1933, lebt in Mörfelden-Walldorf. Freier Schriftsteller. Romane, Erzählungen und Gedichte für Erwachsene und Kinder.

Herbert Heckmann, geb. 1930, lebt in Bad Vilbel. Freier Schriftsteller. Romane und Erzählungen für Erwachsene und Kinder.

Uta-Maria Heim, geb. 1963, lebt in Hamburg. Freie Schriftstellerin und Journalistin. Erzählungen und Gedichte für Erwachsene und Kinder.

Isolde Heyne, geb. 1931, lebt in Limburg/Lahn. Freie Schriftstellerin. Romane, Erzählungen und Theaterarbeiten für Kinder und Jugendliche.

Klaus Kordon, geb. 1943, lebt in Berlin. Kinder- und Jugendbuchautor. Romane, Erzählungen und Gedichte.

Irina Korschunow, geb. 1925, lebt in Gauting. Schriftstellerin. Romane und Erzählungen für Kinder und Erwachsene.

Manfred Mai, geb. 1949, lebt in Winterlingen auf der Schwäbischen Alb. Freier Schriftsteller. Gedichte, Romane, Erzählungen und Hörspiele für Kinder, Jugendliche und Erwachsene.

Nicolai Mensching, geb. 1973, lebt in Bochum. Die abgedruckte Erzählung ist seine erste Veröffentlichung.

Beate Paul, geb. 1960, lebt in Dortmund, Studentin und Autorin. Kurzprosa und Erzählungen für Kinder und Erwachsene.

Gudrun Pausewang, geb. 1928, lebt in Schlitz/Hessen. Freie Schriftstellerin. Romane und Erzählungen für Kinder, Jugendliche und Erwachsene.

Jo Pestum, geb. 1936, lebt in Billerbeck (Münsterland). Freier Schriftsteller. Gedichte, Romane, Erzählungen, Hörspiele und Filmdrehbücher für Kinder, Jugendliche und Erwachsene.

Henriette Piper, geb. 1951, lebt in Heuchelheim. Freie Übersetzerin und Autorin. Prosa und Lyrik für Erwachsene sowie Geschichten für Kinder.

Margret Rettich, geb. 1926, lebt in Vordorf bei Braunschweig. Grafikerin und Kinderbuchautorin. Erzählungen, Gedichte und ein Opernlibretto.

Karla Schneider lebt in Wuppertal. Schreibt Erzählungen und Satiren für Erwachsene und Bücher für Kinder.

Wolf P. Schneiderheinze, geb. 1960, lebt als freier Autor in Mülheim/Ruhr. Gedichte, Kurzprosa und Erzählungen für Erwachsene und Kinder.

Anja Tuckermann, geb. 1961, lebt in Berlin. Freie Autorin und Journalistin. Erzählungen für Erwachsene und Kinder.

Michael Wildenhain, geb. 1958, lebt in Berlin. Schriftsteller. Gedichtbücher,

Prosabände, Theaterstücke, Romane für Erwachsene sowie Kinder- und Jugendbücher.

Christa Zeuch, geb. 1941, lebt in Bonn. Freie Schriftstellerin. Gedichte, Kurzgeschichten und Erzählungen für Kinder.

Quellenverzeichnis

Fast alle Geschichten dieser Anthologie sind Originalbeiträge. Die Rechte liegen – soweit hier nicht anders angegeben – bei den Autoren.

Die Geschichte „Sag ich's? Oder sag ich's nicht?" von Achim Bröger wurde dem Band „Geschwister ... nein danke!?" entnommen. © 1987 by Arena Verlag GmbH, Würzburg.

Die Geschichte „Der gelbe Junge" von Peter Härtling wurde dem Band „Zum laut und leise Lesen" entnommen. © Luchterhand Literaturverlag GmbH, München.

Die Geschichte „Die Nacht-und-Nebel-Geschichte" von Margret Rettich wurde dem Band „Schrecklich schöne Schauergeschichten" entnommen. © 1978 Annette Betz Verlag GmbH, Wien – München.

Die Geschichte „Spaghettifresser" von Willi Fährmann wurde dem Band „Und leuchtet wie die Sonne" entnommen. © Echter Verlag Würzburg 1991.

Die Geschichte „Lothars schwerste Schulstunde" von Manfred Mai wurde dem Band „Mutmach-Geschichten" entnommen. © 1987 Ravensburger Buchverlag.

Die Geschichte „Ich hab mich lieb" von Elfie Donnelly wurde dem Band „Ich hab dich lieb" entnommen. © 1987 Ravensburger Buchverlag.

Die Geschichte „Klassenkeile" von Klaus Kordon wurde dem Band „Der Menschenfresser" entnommen. © 1988 Spectrum Verlag Fellbach.